평생교육의 쟁점 이해

평생교육의 쟁점 이해

안 우 환 著

 한국학술정보[주]

‖ 머리말 ‖

평생교육은 경제학, 정치학, 심리학, 사회학 등 사회과학의 다른 학문 분야들과는 달리 실천 지향적인 학문으로 더 많이 알려져 있다. 그리하여 깊이 있는 이론이 많이 부족하다는 측면에서 적지 않은 비판을 받아왔다. 1960년대 이전까지만 해도 평생교육은 사회학이나 교육학 내에서도 주변적인 위치에 머물러 있었고, 주목을 받지 못하였다. 평생교육이 주목을 받지 못한 이유는 다른 사회과학에 비하여 역사가 짧은 탓도 있다. 1960년대 후반까지만 해도 평생교육 분야에 있어서 체계적인 연구를 찾기란 쉽지가 않다.

1980년대를 전후하여 개인논문 및 저서들이 급격히 증가하였으나 아직도 타 학문에 비하면 양적으로 적은 편이다. 그러나 1982년에 제정된 사회교육법이 1999년 8월 31일 평생교육법으로 전면 개정되어 시행되면서 실천으로서의 평생교육 활동이 증대됨에 따라 학문으로서의 평생교육연구가 현재 활발하게 전개되고 있다.

본 저서는 모두 5장으로 구성이 되어 있다. 제 1장에서는 평생교육의 개념과 철학적 기저, 한국의 평생교육, 평생교육에 대한 사회·심리적 기초, 평생교육의 연구동향, 평생교육의 영역에 대하여 고찰하고 있다. 제 2장에서는 성인학습을 탐색하기 위하여 성인의 발달특성과 발달이론을 고찰하고 성인평생 교육의 원리, 성인학습 과정론, 성인교육 상담, 독학에 의한 학사학위제도에 대하여 밀도 있는 탐색을 시도하고 있다.

제 3장에서는 선진 외국의 평생교육의 동향과 연구 결과들을 고찰하였다. 제 4장은 인적자원 개발에 대하여 고찰하고 있다. 여기서는 인적자원개발의 필요성과 의의, 국가 및 지역 인적자원 개발 정책을 탐색한 후 인적자원 개발의 전략을 살펴본 후 지식기반사회에서의 인력정책의 방향에 대하여 논하고 있다. 제 5장에서는 평생학습도시의 이론 탐색을 통하여 그 발전방향에

대하여 제시하고 있다.

평생교육에 대한 쟁점을 통하여 평생교육을 이해하고 학습하고자 하는 분들에게 본 저서는 하나의 지침서가 될 수 있으면서 평생교육에 대하여 처음 학습을 시작하는 분이나 평생교육에 대하여 보다 전문적인 식견을 고양하고자 하는 분들에게 한층 발전된 논의의 장을 던져 주리라 확신한다. 모쪼록, 본 저서가 평생교육에 대한 이해의 지평을 넓히는 데 일조하기를 바라본다.

마지막으로 본 저서의 출판을 주저함이 없이 허락해준 한국학술정보(주) 관계자들께 진심으로 감사의 말씀을 전한다.

달구벌 대구에서
저자 **안 우 환**

목 차

표 목차

그림 목차

제 1 장

평생교육론

I. 평생교육의 개념과 철학적 기저

1. 평생교육의 개념

평생교육은 경제학, 정치학, 심리학, 사회학 등 사회과학의 다른 학문 분야들과는 달리 실천 지향적인 학문으로 더 많이 알려져 있다. 그리하여 깊이 있는 이론이 많이 부족하다는 측면에서 적지 않은 비판을 받아왔다. 1960년대 이전까지만 해도 평생교육은 사회학이나 교육학 내에서도 주변적인 위치에 머물러 있었고, 주목을 받지 못하였다. 평생교육이 주목을 받지 못한 이유는 다른 사회과학에 비하여 역사가 짧은 탓도 있다. 1960년대 후반까지만 해도 평생교육 분야에 있어서 체계적인 연구를 찾기란 쉽지가 않다. 교육전략으로서의 평생 학습의 개념은 30년 전 OECD, UNESCO, 유럽위원회의 노력을 통해 등장하게 되었다. 개인이 전 생애에 걸쳐 학습하는 반면, 교육의 기회는, 공교육을 통해 생애 초기 단계에만 크게 제한되어 있다는 비정상적인 현실을 반영한 것이다. 유아, 청년기에 교육의 기회를 받지 못한 이들을 위한 두 번째 기회 제공의 필요성이 제기되고 있다.

1960년대 후반에 들어서면서 평생교육은 유네스코(UNESCO)를 중심으로 하는 평생교육 이념의 제창과 더불어 높은 관심을 받게 되었으며, 평생교육을 체계적이고 조직적으로 실시하고자 하는 학문적 연구가 증대되기에 이르렀다. 우리나라도 1980년대를 전후하여 개인논문 및 저서들이 급격히 증가하였으나 아직도 타 학문에 비하면 양적으로 적은 편이다. 그러나 1982년에 제정된 사회교육법이 1999년 8월 31일(2000. 3. 31 시행) 평생교육법으로 전면 개정되어 시행되면서 실천으로서의 평생교육 활동이 증대됨에 따라 학문으로서의 평생교육연구가 현재 활발하게 전개되고 있다. 평생교육의 개념이 보편화되면서 교육행위가 정규 학교에 의해서 독점되던 시기는 이미 지나고 있다. 이러한 맥락으로 우리나라 교육발전 5개년 계획은 보다 나은 삶을 살아가기 위해 행해야 할 실질적인 활동들을 중심으로 21세기를 대비한 평생학습사회 구축을 제안하였다(교육부, 1999: 8).

평생학습, 평생교육, 평생직업능력 개발, 인적 자원개발 등으로 평생교육에 대한 용어는 다양하다. Wain(1993)은 평생교육의 개념에 대하여 평생교육(lifelong education)이란 교육이 평생에 걸친 과정이라는 원리에 충실하도록 교육 전체를 총괄적으로 재개념화하려는 시도(program)를 말한다. 이것을 통해서 우리가 교육에 관하여 사고하는 방식을 철저하게 개조하고, 새로운 교육철학을 수립하며, 일련의 행동강령(program of action)을 설정할 필요가 있다. 그것은 일종의 '마스터 컨셉'으로서 모든 종류의 교육 기획, 정책 수립, 그리고 실천의 인도자로 작동할 것이다. 평생교육이 궁극적으로 바라는 것은 사람들의 마음속에서 교육이 언젠가 평생교육과 동일하게 이해되도록 하는 것이며, 이것을 위해 오늘날의 평생교육은 이와 관련된 경험들을 끊임없이 재구조화(reorganizing)하고 재구성(reconstructing)해가고 있다고 본다.

Tuijnman(2002: 13)은 평생교육은 다양하게 흩어져 있는 교육 연구들을 조직하고, 청소년은 물론 성인과 노인에 이르는 평생학습에 관한 연구들을 종적으로 연계하며, 다양한 시간과 공간 안에 편재해 있는 생생한 학습 경험들을 시·공간적으로 결합시키기 위한 포괄적인 개념 틀을 제시할 수 있어야 한다. 이러한 '포괄적 개념 틀'을 통해서 기존의 교육연구들이 교육학의 유기적인 체계 아래에서 구조화되는 한편, 그것이 다른 학문 분야와

의미 있는 관계를 가질 수 있게 된다고 본다. 평생교육에 대한 개념은 다음
과 같이 설정할 수 있다.

첫째, 평생학습은 전 생애에 걸쳐 자신의 경험을 구성해 가는 자기 주도
적인 학습과정이다.

둘째, 평생교육은 평생학습의 과정이 학습자의 내면적 성장과 통합에 충
실하도록 우선적으로 지원하고 돕는 비교적 장기간의 일반교육과정이다.

셋째, 평생직업능력 개발은 직업획득 및 직무수행발달과 관련된 훈련과정
으로서 평생교육을 통한 일반적 학습 성과를 현장성과 실무적용성에 맞도록
전문화하는 과정이다.

넷째, 인적 자원개발은 평생학습의 결과가 가지는 경제적 자원으로서의 가
치를 개발 관리하고 학습의 사회적 가치를 극대화하려는 시스템적 맥락이다.

다섯째, 평생교육은 형식적인 학교교육이 끝남과 동시에 종결되는 것이
아니고 평생을 통하여 계속되는 과정이다.

여섯째, 평생교육은 성인교육에 국한되는 것이 아니라 학령 전 교육, 초
등교육, 중등교육과 그 이후의 교육을 망라하고 통합한다. 그러므로 평생교
육은 교육을 전체로서 보는 관점을 취한다.

일곱째, 평생교육은 형식교육, 비형식교육, 계획적인 학습과 부수적인 학
습을 모두 포함한다. 가정은 평생교육의 과정을 시작함에 있어서 가장 예민
하고 결정적인 역할을 한다. 가정학습은 개인의 전 생애에 걸쳐서 계속 진행
된다. 지역사회도 또한 어린이가 그 지역사회와 교섭하기 시작하는 바로 그
시간부터 평생교육 체제에 중요한 역할을 하며 전문적인 영역에 있어서나
일반적인 영역에 있어서나 일생을 통하여 그 교육적 기능을 행사한다. 학교
와 대학 및 훈련센터 등의 교육기관도 중요하다. 그러나 그것은 다만 평생
교육을 위한 하나의 기관으로서 중요성을 갖는 것이다. 그러한 기관들은 사
람들을 교육함에 있어서 더 이상 전매 특권을 누릴 수 없으며 사회의 다른
교육기관으로부터 더 이상 고립해서 존재할 수 없다.

평생교육론은 교육학의 본류이기보다는 지류로서의 성격을 벗어나지 못하

고 있다. 우리나라의 교육제도만을 예로 들어보더라도 평생교육론은 기본학
제와 관련되어있기 보다는 특별학제 곧 기본학제를 보완하는 제도와 관련되
어 있다고 보는 편이 훨씬 상식적이다. 즉 기업교육이나 현직교육, 계속교
육, 학점은행제와 같은 각종 보습교육제도들을 품어내는 틀로서 더 많은 역
할을 감당하고 있다고 보아야 할 것이다(천세영, 2002: 209). 평생교육은
목표달성이 아니라 의미실현에 토대를 두는 개념이다. 즉 교육과 삶의 이분
법을 극복하고 삶의 세계가 곧 교육이라는 교육 개념 위에 기초해야 된다.
교사가 학생에게, 어른이 어린이에게 행하는 종속적인 교수-학습이 아니라
쌍방향적이고 개방적인 학습을 중심으로 세대 포괄적인 상호학습에 기초한
다. 평생교육은 제도적이고 형식적인 교육이 그 기능적 한계를 느끼는 곳에
서 보다 더 철저하고 합리적이며 포괄적인 교육의 제도화와 형식화를 통하
여 교육기능의 최적적인 확대를 꾀하는 구상이 되어야 한다.

평생교육은 분명히 교육의 중심축을 고정된 교육자 중심성에서 포스트모
던(postmodern)의 다면성을 가진 학습자의 생활세계로 전환시켰으며 그로
부터 생활세계 전반에서 일어나는 학습자의 정체성 형성을 둘러싼 사회적 실
천(social practices) 안에 살아 움직이는 학습의 모습을 파악하기 시작하
였다. 이러한 과제를 위하여 이전에는 서로 관련이 없다고 생각되던 페다고
지(pedagogy)와 안드라고지(andragogy) 그리고 무형식 학습(informal
learning)의 영역을 하나의 사고 틀 안에 묶어 들임으로써 교육학에 있어
서의 패러다임 변혁의 계기를 가져오게 되었다.

그러나 이러한 전환 가능성이 잠재함에도 불구하고 평생교육이 교육학계
의 패러다임 전환을 가져올 만한 혁명적인 것이었다고 단언하기는 이르다.
우선, 아직까지 평생교육론 내부에서 그러한 이론 틀이 충분히 성숙하지는
못하였을 뿐더러, 실제에 있어서 그러한 이론 틀을 형성하는 데 전력을 투
구하기보다 인적자원개발, 지식기반사회 등의 거대담론에 기대어 자신의 주
가를 올리려고 하는 의존적 자세를 가지고 있다는 것이 가장 큰 난점이라고
할 수 있다(한숭희, 2002).

더욱 큰 문제는 평생교육의 세력 확보에 치중하는 과정에서 스스로에 대한 자성적이고 비판적인 안목이 존재할 틈새를 확보하지 못함으로써 평생교육 현상을 객관적으로 바라보고 이론화하는 데 총력을 기울이지 못하고 있다는 것이다. 요컨대 교육학 발전에 전환론적 기여를 할 수 있는 충분한 가능성이 있음에도 불구하고 아직까지 그것은 일종의 '잠재성'으로만 남아있다고 보이는 것이다(한숭희, 2002). 지금까지 주로 성인교육연구 속에 묻혀서 부분적으로만 논의되던 평생교육담론이 이제 일종의 독립적인 총론서(anthology)로 자리 잡게 되었다(Titmus, 1996; Holford et al, 1998; Aspin et al, 2001; 한숭희, 2002에서 재인용).

평생교육 또는 같은 의미의 용어는 과거에도 더러 문헌에 나타나지만, 이것이 공식적으로 사용되어 국제사회의 대표적 교육용어로 떠오른 계기는 1970년 유네스코 교육정책 문서에 언급하면서부터이다. 유네스코는 장차 세계의 교육은 학교본위 교육에서 벗어나 평생교육의 방향으로 나아갈 것이므로 각국은 평생교육을 교육제도 개혁과 교육정책 수립의 기본 방향으로 잡아야 한다고 권고하였다. 이 권고를 받아들여 유네스코한국위원회는 1972년에 평생교육을 주제로 세미나를 개최한다.

이 세미나에 여러 분야의 학자들이 모여 유네스코의 평생교육개념을 소개하고, 평생교육을 제도적으로 구현하기 위하여 정부와 교육자들이 해야 할 과제가 무엇인가를 토론하였다. 이 세미나에서 발표하고 토론한 내용을 담은 작은 보고서는 평생교육에 관한 한국 최초의 공식문헌이 되었다.

2. 평생교육의 철학적 기저

평생교육의 범위는 과거에 비해서 그 경험의 방법이 새롭게 발전되고, 집중적인 경험기간이 보다 길어지고, 경험의 범위가 더 넓어져야 한다는 필연성이 제기되는 시대에, 평생교육은 새로이 발견된 교육의 독특한 영역이 아니라 우리 삶의 경험 그 자체를 교육이라고 보는 넓은 의미의 교육이라고 할 수 있다. 평생교육은 교육의 의미를 넓게 규정했을 때라야 그 본연의 위치가 밝혀질 수 있다. 평생교육은 삶의 질의 획득의 과정이고, 개성과 사회성의 조화로운 발달을 추구하고 더 나아가 삶의 실천 자체가 된다. 교육이 지식의 추구가 아닌 인간과 인간들이 이룩한 삶의 세계 자체가 교육의 내용이요 공간임이 파악되는 것이다. 환언하면 인간의 개인적이고 사회적인 생활이 교육의 전제가 되는 것이다.

평생교육에 대한 철학적 기초로서 평생교육과 관련되는 교육 사조를 살펴보면 다음과 같다.

1) 자유주의와 평생교육

서구사회에서 가장 오래된 교육철학사조는 고전적 인문주의 또는 항존주의로 불리는 자유주의이다. 자유주의에서 교육의 목적은 지성을 겸비하고 도덕적인 문화시민을 양성하는 것이다. 이러한 목적을 달성하기 위하여 다음과 같은 네 가지의 교육원리를 제시한다.

첫째, 진리는 보편적이고 항구적이다.

둘째, 훌륭한 교육은 진리의 탐구와 이해이다.

셋째, 진리는 위대한 고전에서 발견된다.

넷째, 교육은 이성을 개발하는 것이고 교양교육을 강조한다.

자유주의의 교양교육은 평생교육의 전 분야에서 활용되는 기본적인 교육과정으로 이해되고 인간의 지속적인 자아 도야와 진리에 대한 깨달음을 강조한 점에서 인간의 삶이 진행되어 갈수록 그 의미가 중요하다.

항존주의(perennialism)는 고전적 인문주의, 신스콜라주의라고도 한다. 변화하지 않는 절대적인 가치의 영원성을 주장하는 20세기 미국의 교육철학 진보주의에 대한 강한 비판사상, 절대적 진리 강조로 이상적인 삶의 준비를 강조한다. 등장배경으로는 20세기 초반에 유행했던 진보주의 교육철학을 부정하고, 1930년대에 진보주의를 비판하면서 나타났던 본질주의 교육

철학의 불철저함도 반박한다. 진리는 절대적이고 영원하다고 이해하며, 그
러한 진리는 이미 고대와 중세의 고전, 특히 플라톤, 아리스토텔레스, 토마
스 아퀴나스 등의 저작에서 확립되었다고 주장한다. 이 점에서 '하늘 아래
새로운 것은 하나도 없다'라는 말은 이들의 입장을 잘 요약하고 있다.

  원래 'perennial'이라는 말은 다년생 식물을 의미하는 것으로, 계절의
변화와 상관없이 언제나 꽃을 피우는 식물처럼 진리도 영원하다는 것을 상
징하고 있으며, 17세기 라이프니츠가 '항존철학'(philosophia perennis)
이라고 언급한 이후 많은 철학자에 의해서 사용되었다.

  대표적인 항존주의 교육철학자인 허친스는 교육에서의 갈등 "The Conflict
in Education"(1953)이라는 저작을 통해, 진보주의를 근본적으로 부정했
다. 그는 진보주의가 적응·욕구·사회개혁의 세 가지 원리에 입각한 교육
철학이라고 하면서, 현실사회가 완전하지 않는 한 적응이 반드시 올바른 것
은 아니고 욕구도 그 실체가 분명하지 않으며, 사회개혁은 논리상 적응과
욕구에 맞지 않는 개념이라고 했다. 또한 인간 최고의 본성은 이성이며 모
든 인간은 이점에서 동일하기 때문에 교육은 인간의 이성적 능력을 개발하
는 과업이라고 이해했고, 구체적으로는 오랜 세월 동안 진리가 축적된 문
학·철학·역사·과학 등의 분야에서 고전을 가르쳐야 한다고 제안했다. 이
때문에 고전적 인문주의라고도 한다.

  가톨릭 계통의 교육가들도 종교적인 측면을 보다 강조한다는 점에서는 차
이가 있지만, 인간지성의 훈련을 중요시하고 현대문명의 물질만능주의를 배
격한다는 점에서 동일한 입장이다. 이들은 특히 토마스 아퀴나스를 중시하
고 있어 신스콜라주의로도 분류된다. 지성적인 면을 너무 강조하고 정서적
인 면이나 신체 발달 면은 가볍게 다루고 있어 전인 교육이라는 차원에서
볼 때 지적, 정의적, 심동적인 균형이 유지되지 못했다는 비판을 받기도 한
다. 교수방법의 차원에서 항존주의는 인간의 자발성을 과소평가하고 고전을
중시하고 교사의 영향을 절대시하는 입장을 취함으로써 평생교육의 이념과
는 배치되는 점이 있어서 비판도 받지만 교양, 인문, 인간 본성 등을 강조

하는 점은 평생교육에 영향을 미친다.

프리덴버그(Friedenberg, 1956)는 "인문주의 교육과 실패에 대한 두려움"에서 제기된 자유주의 평생교육에 대한 기여를 다음과 같이 이야기하고 있다.

첫째, 자유주의는 인간에게 자유의 가치를 가르치고 그 가치를 활용할 수 있는 능력을 갖춘 사람이 되도록 도와주는 데 기여한다.

둘째, 자유주의는 성인들이 주체와 객체 간의 차이, 즉 성인이 직접 경험한 사실과 그 사실에 대한 성인들이 감정 간의 차이가 발생할 때 그 차이에 대해 적절하게 반응하도록 도와준다.

셋째, 자유주의는 인간 경험의 범주를 확대시킴으로써 인간이 반응할 수 있는 영역을 넓혀주는 데 기여한다.

넷째, 자유주의는 시민의 자질 향상, 여가선용, 자아관 개선, 인간존엄성 지각 등의 목적에도 기여한다.

프리덴버그는 인문주의 교육이 갖고 있는 특별한 기능은 사람들로 하여금 인간의 존엄성을 소중히 여기면서 그 존엄을 파괴하는 어떠한 행위에도 동의하지 못하게 하는 것으로 주장한다. 자유주의 평생교육은 지식의 습득, 합리적인 사고 개발, 비판적으로 분석할 수 있는 능력에 대한 가치를 중시한다. 고전 읽기 프로그램 등이 중요한 부분으로 인식되며, 고전 읽기 프로그램은 지금까지 인간의 문제와 실존을 둘러싸고 일어났던 사유 중에 가장 훌륭한 사유를 통해서 현재의 문제를 보다 지적으로 파악할 수 있게 해준다는 데 그 의의가 있다.

2) 진보주의와 평생교육

직업을 위한 실용적 훈련, 경험에 의한 학습, 과학적 연구, 지역사회 참여와 사회문제에의 대응 등 진보주의의 강조점들은 성인교육의 발전에 잘 나타나고 있다. 진보주의의(progressive education) 배경은 전통적 교육의 편협성과 형식주의에 대한 반발로 19세기 유럽과 미국에서 일어난

교육운동이다. 이 교육운동의 주요목표 중의 하나는 어린이를 전인적으로 기르는 것, 즉 지적 성장뿐만 아니라 신체적·정서적 성장까지도 도모하려는 것이다.

학교는 어린이가 직접 무엇인가를 함으로써 배우는, 즉 능동적 역할을 할 수 있는 실험실로 간주되었다. 학습과 관련된 과업을 어린이가 실제로 해봄으로써 가장 잘 배울 수 있다는 것이 기본적인 가정이다. 교과과정에서는 창조적 수공예술이 강조되었고, 어린이들은 실험과 독립적인 사고를 하도록 고무되었다. 가장 영향력 있는 진보주의 이론가였던 미국의 철학자 존 듀이는 학급을 민주주의를 실천하는 작은 우주로 보았다.

진보주의는 넓은 의미에서 교육의 자유화 운동이라고 볼 수 있다. 교육의 자유화 운동의 선구자는 전통적 교육관과 아동관에 부분적으로 반기를 든 코메니우스(Comenius)이다. 그는 교육에 있어서 학습자의 자아활동과 자아경험을 중요시하고 있다.

루소(Rousseau)는 코메니우스보다 좀더 대담하게 교육의 자유화를 열어 갔다. 그는 아동 교육에 대해 자연 속에서 자유롭게 진행시킬 것을 주장하여 그 당시 억압과 훈련을 중심으로 한 전통적 교육에 도전하였다. 진보주의가 주장하는 아동중심교육은 루소의 영향이 매우 크다. 또한, 헤르바르트(Herbart)는 전인적 교육을 주장하였으며, 페스탈로치(Pestalozzi)는 자아활동을 강조하여 직접적인 관찰과 창조적인 작업을 역설하였고, 프뢰벨(Froebel)은 아동에게 그 본성을 자유스럽게 발표할 수 있는 교육적 분위기를 조성할 것을 제안하였다. 이들의 교육 사상은 모든 점에서 일치하는 것은 아니지만 전통적인 교육에 반대함으로써 진보주의 교육이론의 선구적인 역할을 하였다.

진보주의 교육의 목적은 사회에 잘 적응할 수 있는 전인적인 인간으로서의 성장과 발달을 도모하려는 것으로서 아동의 전체적이고 조화적인 발달을 이루는 데 있다. 교육의 원리로는 학생의 흥미에 근거를 두어야 한다는 생활의 경험을 통해서 달성하려고 하였다. 생활을 통한 경험은 교사의 강제나 명령에 의해서는 안 된다. 진보주의가 내세운 강령은 어린이의 자유로운 성장을 위한 교육, 교사의 강독보다 지도, 아동의 흥미존중, 전인적인 성장, 학교와 가정의 협력, 아동의 건강, 아동의 과학적 연구 등으로 볼 수 있다.

진보주의의 교육의 특성은 첫째, 교육에는 전인이 관련된다. 둘째, 교육은 자연적 경험과 사회적 과정이다. 셋째, 교육은 경험의 계속적인 개조이고 성장의 과정이다. 넷째, 교육은 피교육자의 적극적인 참여를 필요로 한다.

진보주의 교육이 평생교육에 미친 영향으로는 첫째, 진보주의는 경험을 통한 학습방법 및 사회화를 교육의 한 부분으로 인정하고, 실제적인 교과를 교과과정으로 포함하는 활동을 통해서 교육의 기회를 확대하고 교육을 학교교육의 제한된 범위에서 벗어나 가치, 태도, 지식, 기술습득을 위해 사회가 인정하는 모든 행위를 포함하는 것으로 보았다. 이런 의미에서 교육은 확장된 것이며 그 후 가정, 직장, 학교, 교회, 지역사회 등 많은 교육기관이 교육에 포함되었다.

둘째, 진보주의는 학습자의 경험과 상호작용을 교육의 개념에 포함시킨 학습자 중심의 교육관은 학습자의 흥미, 경험, 요구를 교육의 기본적인 사항으로 가정하고, 성인교육 프로그램에서는 학습자의 흥미에 대한 요구조사를 프로그램 구성의 첫 단계로 설정해 놓고 있는 점은 평생교육과 진보주의 관계를 잘 알 수 있다.

셋째, 진보주의의 경험주의 학습방법 중시와 문제해결 방법을 선호하는 학습자 중심의 교육은 성인교육에 의해서 선호된다. 특히 산업교육 분야에서의 문제해결중심 학습은 기본적인 성인교수 방법의 하나로 인정되고 있다.

진보주의 교육은 성인직업교육, 시민권교육, 가족교육과 부모교육, 사회행동을 위한 교육 등 여러 형태의 성인교육은 진보주의 이상을 바탕으로 시작하였다. 특히 요구와 흥미, 과학적 방법, 문제해결방법, 경험의 강조, 실용적 목적, 공리적 목적, 사회책임 등의 원칙이 진보주의 사상의 바탕이 된다. 성인교육분야에서 다양한 실습교육이 전개될 수 있었던 것도 진보주의 철학이 지닌 특성 때문이며 미국에서의 진보주의 운동은 성인교육의 발전과 맥을 같이하여 시민교육프로그램, 지역평생교육, 성인기초교육 등으로 발전한다. 크레민(Cremin), 노울즈(Knowles)는 직업교육, 대학확장교육, 이민자 정착교육, 미국화 교육 등을 진보주의 교육 형태로 간주한다.

진보주의 교육은 평생교육에 대한 영향은 긍정적이지만은 않다. 지나치게 학습자의 경험을 중시한 나머지 기본교과에 대하여 등한시하는 태도를 가져오고 교사의 역할에 대해서도 충분한 관심을 두지 않았다는 비판을 받는다.

3) 행동주의와 평생교육

행동주의가 교육에 미친 영향중에서 평생교육과 밀접한 사항은 능력 위주의 교육이다. 능력 위주의 교육은 수업을 시작할 때 개인차를 인정하고, 학생이 능력을 습득하는 데 소요되는 시간을 융통성 있게 조정하고, 능력을 구체화시키는 학습은 정식수업에서 인생경험이나 직업경험에 이르기까지 다양한 방법에 의해 이루어진다. 능력주의 교육은 자기주도적 개인 학습을 위한 이상적인 수단이 되고 성인직업 교육에 통합되었다. 직업세계에서 필요한 기술의 습득이 직업교육의 목적이 되고 있다. 특정 기술을 습득하기 위해 요구되는 기술수행 수준을 설정하고 이러한 수준에 도달했는지를 절대평가하는 방식이 직업교육에서는 필수 불가결한 사항이다. 이러한 직업교육의 특징은 바로 능력 위주 교육의 특성이다.

학습자 스스로 자신이 수행하려고 하는 행동, 즉 교육의 목표와 이러한 행동을 평가하는 교육평가, 그리고 일련의 교육과정과 방법들을 자기 자신이 결정하는 자기주도적 학습은 행동주의의 개별화 학습전략과 맞물려 있다. 행동주의에 의해 개발된 개별화 학습법인 프로그램학습, 개별화수업, 개인별 처방수업은 개인들의 능력 차를 인정하고, 자신들의 능력과 학습속도에 따라 학습을 진행하고 평가 역시 개인에 따라 다르게 실시된다. 이러한 수업은 자기 주도성이 강한 학습자인 성인들에게 있어 적합하므로 성인교육에서 수용되어지고 있다.

행동주의 원리에 기초한 행동주의 성인교육의 근간은 과학운동에서 찾을 수 있다. 성인교육분야에서 행동주의는 통제, 태도수정, 재강화를 통한 학습, 목적에 따른 관리 등의 개념을 강조한다. 행동주의는 교육에 많은 영향을 미쳤는데 학습자에게 강화를 계획적이고 적절하게 배치 또는 제공함으로써 교육목적을 성취할 수 있다는 주장이 교육에 큰 영향을 불러일으켰다. 이러한 것이 프로그램에 따른 학습, 수업목표(instructional objectives), 능력중심의 교사교육, 즉 교육에 있어서 교육목표의 사용, 교육의 책무성 강조, 능력 위주 교육 등과 같은 교육실천을 가능하게 한다. 구체적으로 살펴보면 다음과 같다.

첫째, 교육목표의 사용. 교육목표의 사용 또는 수업목표라고 불리기도 하며 다음의 세 가지 요소로 구성되어 있다. ① 학생이 수행하리라 기대되는 행동에 대한 적당한 조건과 자극, ② 학생이 수행해야 할 행동, ③ 어떤 행동이 성공적인가 아닌가를 판단할 수 있는 기준.

교육목표 옹호자들은 학습결과란 객관적으로 정확하게 측정될 수 있으므로 학습자가 얼마나 진보했는가가 나타나야 한다고 주장한다. 이것에 바탕을 둔 평가는 학생의 성취에 대해 주관적이거나 일시적인 평가를 거부한다. 교사들의 교육목표 사용은 효과적인 수업과 학습을 가능하게 한다고 한다. 즉, 교육목표의 사용을 통해서 교육이 어떻게 구성되고 진행되어야 하는가를 명확하게 할 수 있기 때문에 교육의 효과성을 제고시킬 수 있다고 가정한다.

둘째, 교육의 책무성. 교육은 교육목표를 성취함으로써 그 역할을 다해야 한다는 것으로 특히, 행동주의에서는 교육적 책무성은 교육의 실시 결과에 대한 평가를 강조한다. 교육목표를 결정하고 이에 맞는 교육과정과 방법을 설정한 뒤 실시하며 그 결과를 평가해서 평가결과를 다시 교육에 반영하는 피드백 과정까지 모두 교육적 책무성 제고를 위한 방법으로 제시한다.

셋째, 능력 위주의 교육. 행동주의가 교육에 미친 영향 중에서 평생교육과 밀접한 사항은 능력 위주의 교육이다. 특히 능력 위주 교육은 자기 주도적 개인학습 경험을 위한 이상적인 수단이 된다. 능력 위주의 교육은 다음과 같은 이유로 평생교육에 적절하다. ① 능력 위주의 교육은 수업을 시작할 때 개인차를 인정하고, ② 학생이 그 능력을 습득하는 데 소요되는 시간은 융통성이 있고 개인 능력에 있으며, ③ 능력을 구체화시키는 학습은 정식수업에서부터 인생경험이나 직업경험에 이르기까지 다양한 방법에 의해 이루어지며, ④ 자기주도적 개인학습 경험을 위한 이상적인 수단이 된다고 보고 있다. 이러한 능력 위주의 교육 개념은 성인직업교육, 계속교육과 문해교육에 널리 통합되고 있다.

4) 인본주의와 평생교육

인본주의는 학문중심 교육과정이 사회문제에 민감하지 못하고 인간교육, 가치관 교육 등을 소홀히 한 결점을 보완하고자 학교에서 학생이 배우는 지적인 면(표면적 교육과정)과 정의적인 면(잠재적 교육과정)을 모두 종합한 사조로 1970년대 미국에 영향력을 끼친 교육사조이다. 인간의 전인적 성장을 중시하는 인본주의는 학생들의 자아실현에 도움이 되는 실존적 내용(역사, 철학 등)과 흥미 과목에 중점을 두고 아동중심의 자유로운 교육활동을 주장한다.

학습자 중심의 교육, 학습활동은 발견을 통해서 이루어진다는 인본주의 교육은 학습자 중심의 평생교육과 밀접한 관계를 맺는다. 인본주의 교육은 학습자가 스스로 행하는 발견을 통한 학습을 최고의 학습으로 생각한다. 따라서 학습자들이 가지고 있는 흥미, 요구, 신념, 목표들 그리고 학습자의 동기가 중요시된다.

성인교육에서는 학습자의 동기가 매우 중요시된다. 성인학습자들은 자신들이 원하기 때문에 자신들이 가지고 있는 동기에 의해서 학습활동에 대한 참여, 선택 등 전반적인 사항을 결정한다. 교육은 일생동안 이루어지고 사회기관이나 교수자에 의해서 결정되고 시행될 수 없다. 개인들의 자아실현을 목적으로 필요에 따라 이루어진다는 평생교육의 관점과 일치한다.

인본주의에서 인간은 본래적으로 선하다고 신뢰한다. 이러한 이유로 인간은 본래의 자율성을 갖고 있으며 자유로이 자신의 존재에 대해서 선택할 권리를 가지고 교육활동은 자기 자신의 잠재성을 발견하고 발전시켜 자아실현에 도달하는 것이라는 가정은 성인교육에서 강조하는 인간의 자아개념, 생애발전 단계에 따라 발전과업이 존재한다는 가정과 비교하면 인본주의의 가정을 성인교육의 측면까지 확장한 것이라고 볼 수 있다. 더불어 이 주의는 이론적 토대가 불충분하여 교육의 본질에 대한 이해가 소홀하다는 비판을 받기도 한다.

인본주의 프로그램은 주로 집단의 역동성, 집단관계의 훈련, 감수성 훈련(sensitive workshop), 인카운터 집단(encounter group), 자기 주도적 학습(self-directed learning) 등이 있다. 인본주의 측면에서 평생교육 이론들은 노울즈(Knowles)에 의하여 강력하게 주장된다. 그는 인본주의를 평생교육에 접목하여 안드라고지(andragogy)라는 용어를 창출한다. 여기서 안드라고지는 성인교육만을 뜻하기보다는 평생 교육적인 차원에서 아동교육까지 포괄하는 의미로 받아들여지기도 한다.

5) 급진주의와 평생교육

급진주의 교육은 공교육제도에 주로 관심을 두고 공교육제도를 비판한다. 이러한 비판과 대안은 평생교육에도 그대로 적용이 된다. 프레리는 문해교육의 방법을 통한 성인교육에 접근하여 억압받는 계층을 대상으로 하였기 때문에 교육의 중립성과 결부된다. 그래서 교육이라는 것이 특정 계층의 가치와 목적에 기여하도록 한다는 프레리의 가정은 교육이 중립성을 갖는다는 서구의 교육사상에 대하여 강한 의문 부호를 던진다.

일리치는 '탈학교론'(deschooling)에서 학교교육이 고도의 산업화와 소비사회의 유지에 중심적 역할을 하므로 학교교육을 대체하는 학습망의 개념을 다음과 같이 네 가지로 제시한다.

첫째, 텔레비전, 라디오, 책 등과 같은 매체를 통한 자료의 제공.

둘째, 학습하기를 원하는 기술을 가진 전문가와 학습자가 직접 만나서 학습을 발생시킨다.

셋째, 공동의 관심을 갖고 있는 동료들끼리 컴퓨터를 통한 정보의 교환.

넷째, 스스로 과업을 설정하고 설정된 과업의 성취를 위해서 독립적으로 교육자가 실시하는 독립적인 교육체제이다.

이러한 학습망 개념은 학습자 중심으로 교육이 이루어지고 학습자 자신들의 요구를 반영하는 평생교육의 유형과도 관련된다. 성인교육자들은 사회수준에서의 변화와 개혁보다 개인적 차원에서의 발전에 보다 더 관심을 갖기 때문에 성인교육학자들에게 의해 수용되는 데 한계성은 있지만, 성인교육학에서 보이는 단기적인 시각과 사회병리에 대한 비판적 태도에 대한 대안은 제시하고 있다.

6) 분석철학과 평생교육

분석철학(analytic philosophy)은 언어철학(linguistic philosophy)이라고도 한다. 언어와 언어로 표현된 개념분석에 중점을 둔 영·미의 철학이다. 오스트레일리아와 스칸디나비아 반도의 몇몇 나라가 이 경향에 동조했으나 그 밖의 지역에서는 추종세력이 매우 미약하다. 이 철학 전통은 전체적으로 볼 때 같은 관점과 공통된 사상을 가지고 있지만, 여러 흐름과 철학자 개인에 따라 때로는 근본적으로 다른 목표와 방법론을 제시해왔다. 예를 들어 오스트리아 태생의 철학자 루트비히 비트겐슈타인은 서로 구별되는 분석철학의 두 시기 모두에 커다란 영향을 주어 철학사에서 독특한 위치를 차지하고 있다. 논리철학 논고(Tractatus Logico-Philosophicus, 1992)로 대표되는 초기와 철학 탐구(Philosophical Investigations, 1953)로 대표되는 후기 비트겐슈타인의 사상은 모두 분석철학의 중심이라 하겠다.

분석철학은 20세기에 접어들면서 영국과 독일을 중심으로 시작되어 프래그머티즘, 실존주의와 함께 현대 철학의 한 축으로 등장한 철학적 경향이다. 분석철학자들은 궁극적으로 실재와 절대적 진리나 가치 등을 탐구함으로써 철학적 체계를 세우려고 했던 전통적 철학들은 인간의 문제를 해결하기보다는 언어의 잘못된 사용, 불명확한 의미 개념적 혼란 등으로 인해 더 많은 문제와 혼란을 가져왔을 뿐이라고 비판한다.

18세기 이후 과학은 산업화를 통하여 인간의 삶의 양식을 획기적으로 변화시켰으며, 학문에도 영향을 주어 대부분의 학문을 과학화하였으며, 그것들은 또 우리의 세계관과 가치관들을 바꾸어 놓았음에도 불구하고 철학은 전통적, 사변적, 형이상학적, 신화적 틀로부터 쉽게 헤어나지 못하고 있다고 분석철학자들은 주장한다. 이들에게 주된 관심은 삶을 보는 눈이나 도덕적인 문제에 관하여 다른 사람에게 충고하려고 하지 않고, 일상생활이나 과학적인 논의에서 사용되는 언어를 분석하고 의미를 명료하게 하려고 한다. 그러므로 분석적 교육철학자들은 교수와 학습에 관련된 언어들을 분석적으로 검토하며, 명료한 언어로 교육의 목적이나 이론, 정책 등을 진술하도록 도움을 주려 한다. 따라서 철학적 언어 분석은 교육에 대한 접근방법으로 주장된다.

성인교육이 일반교육과 구별되는 특수한 개념을 가지고 있고 이러한 특수한 개념에 대한 분석이 필요하다고 주장한다. 페터슨과 로우슨은 성인교육의 언어적 측면에의 분석에 초점을 맞추어 성인은 아동보다 더 나이가 많다는 점으로 인해 정신적, 감정적인 측면에서 발전하는 존재로 파악되는 규범적 존재로 분석하여, 성인교육을 인문주의 성인교육으로만 제한하고 직업교육, 여가교육은 성인교육에서 배제하였다.

패터슨과 로우슨은 성인교육은 다양한 성인교육을 성인교육의 범주에서 제외시키는 한계점도 지닌다. 그러나 분석철학이 교육학의 과학화를 표방하는 만큼 성인교육에서 불명확한 용어의 사용이나 언어의 부정확성과 관련되어 기존의 성인교육이론에 대한 하나의 도전임과 동시에 성인교육의 발전에 긍정적인 기여도 할 것으로 보인다.

7) 포스트모더니즘과 평생교육

포스트모더니즘의 특징은 니체로부터 지대한 철학적인 영향을 받아 '주체는 곧 생각하는 자아'라는 근대성의 믿음은 논증되지 않는, 또는 논증될 수 없는 주장이라 판단한다. 주체는 상대적 존재이며, 주체의 내부에는 이성과 다른 것이 자리 잡고 있다고 주장한다. 따라서 이에 기초하고 있는 근대성 역시 주체의 불확실성으로 인하여 이를 전제로 전개되는 제반 이론 역시 유일한 진리로 인정될 수 없다는 것이다. 총체성, 역사발전의 보편성을 담지하는 거대서사에 대해 부정한다. 그러하기에 포스터모더니즘은 다원적인 성격을 강조했으며 그러한 현실을 객관적으로 설명할 수 있는 인간의 사유능력을 부정하였다.

포스트모더니즘을 이해하기 위해서는 모더니즘에 대한 이해가 전제되어야 하는데 그 특징은 대체로 다음과 같다. 모던이라는 용어는 전통적 형태와 표현기법으로부터의 의식적 이탈을 지칭한다. 따라서 모더니즘은 전통적 가치와 그 가치가 전달되는 수사법도 거부하는 경향이 있다. 또한 사회적 존재로서의 인간보다는 개인으로서의 인간을 더 강조하며 의식보다는 무의식을 강조한다. 바로 이것으로써 프로이드와 융의 심리학이 모더니즘 운동의 한 맹아가 되었다. 리얼리즘에 대한 반동으로 제기되었던 모더니즘은 근본적으로 반지성적이며, 인간의 이성이나 일체적 도덕감보다는 정열과 의지를 더 중시한다. 바로 이것 때문에 형태·상징·신화 등의 문제에 깊은 관심을 둔다.

그러나 모더니스트들도 스스로의 정교한 형태를 구축하고 또 심오한 상징과 신화를 구사함으로써 그들 나름의 질서와 규범을 만들어내는 경향을 보였는데 1960년대에 들어서면서 이 같은 모더니즘적 질서에 대한 반항, 극도로 파편화된 세계에 도입하는 작품내용, 현상학적 비평이론(기존의 문학평론이 작품의 객관적 의미를 인정한 데 반해 그것을 부정하고 독자의 인식 속에서만 그 아름다움이 형성된다고 보는 이론) 등이 대두되면서 포스트모더니즘의 기운이 태동했다. 그리하여 모더니스트들이 즐겨 다루던 신화는 독자의 의식 속에 형성되는 심미감으로 대치되기 시작했다. 또한 기존의 소설 형태를 부정하는 앙티로망(반소설)이 나왔고, 작품 속의 주요인물이 주인공이 되는 것이 아니라 안티히어로가 되는 경향을 보였다.

포스트모더니즘은 단순한 대안으로서뿐만 아니라 과거의 담론 속에서 무시되거나 거부되어 왔던 담론을 끄집어냄으로써 새로운 가능성을 제시하고 교육에 있어서도 새로운 의미를 던져두는데 두 가지 측면에서 평생교육과 밀접한 관련성을 갖는다.

첫째, 포스트모더니즘의 소서사적 지식관과 평생교육. 소서사적 지식관을 내포하는 포스트모더니즘은 환경문제, 여성, 인종, 빈곤, 평화 문제 등 다양한 주제들을 담론의 대상으로 제시한다. 이러한 소서사적 지식관은 평생교육에 있어서 인지적 측면뿐만 아니라 인간의 다양한 욕구에 따라 다양한 지식을 전달하는 평생교육의 근거를 제공한다.

둘째, 포스트모더니즘의 다원성 원리와 평생교육. 포스트모던 사회에서는 획일화되고 표준화된 근대의 모든 가치와 제도의 지배로부터 정치, 경제, 문화 등 모든 영역에서 다원화된 가치를 추구한다. 이러한 움직임은 교육에 대한 분권화된 통제의 요구, 교육적 결정사항에서의 다양한 계층의 요구반영에 대한 요구, 사회교육의 활성화 요구, 성인들의 교육 요구 등 다양한 평생 교육적 측면과도 일치한다. 포스트모던 사회는 인간의 정체성 혼란, 극단적인 이기주의, 정신적 빈곤, 세속주의와 같은 병폐를 내포하므로 이러한 도전을 해결할 수 있는 평생교육의 필요성은 포스트모더니즘이 던지는 또 하나의 질문이다.

Ⅱ. 한국의 평생교육

　평생교육의 역사는 유네스코(UNESCO)의 역사라 할 수 있다(김종서 외, 2002). 유네스코(UNESCO)의 역사를 고찰함으로써 평생교육의 역사를 가늠할 수 있다. 유네스코(UNESCO)는 1946년 11월 출범하여 교육, 과학, 문화의 국제적인 개발과 보급을 통하여 국가 및 국민 간의 상호이해와 협력을 증진하고 궁극에는 세계의 평화와 인류의 번영을 성취하자는 이상을 구현하고자 하는 국제연합의 전문기구 중의 하나이다. 성인교육에 대한 초기 개념은 기초교육(문맹퇴치)이 주를 이룬다. 1949년 덴마크의 엘시노어에서 제1차 세계성인교육대회를 개최하여 성인교육전문지인 "Fundamental Education"(이후 Fundamental and Adult Education)을 발간한다.

　1960년에는 캐나다의 몬트리올에서 제 2차 세계성인교육대회를 개최하였으며 주요 사업으로는 평생교육을 학교교육과의 분리가 아닌 전체교육체제 속에서 통합되는 것으로 정의내리는 대회이기도 하였다. 1965년 12월 파리의 유네스코 성인교육 추진위원회에서는 계속교육에 관한 랭그랑(Langard)의 논문에서 발표한 평생교육의 원리를 채택하여 1970년 세계 교육 해의 기본 이념으로 평생교육을 제창하기도 하였다.

　1972년 일본 동경에서 열린 제3차 세계성인교육대회에서는 세계 각국에 대하여 평생교육의 개념을 그 나라 교육체제에 받아들일 것을 권장하여 대략 75

개 국가에서 이에 대하여 적극적인 동의를 이끌어 내기도 하였다. 1973년 포레(Faure)등에 의하여 발표된 연구보고서인 "Learning to be"는 평생교육의 개념을 발전시키는 데 크게 공헌한다. 1973년에는 다베(Dave)의 "Lifelong education and School Curriculum"을, 1976년에는 "Foundation of lifelong Education"을 편찬하여 유네스코 교육연구소에서 발간하였으며, 평생교육의 특성을 20가지로 분석하고 있다.

1996년 21세기 세계교육위원회는 "Learning: The Treasure Within"라는 보고서를 통하여 네 가지 학습을 제시하고 있다. 이에는 learning to know, learning to do, learning to be, learning to live together 등이다. 이외에도 OECD(Organization for Economic Cooperation and Development), 세계은행(World Bank) 등의 기관에서 lifelong education, recurrent education, continuing education 등의 용어를 채택하여 모델을 작성하고 교육실천에 적용할 것을 강조하기도 하였다.

우리 민족은 평생학습, 사회교육에 대한 오랜 역사와 문화적 전통을 지니고 있다(권대봉, 2001: 249)고 할 수 있다. 그리하여 한국에서 평생교육의 초기 활동은 문맹퇴치 운동에서 시작되었으며, 학교 제도에서 소외된 이들에게 보상 교육을 제공했다. 이를 시발점으로 이후의 사회교육은 소외된 계층과 지역사회에 대해 관심을 기울여왔으며, 모든 이를 위한 교육 기회의 제공이라는 이념을 실천해 왔다(황종건, 1996).

남정걸(1982)과 김신일(1998) 등은 한국 평생교육의 역사를 전통사회에서부터 찾고 있다. 이들에 의하면, 원시 공동체 사회의 두레와 품앗이, 고구려의 경당, 신라의 화랑도, 조선시대의 향약 등에서 평생교육의 이념을 찾아볼 수 있다. 원시 공동체 사회의 두레와 품앗이 등은 농경 사회의 생산 양식의 필요에 의해서 생긴 자발적인 협동체로, 구성원들의 공통적 가치관과 생활양식의 형성에 중요한 역할을 하였다.

고구려의 경당은 일반 서민의 자제로부터 권문세가의 미혼 자제에 이르기까지 다양한 계층의 사람들에게 입학 기회를 주었다는 점에서, 신라의 화랑도는 형식적인 학교교육의 경직성에서 탈피한 생활과정을 교육과정으로 삼았고, 학습의 장을 일정한 곳에 한정시키지 않고 국토와 자연을 순례하였으며, 지역사회와 그 속에서 형성되는 인간관계를 중시했다는 점 등에서 평생교육으로서의 의의를 갖는다. 조선의 향약은 관주도로 형성된 지방 자치 단체의 규칙이었으나, 결과적으로는 관과 민이 일체가 되어 서민들의 생활개선과 복지증진 등을 도모하였다는 점에서 평생교육 활동이었다고 볼 수 있다.

평생교육의 이념은 1980년대부터는 세계 각국의 교육개혁의 주요 지표로 등장하게 되었으며, 국가 교육개혁의 주요 관심사이자 개인과 조직 나아가서 지역사회의 성장과 발달을 위한 필수적인 교육활동으로 부각되었다. 이러한 흐름에서 한국도 예외는 아니었다. 전통적으로 사회교육이라는 개념을 사용해 오던 한국은 평생교육의 개념을 받아들이기 시작하였고, 95년 5·31 교육개혁을 발표한 이후에는 평생교육을 제도화하기 위한 각종 정책들을 발표하고 있다. 1999년에는 기존의 '사회교육법'을 대체하여 '평생교육법'을 새로 제정하기도 하였다.

평생교육의 등장배경을 1970년 유네스코가 세계교육의 해에 평생교육의 원리를 기본이념으로 채택하면서부터라 알려져 있지만, 한국 사회에서의 평생학습 개념은 그보다 더 오래 전부터 정립되어 왔을 것이라 추정되고 있다. 그 일례로 한민족은 관직에 오르지 않고 일생을 마친 모든 남자를 사후에 학생이라고 부르며 지금도 고인을 지칭할 때 학생이라 하고 지방을 '현고학생부군 신위'라 쓰고 있다(권대봉, 1999). 이러한 전통 아래 우리의 현대사는 일제강점기를 비롯한 해방이후의 혼란기, 6·25동란, 전쟁이후 정치적 혼란기 등 굵직한 사건들로 점철되어 있다. 교육은 사회적인 상황과 역사적인 상황이 엇갈리는 현실 속에서 늘 변화하기 마련이다. 사회 속에서 평생교육의 성격과 내용은 평생교육을 누가 지배하느냐 그리고 평생교육을 통하여 어떤 목적을 추구하느냐에 따라 달라지기(김신일, 2000) 때문에 결국 오늘날 우리나라의 평생교육은 이와 같은 우리 전통문화의 특수성과 역사적 맥락에 대한 이해가 없으면 한국의 평생교육을 제대로 이해할 수 없는 것이다.

한국의 평생교육은 1945년 해방 이후 미국으로부터 민주주의가 이식되는 과정에서 민주시민교육을 위한 성인교육으로 시작되었다(이상오, 2005: 229). 문맹퇴치를 위한 문해교육을 시작으로 산업화를 위한 기술훈련에 중점을 두다가 삶의 질에 대한 요청에 따라 다양한 여가 교양교육이 활성화되었고, 현재는 직업적 전문화를 위한 계속교육, 재교육 차원까지 다양하게 발전되어 왔다.

1. 미군정기의 성인 문해교육(1950년대)

광복 이후부터 1950년대의 평생교육은 '문맹 퇴치형 국문 보급 사업을 통한 국민 기초교육 강화형 사회교육'으로 특징지어진다(이옥분, 1998). 일제 치하에서 일제의 민족말살정책으로 말과 글을 빼앗긴 채로 살아왔기 때문에 해방 당시 12세 이상 인구의 78%가 비문해자였다. 따라서 주권 국가로서의 기반을 마련하고 민주주의를 발전시키기 위해서는 비문해 퇴치 운동과 국민기초교육이 요청되었다.

문맹퇴치를 위하여 국문 보급 교육운동을 문교부는 1946년 7월 10일 "성인교육국"에 재교육과를 신설하여 성인을 대상으로 하여 문맹퇴치 사업을 주도하였다. 이후 1948년 11월 4일 문화국으로 성인교육과가 편입되면서 성인교육 정책이 중요한 국민교육정책으로 채택되었다. 당시 문교부가 학교교육 이외의 영역으로 교육 사업을 한 것은 급격한 사회적 필요에 의한 필수적인 선택이었다고 할 수 있다.

정부주도로 별도의 강습소 운영을 시작으로 학교를 중심으로 하는 특별교육 사업으로 이어지다 1950년대 말에 다양한 민간단체에 의한 민간차원의 문해교육 사업도 활성화되기 시작한다. 조선어학회의 민족교육, 기독교 계명 협회 등이 주도한 민간단체 성인 문해교육은 비록 단편적이고, 집중적이지는 않았으나 자체의 교재를 개발하여 사용하였고, 선진국에서 활용한 독서교육이나 독서구락부 활동 등을 도입하여 대상자들에게 문해교육과 계속교육까지 실시하는 등 포괄적인 문해교육을 실시하였다.

학생향토 계몽대의 활동이 이 시기에 활발하게 진행되었다. 정부는 지방에서 대도시로 유학 와 있던 학생들이 방학 동안 귀향하여 열악한 농어촌

주민들에게 문맹퇴치를 비롯하여 계몽강연회나 강좌, 간담회, 간이진료, 노력봉사, 생활개선 등 농어촌 계몽활동을 하도록 지도하였다. 대상자는 청소년보다는 대부분이 성인 문맹자가 그 대상이 되었다.

해방과 더불어 미군정하에 세워진 남한의 단독 정부 수립은 자유민주주의 국가 기틀을 수립하기 위해 교육을 수단화하는 정책을 강제하기 시작하였다. 글자를 알아야 국민 모두가 선거를 제대로 치를 수 있다는 목적과 미국이 원하는 정치, 경제, 사회, 문화적인 과제를 성인교육을 통하여 달성하려는 목적이 내재되어 있었다. 당시 미국은 자국의 정치체제를 급속도로 이식시키기 위하여 민주주의의 재교육이라는 구실로 성인교육, 정치교육을 전용하였으며, 한국에서도 서구식의 성인교육이 학교 이외의 장소에서 이루어지는 무형식교육의 형태로 자리를 잡기 시작한다.

2. 군사정부의 성인교육(1960년대)

1960년대의 평생교육은 '근대화를 위한 기술인력 양성형 사회교육'으로 특징지어진다(이옥분, 1998). 1960년대는 4·19 학생의거와 5·16 군사혁명으로 인해 정치·사회적으로 대변혁을 겪는 시기였다. 5·16 군사 쿠데타를 통하여 탄생한 군사혁명 정부는 경제성장과 자립경제 확립이라는 국가 정책을 수립한다. 경제개발 정책을 국시로 삼으면서 교육정책 또한 기술교육 입국을 구축함을 목표로 하였다.

사회계몽 운동과 병행된 성인 및 청소년 대상의 사회교육을 우선 살펴보면, 직업 기술적 차원을 중심으로 하는 계속교육 및 재교육의 강화가 초등학교, 중학교 졸업의 학력인 사람들에게 고등공민학교, 기술학교, 고등기술학교, 성인학교, 학교부설 성인교실 또는 성인반, 각종 직업기술 학원 등의 설립이 활성화되면서 교육의 기회를 부여해 준다. 준학교 형태나 학교교육의 보완형 사회교육은 직업기술계 교육훈련에 치중되었다. 이는 정규학교로 인정받지는 못했지만, 기업이나 공장 등지에서 필요한 기술 인력 자원을 양성하는 데 일조를 하기도 하였다. 특히 1961년의 ‘사설강습소에 관한 법률’에 준하여 직업기술계 학원들의 설립이 활성화되었으며 사설 기술계 학원들의 역할과 위상이 정립되었던 시기이기도 하였다.

농촌 지도사업의 일환으로 농촌개발 사회교육이나 농민사회 교육이 강화되었다. 이는 당시 우리 인구의 55%가 농업에 종사하고 있는 현실을 반영한 것이다. 정부는 지방의 말단 행정조직까지 관리체제로 전환하여 재건국민운동 사업과 4H 운동을 성공적으로 이끌기 위한 국가전략을 수립하기 시작한다. 농촌진흥청이 그 대표적인 곳으로 농촌생활개선사업, 농촌홍보사업, 농촌청소년사업, 농사방법지도, 협동조합운영 및 관리 및 농민의 의식주 생활개선, 보건생활개선, 육아개선, 부업지도 등의 사업을 펼친다. 당시 군사혁명정부가 정통성 확보라는 정치적, 파당적 목적을 가지고 시작한 재건국민운동과 더불어 시행되었던 여러 가지 다양한 형태의 사회교육 활동은 다분히 정치적인 속성을 띠고 있었다.

60년대 성인 및 청소년 대상의 사회교육은 결국 사회계몽 운동과 병행되었는데 이는 성인 개개인의 능력개발보다는 사회운동으로서의 농민 계몽 운동에 치중하였다. 지역사회개발 및 지역주민 계도라는 계몽교육의 효과는 있었으나 교육의 대상자이면서 수요자인 청소년 및 성인들로 하여 자신의 능력개발을 위한 재교육과 계속교육으로 성숙되어야 할 사회교육 현장이 국민들의 단순한 새로운 사회에 대한 적응, 순응만을 이끌어 내고 정부의 수단적 교육 이상으로 넘어서지 못한 한계점이 있었다.

3. 1970년대 사회교육

1970년대의 한국 평생교육은 지역사회개발 및 정신계몽교육으로서의 새마을교육과 인력 양성형 사회교육으로서의 직업기술 훈련이 주류를 이루었다(이옥분, 1998). 1970년대는 경제 성장이 급속히 이루어진 반면에, 정치적으로는 장기 집권과 유신체제가 강화되고 이에 따른 정치적 반발이 심화된 시기였다. 경제적인 측면에서는 고도성장이 이루어졌다. 1970년대 초반부터 시작된 새마을 운동은 사회교육을 성공적으로 추진하기 위한 교육활동으로 시작되었다. 국민정신의 개조, 소득의 증대 등을 목표로 지역사회개발 운동의 토대를 만들어 왔다. 당시 대표적인 새마을 지도자 연수원의 교육내용은 〈표 1〉을 참조하기 바란다.

<표 1> 새마을지도자 연수원

대상	사회지도층 인사 및 정부에 의해 선정된 새마을 지도자
교육목표	새마을 운동의 선도 요원을 정예화하는 것으로 지도자로 하여금 새마을 운동을 선도하도록 하는 것과 새마을 건설에 기여할 수 있도록 하는 것.
교육내용	새마을 정신계발, 농민 지도법, 소득증대사업(농촌 지도자들), 성공사례 및 분임 토의, 시민정신 함양(시·도 지도자들), 생활개선(부녀 지도자).
교육방식	집체교육 실시.

직업 기술적 차원을 중심으로 하는 계속교육 및 재교육이 강화되었다. 당시의 직업훈련은 사회에서 필요한 노동력의 확보라는 차원에서 중요한 과제를 안고 있었다. 단순노동자 참가 훈련프로그램부터 정부 및 공·사 기업체의 간부 및 임원층까지 대상으로 하는 직업훈련 프로그램으로 광범위하고 다양하게 실시되었다.

교육의 실시 주체에 따라 정부차원과 민간차원으로 나누어볼 수 있다. 정부차원에서는 노동부와 산하의 사업인력관리공단, 각 부처 산하 공무원 연수원 등이고, 민간차원에서는 비영리법인 인정직업훈련소와 사업 내 훈련소가 그 주체가 되었다. 학교교육의 보완형태 사회교육도 활발히 실시되었다. 산업체 부설학교와 산업체 부설 특별학급을 설치하여 인력난 해소 정책을 실시하여 국졸, 중졸 정도의 학력의 산업체 취업 노동자들에게 재교육 및 계속교육을 제공한다는 차원에서 매우 활성화되었다.

1972년 방송통신대학(서울대학교에 두어 운영)을 설치하여 처음으로 원격교육을 시작하였다. 1974년에는 문교부의 학력 인정학교로 방송통신고등학교가 설립(전국의 각 공립고등학교에 부설)되었다. 교육대상으로는 정규학교에서 일차적

교육기회를 놓친 근로청소년이나 만학의 성인들이 주 대상이었고, 교육방법으로는 교육공학적 매체를 이용하여 지리적, 시간적 거리를 극복하고 자율적으로 학습할 수 있게 도와주는 새로운 형태의 원격교육 체제의 탄생이라 할 수 있겠다.

4. 1980년대 사회교육

1970년대에 일구어 낸 경제적인 안정적인 사회적 분위기는 1980년대를 맞으면서 삶의 질에 대한 요구와 개인의 자아발전에 대한 욕구가 증대하기 시작한다. 그리하여, 개인의 여가선용과 생활교양에의 요구를 수용하게 되어 이 영역의 활동이 크게 활성화되기 시작한다.

1982년 12월 31일 제정된 '사회교육법'에 근거하여 대학부설 사회교육 기관의 설립과 운영이 봇물이 터지게 증가한다. 즉 대학부설 사회교육원, 언론사 및 백화점 부설 문화센터들이 새로이 생겨나고 기존의 YMCA, YWCA, 구민회관, 마을회관, 복지관 등도 성인을 대상으로 하는 각종 사회교육 프로그램을 운영하게 된다. 여기서는 주로 여가선용이나 교양 증진 프로그램으로서 대상자는 시간적, 경제적으로 여유가 있는 도시지역 고학력 중산층 이상의 여성들이 혜택을 입게 된다. 이 시기에는 노인대학이 설립되어 운영된다. 노인들의 삶의 질과 여가선용 프로그램이 주요한 교육과정으로 자리 잡게 되어 교양증진 및 여가선용형 사회교육은 개인들의 자아발전을 성취하고 삶의 질을 개선시킨다는 긍정적 평가와 더불어 소비적이고 향락적이며 상업 지향적이고 도시 편향적이라는 비판을 동시에 받게 된다.

5. 1990년대 사회교육

1990년대에 오면 사회교육에 대한 변화가 시작된 시기이기도 하다. 교양

증진이나 여가선용의 목적으로 여성 사회교육이나 청소년 사회교육, 노인사
회 교육 등이 활성화된다.

〈표 2〉 교양증진 및 여가선용을 위한 사회교육 프로그램의 활성화

공공 기관 부분	• 여성회관 및 시, 군, 구의 회관, 농촌진흥청과 농업협동조합에서 시행. • 강연위주의 교양강좌, 취미 증진을 위한 강좌, 어학 강좌로 구성, 자녀교 육, 전통문화 및 예절관련교육, 가족관계 교육, 가정경제 교육 건강교육 등이 핵심 내용 • 주부대학(도, 시청 부녀 복지과), 농협주부 대학(농협협동조합), 여성교양 강좌(농촌지도소).
민간 기관 부분	• 여성문제연구회의 여성학강좌, 여성의 전화, 직장여성학교 한국여성민우회, 민우여성학교, 문화센터는 1980년대에 가장 활성화되었다. • 수강생의 교양증진 자질 향상에 목적을 두었고, 대학부설 평생교육원에서 는 일반교양과 전문지식교육과정, 학위과정을 운영 대학에 따라 그 프로그 램이 다양함.

인적자원 개발의 목적을 단순히 기능공 훈련에서 기업체 사업교육까지 확
장하여 정부 관리의 직업훈련의 체계화와 기술계 학원의 활성화, 여성인력
개발을 위한 기관 설립의 활성화, 농민인력 개발의 직업적 자질 향상교육
등으로 변화하기 시작하고, 공무원인력 개발은 다양한 전문 과정으로 편성
되기 시작한다(표 2 참조).

더불어, 전국에 산재한 청소년회관, 대한 노인회, 청소년 수련원(관), 근
로청소년기관, 청소년 야영장 등이 활성화되어 운영이 된다(표 3 참조).

〈표 3〉 청소년, 노인 관련 프로그램

청소년 회관	• 건전한 정서와 인격의 발달을 도모하는 것이 목적으로 근로 청소년을 포함 한 청소년들이 교육대상이다. 교양강좌, 예술제, 상담 및 여가지도에 주력.
청소년 야영장	• 호연지기를 키우는 것이 목적이다. 야영수련 활동을 통하여 청소년들은 친 교활동, 봉사활동, 토론 방법 등을 익히고 민속 문화 및 전통 체험학습의 기회를 가지며 체력단련 및 공동체 생활을 체득하게 된다.
대한 노인회	• 전국의 노인대학, 노인학교, 노인교실을 관리함 노인대학은 노인 지도자를 양 성할 목적의 기관으로 노인생활이나 건전한 가정 꾸미기, 가정에서의 역할, 국 가관 정립, 전통문화 미풍양속, 건강, 및 사회봉사 프로그램으로 이루어진다.

인적자원 개발 목적의 사회교육에서도 변화가 목도된다. 일반 성인을 대
상으로 하는 단순한 기술습득과 자격취득을 위한 기능공의 교육 훈련에서
시작하여 기업체의 임직원 교육을 위한 기업체 산업 교육까지 활성화된다.
기업체 내의 재교육과 계속교육의 요청이 강해지면서 연수원에 대한 투자가
적극적으로 이루어진다. 사원들의 전문 기술능력 습득과 조직의 활성화를
위한 리더십 이론 등이 강화된다.

1980년대 후반부터 사원들의 사기진작을 통한 생산성 향상과 전문기술
인력난을 타개하기 위하여 사내기술 대학설립이 시작되면서 산학협동 교육
도 자리매김하기 시작한다. 정부주도 직업훈련 기관들의 교육이 더욱더 체
계적이고 조직적으로 실시된다. 양성훈련, 향상훈련, 재훈련, 전직훈련 등이
이루어졌으며, 교육방법으로는 집체교육, 현장훈련, 산학협동교육 등이 이루
어진다(표 4참조).

<표 4> 사내 직업훈련의 양상

공공직업훈련	• 각 산업별 공통 수요 직종으로서 사업 내 직업훈련으로 양성하기 어려운 직종(예: 금형공, 기계공, 용접공 등)과 수출전략직종(예: 보석 가공, 염색공, 자수공)을 중심으로 훈련.
인정직업훈련원	• 공공이나 사업 내 직업훈련을 통해 이루어질 수 없는 영역(예: 자동차 정비, 지게차 운전, 굴삭기 운전, 미용, 한식, 제과제빵 등 서비스 분야)
사업 내 직업 훈련원	• 단독 또는 다른 사업주와 공동으로 실시하는 훈련으로 단능공, 및 준단능공(선반공, 전자공, 건축공, 목공) 등이 양성됨.

시민사회 의식 함양을 위한 사회교육 등이 번성하여 민주시민으로서의 자
질 향상과 사회구성원으로서의 역할, 책임, 의무 등에 관한 국민교육 등이
왕성하게 실시되었다. 1990년대 문민정부 시절 후, 민주시민의 의식화 교
육이 활성화되면서 폭넓은 의미에서의 시민성 함양교육으로 확산 발전하게
된다. 더불어 시민의식 함양을 위한 경제교육도 활발하게 실시되었다.

육위탁 및 서비스 사업 등 지식·인력개발 사업을 육성하고, 국가, 산업체 및 경제단체는 산업인력양성 및 재교육 등 교육훈련 산업을 육성하여 21세기의 인적자본 시대에 신지식 사회를 구축하여 국제 경쟁력을 높인다(교육부 평생교육 백서 1998: 312~313).

시대적 사회적인 요청에 따라 자격증 중심의 직업기술 교육과정에 학습자들이 몰리면서 '학점은행제'2)의 도입으로 대학 부설 평생교육원 중심의 평생교육이 이루어진다. 한편, '학습휴가제'와 '교육계좌제'의 보류 및 미실시로 인하여 평생교육 현장은 아직도 미숙한 편이며 상대적으로 법에 규정되어 있는 기초 및 교양교육이 시민공동체 생활에 필요한 교육의 영역은 가장 열악한 형편이라 하겠다. 이러한 기초 및 교양교육은 정부기관으로 전국에 산재해 있는 각종 공무원 연수원들을 중심으로 공무원 집체교육을 통하여 이루어지고 있으며 시민 사회단체 및 기관에서 이루어지는 시민교육이 그 명맥을 유지하고 있다. 평생교육 센터의 종류와 설치 운영 목적 등에 대하여는 〈표 5〉를 참조하기 바란다.

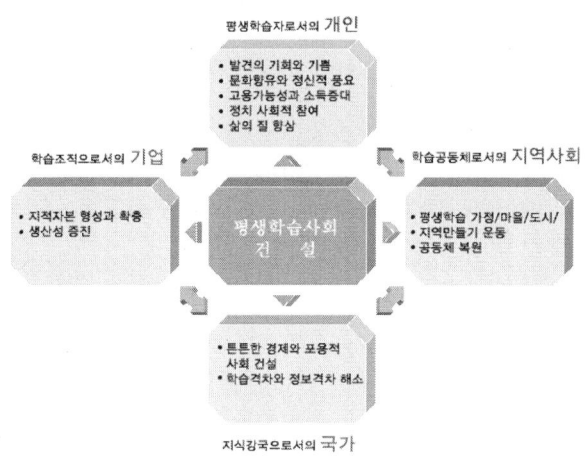

[그림 1] 평생학습사회 건설

---

2) 학점은행제는 학교뿐만이 아니라 학교 밖에서 이루어지는 다양한 형태의 학습경험 및 자격을 학점으로 인정하고, 학점이 누적되어 일정 기준이 충족되면 학위취득도 가능하게 하는 제도이다(교육부·한국교육개발원, 1998).

〈표 5〉 평생교육센터의 설치 운영

평생교육센터	▷ 목 적 교육부는 평생교육 전담, 지원기구를 통한 평생교육 지원체제를 구축하고 이를 강화함으로써, 평생교육에 대한 종합 연구, 평생교육 종사자에 대한 연수, 정보의 수집 제공 기능을 수행하는 중앙단위의 '평생교육센터'의 운영 및 지원체제를 설치하였음(2000년 2월 15일한국교육개발원을 평생교육센터의 주관기관으로 지정) ▷ 주요기능 1. 전문연구소 기능, 2. 전문연수원 기능, 3. 정보센터 기능, 4. 시·도 단위의 '지역평생교육정보센터' 운영, 5. 지역단위의 '평생학습관' 운영 6. 평생교육기관 상호 연계체제 및 평생학습 정보 교류망 구축, 7. 정보화 관련 평생교육의 진흥 등.
사내대학	재택학습 및 직장 내 학습을 통한 고등교육수준의 계속교육 기회를 확대하고, 근로자들의 면학욕구를 수용함으로써 기업의 특화된 직무교육에 효과를 제고하고자 하는 목적으로 사내대학의 설치 운영을 인가하고 있다. 교육경비는 고용주가 부담하며 근로자가 일정기간 동안 규정된 교육과정을 이수하게 되면 학력, 학위가 인정됨 평생교육 차원의 고등교육기관이다.
한국방송통신 고등학교 및 대학교	고등교육기회의 확대 측면에서 경제, 지리, 연령적 이유로 학교교육에서 소외된 사람들을 원격교육 방식에 의해 고등교육기회를 제공하고자 한다. 일반교양교육과 직업전문교육을 실시하여 국민교육의 수준향상에 기여한다. 국가산업을 발전과 산업기술 개발에 기여하는 교육기회를 부여함으로써 개인의 성장발달을 위한 사회교육의 확대 발전을 꾀한다. 계속교육을 통하여 급속히 변천하는 시대에 적응하고, 국가가 필요로 하는 인재양성에 이바지한다.
학점은행제	▷ 목 적 학교에서뿐만 아니라 학교 밖에서 이루어지는 다양한 학습활동을 학점으로 인정, 일정한 기준을 충족하면 학력을 인정함과 동시에 학위취득도 가능하게 함으로써 열린교육사회 및 평생학습사회를 구현하고자 한다. ▷ 내 용 1. 학점인정대상: 평가인정의 학습과정 이수, 학점인정대상학교에서의 학습과목 이수, 대학에서 시간제로 등록하여 학습과목 이수, 독학사 시험의 단계별 시험 합격, 국가기술 자격법에 의한 자격취득 2. 학위수여: 학사학위: 140점 이상 취득자, 전문학사학위는 3년제 120학점, 2년제 80학점 이상 취득자. 3. 학위수여자: 교육인적자원부, 대학의 장으로 당해 학교에서 85학점(학사), 65학점(3년제 전문학사). 50학점(2년제 전문학사)이상을 취득한자 중 학칙이 정하는 요건을 충족한 자.
교육 계좌제	개인의 다양한 학습경험을 종합적으로 누적 관리하여 이를 객관적으로 인증함으로써, 국민 개개인의 생애설계 및 능력개발 지원, 특히 근로자의 계속교육 등 인적자원의 효율적인 개발, 관리에 다각적으로 활용하는 제도이다.
문하생 학력 인정제	전통문화 및 예술 분야에서 중요 무형문화재의 보유자와 그 문하생에게 교육이수 내용에 상응하는 학력 또는 학점을 인정한다. 그 추진방향으로 중요 무형문화재의 보유자와 그 문하생 중에서 고졸학력 이상의 학력소지자를 대상으로 학점은행제와 연계하여 교육기간, 교육내용 및 현장경력 등에 대하여 일정 부분을 학점으로 인정하는 방안을 강구하고 있다.

　수많은 평생교육기관이 있는데, 이 기관들의 교육목적, 내용, 방법 등은 매우 다양하며, 이 기관들을 규정하는 법규나 행정체계도 분산되어 있다. 따라서 이 기관들을 분류하는 방법이 다양하다. 평생교육백서는 이 시설들을 ① 공무원 및 공공교육훈련기관, ② 직업훈련기관, ③ 산업교육연수기관, ④ 학원 및 일반평생교육기관, ⑤ 학교중심(부설) 평생교육기관, ⑥ 학교형태 평생교육기관, ⑦ 청소년 평생교육기관 및 단체, ⑧ 여성 평생교육기관 및 단체, ⑨ 노인 평생교육기관 및 단체, ⑩ 사회복지기관 및 시설과 단체, ⑪ 문화시설 및 단체 중심 평생교육기관, ⑫ 상담기관, ⑬ 연구기관, ⑭ 시민사회 단체로 구분하고 있다. 1999년에는 총 207,554개 기관이 있으며, 교육 연인원은 19,819,608명이다. 이 중 학원과 일반 평생교육 기관이 약 47%나 차지하고 있다.

　평생교육법은 평생교육담당자의 자질 향상과 전문성 제고를 통해 양질의 평생학습기회를 제공하기 위해 기존의 사회교육법상의 '사회교육전문요원'을 '평생교육사'로 변경하고, 그 역할과 기능도 기존의 평생교육의 기획·진행·분석 및 평가 업무전담에 교수역할을 추가하였다. 또한 평생교육사의 전문성을 향상시키고 인적자원을 효율적으로 활용하기 위하여 1, 2급으로 나뉘어져 있었던 기존의 사회교육전문요원의 등급을 1, 2, 3급으로 세분화하였다.

　평생교육법은 평생교육시설의 특성을 고려하여 단체 또는 시설의 종사자(단순노무 종사자 제외)가 10인 이상이고, 동시에 300인 이상을 교습하거나 이용하게 하는 평생교육단체 또는 시설, 연간 교육인원이 3, 000인 이상인 평생교육단체 또는 시설에는 평생교육사를 배치하도록 규정하고 있다.

　평생교육 진흥을 위한 직업능력인증제는 직업인으로서 갖추어야 할 기초 직업능력(직무 기초 소양 및 직업 수행 능력)을 분야별·수준별로 기준을 제시하여, 객관성과 타당성이 높고 신뢰성이 있게 측정하여 해당 능력의 소지 여부를 공식적으로 인정해 주는 제도이다(이무근, 1997). 기초직업능력은 특정 직업의 범위를 넘어서 인간으로서의 삶을 살아가는 데 필요한 기초적인 능력이라는 점에서 중요하며, 또한 빠르게 변화하는 경제 환경 속에서 융통성 있게 업무를 수행할 수 있으므로 국가경쟁력을 높인다는 점에서 중요하다.

숭실대학교 평생교육학과에서 진단하는 한국의 평생교육제도의 특성을 살펴보면 다음과 같다.

첫째, 평생교육제도는 학력위주 사회에서 능력 위주 사회로의 전환을 시도한다. 한국에서 학력은 한 개인의 능력을 나타내는 가장 중요한 지표로 여겨지고 있다. 즉, 학력은 개인을 평가하는 가장 중요한 척도이며, 노동시장에서의 구직, 승진, 보상은 물론 배우자의 선택 및 인간관계의 형성 등에서도 핵심적인 고려 요인이다.

그러나 학력은 순수한 개인의 능력이나 노력의 산물이라기보다는 사회 경제적인 배경과 밀접한 관계를 가지고 있기 때문에 한 개인을 판단하는 지표로는 적절하지 못한 면이 있다. 이러한 학력주의에 대한 대안으로 평생교육제도는 능력의 인정, 경험의 인정을 제도화하고 있다. 직업능력인증 제도는 직업인으로서 갖추어야 할 기초직업능력의 기준을 제시하고, 해당 능력의 소지 여부를 공식적으로 인정하여 개인의 능력을 판단하는 기준으로 삼는다.

독학학위제와 학점은행제, 교육계좌제, 시간제 등록제 등은 공식적 교육과정 이외의 다양한 경로를 통하여 습득한 비공식적 학습을 정규 고등교육 학위과정으로 인정하고자 한다. 즉, 개인의 능력과 경험을 인정하는 제도를 통하여 학교만이 부여할 수 있다고 생각되던 각종 교육자격증을 비형식 혹은 무형식 교육을 통해서도 획득할 수 있게 함으로써 학력 위주 사회에서 탈피하고자 하고 있다. 특히, 학점은행 제도는 사회구성원 개개인이 편의에 따라 학습하고 그 학습결과에 대해 공적인 인정을 받을 수 있게 한다는 취지를 반영하고 있다. 나이나 때에 구애됨이 없이, 반드시 학교에 재학하지 않더라도 원하는 학습을 할 수 있도록 하고 그 학습결과를 학점으로 인정받고 궁극적으로 학위를 받을 수 있게 하기 위한 제도가 학점은행제도이다. 평생학습의 동기를 유발하고 또한 평생학습의 기회를 확장하려는 의도를 담고 있는 제도이다(강태중, 1999: 24-25).

둘째, 성인 기초 교육에서 계속 교육으로 전환하는 추세이다. 한국에서 해방 후 초기의 평생교육활동은 문맹 퇴치 운동에서 시작되어 그 동안 학교 제도에서 소외된 이들에게 보상 교육을 제공해 왔다. 그러나 새로 제정된 '평생교육법'은 성인기초교육에 대해서는 전혀 언급하지 않는 반면, 학점은 행제, 문하생 학력 인정제도, 독학사 학위제도, 시간제 등록, 사내대학, 원격 교육을 통한 학점 취득 등 고등교육을 위한 계속 교육의 기회를 제공하는 다양한 제도들을 언급하고 있다.

1960년대, 1970년대에 초·중등교육이 팽창하였고, 1980년대에는 고등교육도 확장되어 대다수의 국민들이 일정 수준의 학교 교육을 받게 됨으로써 기초교육에 대한 수요가 감소하였기 때문이다. 그러나 이러한 방향 전환이 성인기초교육의 수요 감소에 의한 것이 아니라, IMF라는 총체적인 경제 위기 상황에서 지식기반사회의 국가 경쟁력을 위한 인력 개발과 맥을 같이 한 결과라는 비판도 있다.

셋째, 평생교육제도는 모든 사람들이 학습 요구를 충족시킬 수 있는 공적 체제의 구축을 위해 노력하고 있다. 성인이 자신의 직업과 관련하여 계속교육이나 연수를 받는 것은 OECD 주요국에서는 일반화되어 있는 일이지만, 한국의 경우 성인(25~64세)의 교육 참여율은 5.4%로, OECD 주요국인 프랑스 40.0%, 미국 34.0%, 독일 33.0%, 캐나다 28.0% 등과 비교할 때 낮은 수준이다.

평생학습 제도는 성인들의 학습 기회를 제공하기 위하여 학점은행제, 독학사학위취득, 시간제 등록, 사내대학 양성화, 문하생학력인정, 교육계좌제, 유급 무급학습휴가제 등을 도입하고 있다. 그러나 학습자가 학습활동을 전개하기 위해서는 교육 현장의 교육체제가 정비되어야 한다. 즉, 학습자들이 신변 가까이에서 희망하는 학습 내용을 습득할 수 있는 학습의 기회와 장소가 제공되어야 한다.

이에 대하여 '평생교육법'은 국가 및 지방자치단체의 평생교육정책 지원을 강화하고 있다. 평생교육법에 의하면 국가 및 지방 자치단체는 평생교육기관의 네트워크 구축, 평생교육정보센터 및 상담실 운영, 학습비 지원 등 행·재정 지원을 강화하여 평생교육 기관의 지원책을 확대하여 국민에게 학습기회와 정보제공 등 평생교육서비스를 대폭 확대해야 한다. 그러나 아직은 공적 기반의 구축이 미비하여 사교육에 의존하는 비율이 높은 상황이다.

Ⅲ. 평생교육의 사회 · 심리적 기초

1. 인간의 사회화와 교육의 사회화

1) 사회화의 개념

사회화에 대한 개념은 크게 세 부류로 살펴볼 수 있다. 첫째, 포괄적 개념으로 소속집단의 행동양식, 가치관, 규범과 같은 문화를 학습하여 내면화하고 자기 자신의 독특한 개성과 자아를 형성해 가는 과정으로 본다. 둘째, 사회적 개념으로 문화의 전달과정(사회성원으로 성장)으로 인식한다. 셋째, 개인적 개념으로 개성의 형성과정(사회적 학습과정)으로 본다. 인류학자들은 사회화를 문화화(enculturation)로 본다. 그리하여 사회화의 개념은 학문적인 입장에 따라서 달리 해석된다.

교육학적인 접근에서는 사회화의 개념을 교육학적으로 적용시켜 사용한 최초의 학자는 Durkheim으로서 1920년경에 미국의 인류학, 심리학, 사회학에서도 연구되었으며 1960년 이후부터는 유럽에서 사회과학 영역에서도 사용되어 왔다. 문화인류학적인 입장에서는 사회의 문화유형을 습득하고 이해하여 내면화하는 것으로 한 사회의 공유된 행동양식 또는 규범에 따라 행동하도록 하는 문화유형을 습득하는 과정으로서 '문화화'(enculturation)라고 부르기도 한다.

2) 사회적 학습과정

사회화의 학습과정은 새로운 인간관계에 따른 계속적인 학습과정으로 본다. 여기서 교육과 사회화의 차이를 살펴보면 교육은 사회적 학습의 대부분, 즉, 의도적 다분히 계획적이라고 할 수 있겠다. 사회화는 교육의 의미까지 포함한 채 무의도적인 영향까지 모두 포함한다. 급변하는 현대는 사회화 과정이 때와 장소를 가리지 않기 때문에 평생교육의 중요성이 커진다.

3) 사회화 기관

사회화 기관으로는 가정, 학교, 매스미디어(mass media) 등이 있다. 가정은 인간의 가장 핵심적이고 기본적인 인격의 틀을 구축하는 곳으로 인간 성장에 있어서 퍼스널리티가 형성되는 중요한 시기를 가정에서 보낸다. 가족의 성격, 가치관, 태도, 동기 특성도 상호 작용 과정에 크게 작용한다. 사회화에 있어서 일차적으로 가장 큰 영향을 준다. 학교는 가정에서 떠난 최초의 사회 기관이다. 아동을 집단적으로 수용하여 새로운 사회화를 시도하며, 가정과는 달리 계획적이고 합리적, 의도적인 사회집단이다. 매스미디어(mass media)는 산업사회로 되면서 대중매체는 날로 그 영향력이 커지고 있다. 매스미디어는 공통의식을 갖게 하고, 간접경험을 넓혀주고 구성원들에게 사회화를 촉진시켜 주는 순기능이 있는 반면에, 흥미 위주로 되어 있어 건전한 사고 발달에 부정적이고, 정서적인 불안감과 공포심을 유발하기도 한다.

4) 사회화의 방법

사회화는 인간 행동의 변화 발전과정이요. 사회적 학습과정이므로 그것이 이루어지는 방법이나 과정에 관한 이론은 일반적으로 행동 변화나 학습에 관한 이론과 맥을 같이한다. 사회 집단 규모가 커지고 조직구도가 복잡해지면 점차 집단구성원의 역할분화에 의한 행동을 체계적으로 할 수 있는 역할학습을 통한 사회화 방법에 의하여 집단공동의 목적을 달성하게 된다. 사회화 방법은 어떤 일관되고 독특한 형태가 고정되어 있는 것이라기보다는 사회화의 대행자나 기관에 따라 다를 수 있고 문화를 달리하는 사회나 시대에 따라 각양각색으로 나타난다.

5) 아동의 사회적 행동

사회적 행동이란 "어떤 행동자(개인, 집단)가 다른 행동자에게 영향을 주는 행동"(서울대학교 교육 연구소, 1994)을 의미한다. 대인관계, 인간관계 등으로 표현되고 있는 인간과 인간의 상호관계를 사회적 관계라 하며 이러한 사회적 관계에서 나타나는 행동, 즉 개인 또는 집단에 대한 행동양식을 사회적 행동이라 한다. 이와 같은 사회적 행동은 사회생활을 해 나가는 데 사회적 관계를 통하여 학습하게 되는 것으로서 주로 다른 사람에 대한 태도나 감정 등을 포함하는 행동이다(박용헌, 1973; 최혜순, 1992).

일반적으로 사회적 행동은 타인과의 관계에서 긍정적인 영향을 주는 긍정적 사회적 행동과 부정적인 영향을 주는 부정적 사회적 행동으로 분류할 수 있다. 즉, 긍정적 사회적 행동은 타인에게 이익을 주기 위한 목적으로 외부로부터 보상을 기대하지 않고 자발적으로 행해지는 행동을 말하며 부정적 사회적 행동은 이와 반대되는 행동으로 타인에게 행동의 결과가 해로움을 주는 행동이라 할 수 있다(박미정, 1993).

한편, 사회적 행동과 유사한 개념으로 요즈음 많은 연구들에서 다루고 있는 사회적 능력(social competence)이라는 개념이 있다. 사회적 능력(social competence)이란 아동의 사회적 특성영역을 포괄적으로 포함하며 학자에 따라 환경에 대한 적응의 측면, 인성 구조적 측면, 사회적 상호작용의 측면을 강조하여 개념화하고 있다. Schaefer(1965)는 애정, 외향성, 접근성 등의 긍정적 행동을 사회적 능력의 특성으로 보았고, Baumrind(1973)는 사회적 적응성, 독립성, 성취지향성, 활력 등의 특성을 가진 아동인 경우 사회적 능력이 있다고 하였다.

사회적 상호작용의 측면을 강조한 학자들(O'Malley, 1977; Pease,

Clark와 Crase, 1979; Perry와 Bussey, 1984)은 사회적 능력을 대
인관계의 목적을 달성하는 능력으로 보고, 사회적 상호작용의 측면 중에서
또래관계에 초점을 두고 사회적으로 능력이 있는 아동은 자신이 원하는 목
표를 성취하는 데 필요한 기술을 가지고 있다고 하였다. 결국 사회적 행동
또는 사회적 능력의 개념은 학자들의 관점에 따라 강조하는 측면이 달리 표
현되고 있으나 공통적으로 뜻하는 것은 사회적 관계에서 나타나는 긍정적
또는 부정적 행동특성을 말하며 주로 다른 사람에 대한 태도, 감정들을 표
현하게 된다. 일반적으로 사회적 행동은 개인이 사회생활을 해 나가는 가운
데 사회적 관계를 통해서 학습하게 되는 행동(박용헌, 1973)이나 아동이
학교 상황에서 보이는 사회적 행동은 주로 어머니와의 생활과 관계에 의해
영향을 받는 것으로 밝혀지고 있으며, 또한 이러한 사회적 행동은 학교생활
의 적응이나 또래 간 인기도, 앞으로의 사회생활 또는 인성발달과 밀접한
관계(Green, Forehand, Beck & Vosk, 1980)가 있어 White(1959)
와 Baumrind(1973)이후 상당한 관심을 끌고 있다.

6) 또래간의 인기도

또래의 상호작용이 아동기 발달에 미치는 영향은 매우 크다. 인간관계의
기술을 비롯한 사회성발달은 물론이거니와, 성격·정서 및 인지적 발달에
미치는 영향 또한 간과할 수 없는 것이다. 또래의 영향은 긍정적이면서 동
시에 부정적일 수 있다. 그 결과가 어떠한 성격의 것이든 또래의 영향은 여
러 형태의 상호작용 기능을 통해서 나타난다.

첫째, 또래는 서로에게 중요한 역할 모델로서의 기능을 갖는다.

둘째, 또래는 서로에게 중요한 강화자가 된다.

셋째, 또래는 아동에게 스스로를 평가할 수 있는 기준을 제공하는 사회
비교(social comparison)의 기능을 갖는다.

마지막으로 사회적 지지가 어렵고 힘든 상황에서 타인이 주는 실제적 및
정신적 지원을 뜻한다. 사회적 지지는 흔히 감정적인 위안을 받는 정서적

지지, 실제적인 도움을 받는 도구적 지지, 충고나 조언을 받는 정보적 지지, 함께 있어주거나 경험을 공유해주는 동반적 지지를 포함한다. 아동이 가족과 또래 중 누구로부터 가장 큰 사회적 지지를 받고 있는가를 확인하는 것은 아동의 또래 관계를 이해하는 좋은 방법 중의 하나다.

아동에게 가장 큰 사회적 지지를 주는 것은 물론 부모이지만, 또래는 부모 못지않게 아동에게 중요한 사회적 지지자이다. 아동이 나이가 들수록 사회적 지지의 범위가 커져가며, 사회적 지지자로서 또래의 중요성 또한 높아져간다. 이러한 또래지위(peer status) 또는 사회적 지위(social status)는 주로 또래로부터 거부 또는 수용되는지를 알아보기 위한 것으로, 몇 가지 측정방법이 있으나 주로 다음 두 가지 또래평정(peer assessment)방법을 통해 측정되어왔다. 전통적인 Moreno의 사회측정법(sociometric measure)으로 이 방법은 "함께 놀고 싶은", "함께 일하고 싶은", "생일날 초대하고 싶은"과 같은 문장에 대해 그에 해당하는 같은 반 친구를 지명(nomination) 또는 평정(rating)하는 것이다(Moreno, 1934). 이 방법을 통해 인기아동과 비인기 아동으로 구분하고, 비인기 아동은 또래에 의해 수용되지 못하는 것으로 간주한다.

이러한 사회 측정법을 변형한 것이 긍정적인 또래거명과 부정적인 또래거명을 함께 이용하는 방법이다(Coie, Dodge, & Coppotell, 1982). 즉 아동에게 "가장 좋아하는", "가장 싫어하는"(또는 "가장 덜 좋아하는")같은 반 또래의 이름을 보통 3명씩 표시하게 한다. 이 방법 역시 Moreno의 측정방법에서 의도하는 것과 마찬가지로 또래의 수용여부를 측정하는 것이다.

사회측정 상태와 도덕추론은 밀접하게 관련이 있다는 연구가 있다. 몇 연구자들은 인기도와 사회능력은 역할 바꾸기(role taking) 기회를 나타내는 중요한 지시자이며 도덕 발달의 중요한 것으로 인식하고 있다(Kohlberg, 1984). 친구들 사이에서 잘 융합하는 아동들은 고립된 아동들보다 역할 바꾸기의 더 많은 기회를 가지며, 더 성숙한 도덕적 추론을 한다. Colb, Kohlberg, Gibbs, Leiberman(1983)은 종단연구에서 친구들과 잘 융합하는 아동들은 고립된 아동들보다 더 도덕적으로 성숙하다고 보고하였다.

Colby 등(1983)에서 얻은 결과는 도덕 추론은 사회 측정 상태에 영향을 준다는 것이다. 사회 상태와 관련된 많은 행동들은 도덕 추론과 관련이 된다. 협동과 공유와 같은 친사회적 행동을 포함하는 사회 능력은 도덕 추론의 성숙도와 정적으로 관련되어 있다(Eisenberg, 1986). 반면에, 반사회적이거나 친사회적 행동은 친구들의 거부와 인기와 각각 관련이 되어 있다(Coie, Dodge, & Kupersmidt, 1990). 이런 결과들은 도덕 추론은 반사회적, 친사회적 교실행동에 미치는 영향을 통해서 사회 측정상태에 간접적으로 영향을 준다고 볼 수 있다.

도덕추론은 사회측정 상태에 간접적으로 매개된 영향을 주지만 더 직접적인 영향을 준다고도 볼 수 있다. 즉 친구들은 나이에 적절하거나 조금 더 발달된 도덕 추론에 가치를 두어 평가를 하지만, 미숙하고 쾌락적인 도덕 추론은 사회적으로 이탈된 것으로 본다. 많은 문헌들이(예, Eisenberg, 1986) 개인의 의도와 동기를 친구들의 비난과 칭찬과 같은 판단과 관련시키려는 연구들이 이런 내용을 지지한다. 도덕적 판단에 관해서는, 반 친구들의 지각이 사회측정 상태에 중요하고, 반 친구들의 외적 행동의 지각이 사회측정 상태에 중요하다.

2. Piaget와 Kohlberg의 도덕발달 이론

Piaget(1965)는 그의 도덕발달에 관한 저서 "아동의 도덕판단"(The moral judgement of the child)에서 아동의 도덕발달은 네 개의 단계를 거쳐서 이루어진다고 제시하고 있다. 그는 아이들이 흔히 모여서 하는 공기놀이를 관찰하여 아동들이 도덕적 규칙을 인식하고 수행하는 양상을 찾아내고자 시도하였다. 이러한 관찰결과와 함께 Piaget는 도덕적인 갈등 사태에 대한 이야기를 들려주고 어느 쪽의 아이가 더 나쁘며 왜 그러한가를 묻는 일상적인 면접을 통해 도덕성 발달을 4단계로 구분하였다.

Piaget는 이러한 연구결과를 기초로 하여 다음과 같은 도덕성 발달이론을 전개하였다. 1단계인 자아 중심적 단계는 사물에 대한 자신의 입장과 다른 사람의 입장을 구별하는 능력이 없는 단계이다. 2단계인 권위주의적 단계는 권위에 맹목적으로 복종하는 아동의 도덕생활을 의미한다. 3단계는 상호적 협동의 단계로서 자율적 판단이 발달하게 된다. 4단계는 공정성의 단계로서 호혜의 개념으로 나타난다.

위의 4단계는 크게 타율적 도덕성(heteronomous morality)과 자율적 도덕성(autonomous morality)으로 구분하며 도덕성은 타율적 도덕성에서 자율적 도덕성으로 발달한다고 한다(김원영, 1988). Piaget의 도덕성의 개념은 인지 이론적 입장에서 도덕적 판단능력으로 파악한다(김호권, 1977). 그는 도덕성은 규칙들에 의한 체계로 구성되어 있으며 모든 도덕성의 본질은 개인 이들 규칙을 어떻게 획득하는가 하는 관점에서 연구되어야 한다고 전제하였다(Piaget, 1965). 그는 도덕성의 핵심을 옳고 그름에 대한 의식적인 도덕적 판단 능력임을 강조하였다. 이 같은 도덕적 판단능력이란 다른 사람들과의 사회적 관계에서 어떤 규칙을 근거로 하여 행동의 방향을 결정하는가를 판단하는 능력이다.

따라서 개인의 도덕성 발달은 행위의 주체자로서의 개인이 환경 내의 모든 규칙을 어떻게 개념화하느냐에 따라 결정된다고 할 수 있을 것이다. 그리하여 도덕성 내지 도덕적 행위의 출발점을 개인의 인지능력의 발달과 그 발달의 단계에 의해서 규정되는 개인의 선택적 판단에서 구하고 있다(김원영, 1988). Kohlberg는 Piaget의 단계발달의 개념을 도덕발달의 영역에 도입하여 자신의 독자적인 이론을 구축하였다. Kohlberg는 Piaget의 이론을 인지발달 이론적 입장 즉 인지적 요인과 사회적 상호작용의 역할을 강조하여 더욱 논리적이고 포괄적으로 발전시켰다.

그 이론의 특징은 첫째, 발달은 분화와 통합의 정도이며 논리적인 설명이 가능하다. 둘째, 발달은 인식구조의 변화이며 질적 변화이다. 셋째, 사람은 도덕적 규범을 수동적으로 내면화하는 것이 아니고 능동적으로 대처하며 자기의 인지구조에 맞게 동화한다. 동화하는 방법이나 이해하는 방법이 발달 상의 문제가 된다. 넷째, 인지구조의 변화는 개인과 사회적 불균형이 균형 화되는 과정이다. Kohlberg의 이론이 Piaget의 도덕발달 단계와 다른 점 은 첫째, 개인이 개인 또는 사회로부터 받는 역할기대, 개인의 사회적 상호 작용을 중시한다는 점이다. 둘째, 인지적인 것만이 아닌 동기와 죄의식 같 은 정서적인 것도 포함하였다. 셋째, 도덕판단 발달의 중요한 시기라고 생 각한 청소년 이후의 발달까지 포함시켰다. 넷째, 능동적 인지구조를 알아보 기 위한 적절한 방법을 사용하였다(김원영, 1988).

Kohlberg(1958)는 Piaget의 인지적 도덕발달 이론을 보다 세분화하여 3수준 6단계의 이론으로 발전시켰다. 그는 10-16세 사이의 소년 72명을 대상으로 하인쯔 갈등(Heinz dilemma)을 비롯하여 이와 유사한 9개의 도덕적 갈등상황을 제시하였다. 발달단계를 살펴보면 Kohlberg(1981)는 도덕성의 발달에서 세 개의 수준과 이에 따른 각각 두 개 모두 여섯 개의 단계들을 설정하였다. 인습이전 수준Ⅰ이라 불리는 수준에는 벌과 복종에 의한 도덕성인 단계1과 도구적 사고로서의 도덕성인 단계2가 포함된다. 수 준Ⅱ는 인습수준으로서 대인관계의 조화를 위한 도덕성인 단계3과 법과 질 서준수로서의 도덕성인 단계4가 포함된다. 수준Ⅲ은 인습이후 수준으로 사 회계약 정신으로서의 단계5와 보편적 도덕원리에 대한 확신으로서의 도덕성 인 단계6으로 구성된다(김상윤, 1989).

Kohlberg의 1, 2단계에서는 자기에게 직접적으로 영향을 미치는 사실 적 결과가 도덕적 판단의 근거가 된다. 3, 4단계에서는 그 사실적 결과의 범위가 대인관계나 사회 전체로 확대될 뿐 여전히 구체적인 결과의 수준에 머물러 있다. 그러나 5, 6단계에서는 그런 구체적 판단 근거에서 벗어나서 그 근거 자체가 타당한가에 대한 합리적 사고를 할 수 있게 된다. 이 사고 의 결과로 사람들은 구체적인 사실적 결과와는 무관한 보편적 도덕원리에 의하여 완벽한 지적 사고를 할 수 있게 되는 것이다(김원영, 1988).

Kohlberg의 도덕성발달 단계에 따르면 우리나라 4-5세 유아의 도덕적 갈등상황에 대한 판단은 약 55%가 1단계에 약 45%가 2단계에 속한다(이미숙, 1992). 8-9세경까지 1, 2단계가 지속되다가 9-11세 사이에 2단계가 현저히 감소되며 3단계에로의 이행이 시작된다. 초등학교 고학년 시기는 주로 3단계가 지배적이다(김상윤, 1985, 1989). 인지적 도덕발달 이론의 주창자인 Piaget(1932)나 Kohlberg(1958)가 처음에 의도했던 것이 도덕발달의 촉진이 아니었던 점은 분명하다. 그러나 도덕판단 발달에 있어서 낮은 단계를 높은 단계에 비해 열등하다고 본 점에서는 두 사람이 일치하고 있다. 이 생각은 복잡성에 기초한 단계의 계열성을 가치의 계열성으로 해석하여 아동이 가급적 빨리 성인의 도덕성을 갖게 되는 것이 교육적으로 바람직한 것으로 여겨지게 된 것이다(김상윤, 1989). Piaget는 개인의 도덕성의 발달은 연령의 증가에 수반되는 변화로서 도덕적 태도와 개념이 전도덕적(amoral) 상태로부터 질적으로 다른 도덕적 성숙의 단계로 발달해 나가는 과정에 근본적인 관점을 두고 아동의 도덕성 발달수준을 크게 타율성과 자율성으로 구분하고 도덕성은 타율적 도덕성에서 자율적 도덕성으로 발달한다고 하였다.

타율성 수준에는 자아중심주의 단계와 권위주위의 단계가 있고, 자율성 수준에는 상호적 협동의 단계와 공정성의 단계로 나누었다(김원영, 1988). Piaget의 관심은 어떻게 권위에 대한 존중과 복종의 타율적 도덕에서 자기를 다스리고 조절하는 자율적 도덕으로 발달할 수 있는가 하는 점이었다(원호현, 1987). Kohlberg는 성숙한 도덕적 행동은 성숙한 도덕적 사고가 있을 때만 가능하다고 보았다. 즉 올바른 도덕적 행위란 도덕적 지식의 기초 위에서 도덕적 판단을 하고 그 연후에 이 판단에 따른 행위가 이루어졌을 때를 말한다.

3. Eisenberg의 친사회적 도덕 발달

Kohlberg의 도덕 발달은 금지 중심적인 도덕판단의 발달에 관한 것으로, 즉 벌이나 규칙, 권위자의 지시와 형식적인 규정 등을 다룬다. 그러나

Eisenberg는 긍정적인 도덕 추론의 영역을 다루며, 벌, 권위자의 지시와 규정과 기준이 최소의 영향을 주고 친사회적이고 이타적인 주제를 다룬다. 친사회적 행동에 관하여 배선호(1983)는 타인에게 이득이 되는 것이 목적이면서 자신에게 돌아올 보상에 대한 기대 없이 수행자가 자발적으로 수행하는 행동이라 정의하였으며, Macaulary와 Berkowitz(1976)는 친사회성 행동(prosocial behavior)이란 불신, 이기, 상해 등과 같은 반사회적 행동과는 대조가 되는 행동으로 외적인 보상의 기대 없이 타인을 돕기 위해 행하는 자발적인 행동을 친사회적 행동이라고 설명했다.

또한, 친사회적 행동과 비슷한 개념으로 이타행동을 들 수 있는데 이타행동이란 어떤 형태의 보수를 받는다는 기대가 없이 다른 사람을 도와주려는 행동을 말한다. 그런데 친사회적 행동을 이타행동과 구별하지 않고 혼용하는 사람이 있는가 하면(Mussen & Eisenberg, 1977), Freedman, Carlsmith, 및 Sears(1981)는 친사회적 행동과 이타행동을 구별하여 이타행동은 어떤 형태의 보수를 받는다는 기대가 없이 다른 사람을 도와주려는 행위를 말하는 것이며, 친사회적 행동은 타인들을 돕거나 도우려는 행위를 전체적으로 통칭하는 폭 넓은 범주라 하였다(홍대식, 1986).

Staub(1978)는 친사회적 행동은 동기(motivation)가 중요하다고 본다. 즉 물질적 · 사회적으로 다른 사람에게 도움을 준 결과보다는 오히려 도움을 주려는 의도(intention)가 중요하며, 다른 사람을 이롭게 하고자 하는 동기로 행해졌을 때에만 이타적이 된다고 한다. Bar-Tal(1976)은 친사회적 행동을 사회적으로 긍정적인 결과를 가져오게 하는 행동으로서 외적인 보상을 기대하지 않고 타인에게 유익하게 해주기 위해 자발적으로 수행하는 행동이라 정의한다.

그는 친사회적 행동을 두 가지 유형으로 구분하였는데, 하나는 타인을 이롭게 하기 위한 그 행동 자체의 목적 때문에 보상의 기대나 의무감 없이 행해지는 이타행동이며, 다른 하나는 손해를 입혔거나 도움을 받았기 때문에 의무감에서 나온 상황행동(restitution behavior)이라 하였다. 이와 같이 친사회적 행동에 대한 정의는 학자마다 다양하지만 친사회적 행동이란 반사회적 행동과 반대되는 개념으로 타인에게 유익을 주기 위해 자발적으로 수행되며 사회적으로 긍정적인 결과를 가져오는 행동을 의미하는 것으로 종합해 볼 수 있다.

친사회적 행동에 해당되는 행동 유형으로는 나눠주기(sharing), 도와주기(helping), 기부(donation), 관용(generosity), 이타성(altruism), 협력(cooperation), 친절(kindness), 동정(sympathy)등을 들 수 있다. 한편 환경의 지배를 받는 인간의 심리학적 발달과제 중에서 인정을 받을 수 있는 방식으로 행동하기를 학습하는 일은 매우 중요한 과업의 하나라 할 수 있을 것이다. 일부의 연구들은 도덕성이 친구관계, 혹은 대인 관계와 관련이 되는지를 다루며(Damon, 1988; Selman, 1980), Hartshorn 과 May(1930)와 같은 사회학습 이론가들은 도덕성이란 인간적 특성으로서의 보편적인 도덕행위가 아니라 상황에 따라 다르게 나타나는 특수한 반응이라고 본다.

그러나 인지론적 입장에서는 어떤 상황에서 행동하려면 판단이라는 인지구조에 따른 기능을 말하는 것으로 보고 있다. Eisenberg(1979)는 외부적 압력 즉 벌이나 규칙, 형식적 의무, 권위 등이 최소화된 상태에서 자기 자신의 요구와 다른 사람의 요구나 가치 중 어느 한쪽을 선택해야 하는 문제에서는 도덕판단의 형태가 다르게 나타날 수 있다고 가정하고, 친사회적 도덕추론의 수준을 제안하면서 개인이 자신의 이익을 희생해야 하는 갈등의 상황에서 행동을 선택해야 하는 상황을 설정하여 실험한 결과 〈표 6〉과 같이 여섯 수준으로 분류하였다.

또한, 친사회적 행동에 있어서는 일정 수준의 인지 및 정의적 능력의 발달을 필수적으로 요구한다면, 영아기에 친사회적 행동을 기대하기 어렵다. 그러나 2세 이전의 아기들도 다른 아이가 아파하면 함께 울고, 위로하며, 나누어 갖는 등 여러 형태의 친사회적 행동 특성을 보여준다. 이처럼 일찍부터 친사회적 행동이 나타나는 것은 친사회적 행동이 인간 본성의 일부임을 보여주는 것이다.

아동의 연령이 증가함에 따라 친사회적 행동도 증가하는 경향이 있다. 2-3세경의 유아도 곤경에 처한 또래에 대해 이타적 행동을 보인다. 그러나 자기만 먹기에도 부족하다고 느끼는 과자를 나누어 먹는 것과 같은 자발적인 자기희생적 친사회적 행동은 4-6세경부터 증가하기 시작하여 9-10세경에 이르면 가장 높은 수준을 보인다(Bar-Tal et al., 1982).

실험실에서 아동의 행동을 관찰한 연구들도 대체로 나이든 아동이 나이
어린 아동에 비해 나누거나 돕는 친사회적 행동의 빈도가 높다고 보고하고
있다(Eisenberg,1990; Froming et al.,1985). 이처럼 실험실에서나
일상의 관찰에서 친사회적 행동이 명백히 연령과 함께 증가하는 것은 아
동이 성장함에 따라 협조의 가치와 필요성 및 방법을 이해하는 인지적 능력
이 발달하기 때문인 것으로 보인다(Knight et al., 1987).

〈표 6〉 친사회적 도덕추론의 6수준

1수준: 권위와 벌에 대한 강박적이고 신비적 관점	• 벌을 회피하고 권위자에 대해 무조건 복종함.
2수준: 쾌락, 자기중심	• 개인은 도덕에 대한 배려보다는 자신 중심적인 결과에 관심을 가진다. 남을 도와주거나 도와주지 않는 이유는 자신에 대한 직접적인 이익, 미래의 상호주의, 자신이 좋아하거나 필요로 하는 타인에 대한 배려 등을 포함한다.(초등학생, 유치원생)
3수준: 타인의 필요 중심	• 개인은 타인의 신체적, 물질적, 심리적 요구를 고려한다. 비록 자신의 요구와 타인의 요구가 갈등된다고 하더라도, 이런 배려는 간단한 형태로 표현된다. 자기 반성적인 역할 취하기, 동정심의 표현이나 죄책감과 같은 내면화 애정을 분명히 표현하지는 않는다.(초등학생, 유치원생)
4수준: 타인의 인정, 대인 간 혹은 고정관념 중심	• 선하고 악한 사람 행동의 고정 관념적인 이미지('돕는 것은 착한 것이니까'; '대부분의 사람들이 그렇게 하니까')와 타인의 인정을 받고자 하는 의도가 이유일 때이다.(초, 중, 고생)
5수준: 동정중심	• 개인의 판단은 동정적 반응('그는 매우 슬프게 느낄 거야……'), 자기 반성적 역할 하기('내가 그의 입장이 된다면……'), 타인의 인간성에 대한 배려('그들도 사람이기 때문에 우리가 나누어 가져야 해……'), 혹은 죄책감, 자신의 행동과 결과와 관련된 정적인 정서(초등고학년이나 고등학생)

6수준: 강한 내면화	• 돕거나, 돕지 않는 행위에 대한 정당화는 내면화된 가치, 기준이나 책임감, 개인과 사회계약적 규정을 지속하려는 열망, 존엄성과 권리에 대한 믿음, 개인의 평등에 기초한다.(일부 중, 고학생)

4. 학습사회론

1) 허친스의 학습사회론

허친스(Hutchins)는 학습사회는 단순히 교육기회의 확대만을 의미하지 않고 모든 사회구성원에게 언제라도 접할 수 있는 다양한 형식의 교육기회가 열려있어 그들에게 다양한 교육을 제공할 수 있을 뿐만 아니라 세 가지 일, 즉 학습과 자아실현 그리고 인간화라는 삶의 가치 전환에 성공한 사회를 의미한다고 한다. 학습사회에서의 학습은 인생의 한 시기에 특정한 장소나 특정한 시간, 특정 내용을 가르치는 것이 중심이 되는 그런 교육이 아니라, 사회구성원 전체를 대상으로 정시제나 기타 시간의 융통성을 부여하는 교육이 가능하며 그런 교육이 중심이 되는 사회를 의미한다. 이때 학습사회의 목표는 평생학습을 통한 자아실현에 있다. 결국 허친스는 인간에게 교육과 학습은 성인기 이후에도 계속되어 평생 동안 지속되어야 함을 주장하면서 이는 인간성 상실을 방지하는 차원에서도 중요함을 피력하고 있다. 학습사회는 이러한 평생교육의 실현을 가능하게 해준다.

2) 유네스코의 학습사회론

1972년 유네스코 교육개발 국제위원회에 제출된 포르 보고서는 "존재를 위한 학습론"을 표방하고 있다. 이는 종전의 학습 개념인 "지식을 위한 학습"과 "소유를 위한 학습"의 개념에 대한 새로운 학습개념의 제시라 하겠다. 오늘날 정보통신 혁명은 인간을 육체노동에서 해방시키고 지식기반사회를 가속화시키고 있다. 이에 따라 평생학습에의 욕구는 점점 커지고 있다. 이런 다양성의 사회가 도래함에 따라 자아실현으로서 개인의 자기교육을 중시하는 학습의 시대를 맞아 생존을 위해 지식을 창출해야 하는 상황에 직면하게 되었다.

유네스코 포르 보고서의 핵심은 바로 이러한 탈소유의 양식을 위한 새로운 학습관의 강조이다. 이는 학습사회에서 학습은 더 이상 소유를 위한 학습이 아니라 존재를 위한 학습이어야 한다는 것이다. 이 시대에 있어서 존재학습은 생존전략과도 통한다. 또한 보고서는 학습사회에서 중요한 인간상은 신체적, 지적, 정서적, 윤리적 차원의 통합에 의한 완전한 인간이다. 바로 이러한 인간상을 가능하게 하는 조건이 학습사회이며 이 사회에서 학습은 평생 동안 지속될 수밖에 없다는 것이다.

3) 카네기 고등교육위원회의 학습사회론

미국의 카네기 고등교육위원회의 보고서는 어떠한 교육이든 교육의 목적은 인간의 자아실현에 있다는 점에는 공감하지만 실용주의적 관점을 강조하여 직업교육을 중심으로 하는 학습사회이론을 전개하고 있다. 특히 급속하게 고학력화되는 미국사회에서 고학력 인플레의 문제를 사회문제화하고 있는 이 보고서는 중등이후의 교육 즉, post-secondary education의 활성화를 대안으로 하고 있으며 이 영역이 평생교육의 중심이 되어야 함을 강조하고 있다.

카네기 보고서는 허친스나 유네스코의 전략보다 더 광범위하고 실용적으로 기술훈련과 준 학문적 프로그램, 비학문적 프로그램을 통한 학습을 강조하고 있다. 보고서는 이러한 폭넓고 다양한 학습프로그램을 모든 국민에게 장애 없이 완전 개방하기 위해서는 학습사회의 건설이 가장 중요한 과제라고 보고 있다. 물론 노동에 대한 참여만이 인간 삶의 질을 보장한다는 주장에 대한 비판이 있지만, 그럼에도 불구하고 현실적 전환의 요청으로 시도된 직업 기술적 차원의 평생학습 사회의 이상은 다른 학습사회론에 비하여 비교적 목적을 위해 지향되어 있다는 평가를 하기도 한다.

4) 일리치(Illich)의 학습사회론

일리치는 탈학교사회(deschooling, 1971)에서 학습사회론을 주장하고 있다. 그의 학습사회론은 카네기의 학습사회론에 학습방법론을 제공하고 있다. 그에게서 진정한 교육의 목적은 개인적으로는 자아실현이고, 사회적으로는 억압적 요소를 제거하는 것이다. 그러나 지금의 학교교육은 이와 같은 교육을 외면하고 있으며 오로지 국가 발전이나 생존을 위한 수단적인 목적만을 추구하고 있다고 인식한다. 이러한 점에서 일리치는 진정한 교육이 이루어지지 못하는 현실에서 제도화된 기존의 학교교육은 폐지되어야 한다고 주장한다. 그가 주장하는 것은 학교교육이나 교육 그 자체가 아니라, 인간을 억압하는 제도화된 현행 학교교육의 잘못된 측면의 폐지를 주장하는 것이다. 일리치는 이러한 교육의 문제를 극복하는 대안으로서 "새로운 학습망(new learning web)"을 다음과 같이 제안하고 있다.

첫째, 누구든지 학습하고자 한다면 인생의 어느 때라도 학습을 위한 필요한 수단이나 교재를 자유롭게 활용할 수 있는 학습망이 구축되어야 한다.

둘째, 자기가 알고 있는 지식과 정보를 다른 사람과 공유하고 교류할 수 있어야 한다.

셋째, 배우고자 하는 모든 사람들에게 학습을 위한 기회가 부여되어야 한다.

일리치의 학습사회론은 지금과 같은 위계 중심의 학교교육이나 비인간화된 학교운영 구조를 해체하고 새로운 학습망을 건설할 것을 주장한다. 이러한 학습사회를 구성하는 학습망의 건설은 컴퓨터 기술의 발전으로 원격교육이나 사이버교육을 통하여 그 실현가능성이 한층 높아졌다고 할 수 있다.

5. 평생교육의 심리적 기초

평생교육에서의 학습이론과 학습대상은 다양한 심리학적인 이론에 그 근거를 두고 있기 때문에 심리학적인 이해는 학습이론과 학습자의 특성을 이해하는 데 도움을 준다. 특히, 평생교육의 주요 대상이 되는 성인 학습자의 특성과 그들의 학습능력은 평생교육의 가능성과 한계, 학습방법을 결정하기에 심리학적인 이해는 중요하다.

인간의 학습에 대한 관심은 철학, 사회학, 교육학, 심리학 등 다양한 학문분야에서 오랫동안 지속되어 왔다. 그러나 본격적으로 연구가 이루어지기 시작한 것은 19세기 심리학의 발전이 이루어지면서 시작되었다. 학습이론에서 학습이라는 것은 인간과 환경 간의 상호작용을 통해서 나타나는 인간의 행동, 인지구조, 사고 등에서의 변화를 의미한다. 여기에서는 학습에 대한 심리학적인 이론으로서 행동주의, 인지주의, 인본주의, 구성주의에 대하여 고찰하고자 한다.

1) 행동주의 심리학

행동주의의 창시자인 Watson(1878-1958)은 20세기 초부터 행동주의에 대해 연구하기 시작하였고, 이후 Pavlov(1849-1936), Thorndike (1874-1949), Hull(1885-1952), Tolman, Skinner(1904-1990)등에 의하여 널리 소개되었다. 행동주의에서는 인간의 내적인 사고보다는 관찰 가능한 외적인 행동에 초점을 두었으며, 인간의 행동은 환경에 의해 영향을 받는다는 입장을 취한다. 그리하여 인간의 학습 역시 자극에 대한 반응의 일종으로 이해하는 시각을 가진다.

(1) Pavlov의 고전적 조건화

러시아의 생리학자인 Pavlov는 개의 실험을 통하여 고전적 조건화의 개념을 제시하였다. 개에게 먹이(무조건 자극)를 주면서 종(조건 자극)을 치는 두 개의 자극을 동시에 개에게 제시하고, 후에는 먹이 없이 종만 쳐도 개가 침을 흘리는 반응(조건 반응)을 보인다는 것을 발견하였다.

(2) Watson의 정서의 조건형성

Watson은 Pavlov식 원리를 심리학 주류의 일부로 만드는 데 가장 큰 공헌을 한 사람으로서, 주요 관심사 중의 하나는 정서의 조건형성이다. 출생 직후에는 학습되지 않은 세 가지 정서반응 즉, 공포, 분노, 사랑만이 있다고 한다. Watson이 실시한 주요 실험은 Albert라는 11개월 된 유아의 공포조건 형성에 대한 것인데, 그는 이 실험을 통하여 Albert가 흰쥐에 대해서 공포를 갖도록 조건이 형성되었음을 발견하였다.

(3) Skinner의 조작적 조건화

조작적 조건형성 연구를 위해 'Skinner 상자'라 불리는 장치를 고안하였다. 조작적 조건화는 반응이 보인 후에 나타나는 산물, 즉 행동으로 인한 결과에 관심을 둔다. 이러한 행동의 결과물에 의해서 행동의 빈도가 증가되는 관계를 Skinner는 강화라고 하였다. Skinner의 강화원리는 이후 학습이론에 상당한 영향력을 미친다.

(4) Bandura의 사회적 학습이론

Bandura는 사회적 상황 속에 있는 사람들은 단순히 다른 사람들의 행동을 관찰함으로써 훨씬 더 빨리 학습한다고 주장한다. 학습이라는 것은 대리경험과 관찰을 통한 경험에서 발생한다고 본다. 관찰학습의 과정은 주의과정, 파지과정(기억), 운동재생과정, 강화(동기화) 등의 과정을 거친다. Bandura는 다른 행동뿐 아니라 공격성의 사회화도 부분적으로는 조작적 조건형성의 문제라 믿는다.

2) 인지주의 심리학

인지주의 학습이론은 학습을 인간의 내적 과정으로 가정하고 이런 내적 과정에 대한 이해를 주요 과제로 삼는다. 인지주의 심리학은 외부로부터의 자극이 인간의 내적 사고과정에서 어떠한 영향력을 주는가에 대한 문제에 관심의 초점을 둔다.

(1) 형태주의 학습이론

게슈탈트(Gestalt: 형태 심리학) 심리학자들 즉, Wertheimer, Kohler, Koffka, Lewin 등은 부분보다는 전체를 보아야 한다는 입장을 견지한다. 인간의 인지가 부분보다는 전체적으로 독립적인 사건보다는 일정한 패턴에 따라 이루어지는 것으로 본다. 인간이 사물을 지각하는 데에는 그가 이미 가지고 있는 패턴에 따라 인식하려고 하는 경향이 있다는 것이다.

(2) Piaget의 인지이론

Piaget는 인간의 지능이 어떠한 수준으로 내장된 상태로 출생하는 것이 아니라 성장과정에서 몇 단계를 거치면서 발달하는 것이라는 지능발달 이론을 제기하였다. 인간의 인지발달은 육체적인 성장에 의해 가능하며, 동시에 외부환경과 인간 간의 상호작용에 의해서 가능하다고 주장한다. Piaget의 인지발달 이론에서 주요한 개념은 적응, 동화, 조절, 평형이다.

(3) 정보처리이론

20세기 컴퓨터의 발달과 함께 출현한 정보처리이론은 인간의 지각, 주의집중, 기억과 같은 정신과정에 관심을 갖는다. 정보처리이론은 인간이 감각기관을 통해서 입수한 자료를 내적으로 처리하는 과정을 컴퓨터의 정보처리 과정과 유사하게 보는 관점이다.

(4) Ausubel의 유의미 학습과 선행조직자

Ausubel은 학습이 의미 있기 위해서는 새로 학습하는 개념이 이미 학습자가 내적으로 가지고 있는 개념과 유사한 관련성이 있어야 가능하다고 본다. 과거의 개념이 현재 새로운 개념과 연계되어 학습되는 경우를 유의미학습이라고 한다. 또한 새로 학습하는 개념이 학습자의 인지구조와 잘 연계되도록 고리 역할을 하는 선행조직자를 강조한다.

(5) Bruner의 발견학습

Bruner는 지적 성장 과정에 초점을 두고 지식의 연속성과 전이 개념을 교수이론에 도입하였다. 그는 발견을 통한 학습을 강조하면서 발견 학습활동 단계를 ① 새로운 정보습득, ② 전이: 습득한 지식을 실제 과업에 활용, ③ 평가의 세 단계로 제시하였다.

(6) Vygotsky의 근접영역발달

Vygotsky는 개개인의 고등정신기능의 발달을 이해하기 위해서는 그가 처한 사회 문화적 요인들과 인류의 진화적, 역사적 요인들을 함께 고려해야 한다는 것이다. Vygotsky는 근접영역발달(Zone of Proximal Development: ZPD)이라는 개념을 주장한다. 이는 "아동이 독립적으로 문제를 해결하는 실제적 발달 수준과 좀더 지식이 풍부한 성인이나 또래의 도움을 받아 성취할 수 있는 잠재적 발달수준 사이의 거리"라 주장한다. 이러한 개념은 아동뿐만 아니라 성인에게도 적용 가능하고 주장한다.

3) 인본주의 심리학

인본주의 학습이론은 과거의 행동주의나 인지주의가 인간을 너무 수동적이고 유기체적인 존재로 파악했다고 비판하면서 인간의 주체적이고 능동적인 측면을 강조한다. 인간의 행동을 환경이나 개인의 내적인 자아의식 등에 의해서 미리 결정되어 있는 것으로 파악하지 않고, 인간이라는 존재는 자율적이고 성장과 발달에서의 무한한 가능성을 가지고 있는 존재로 인식한다.

(1) Maslow의 욕구 위계설

Maslow는 전체적인 인간에 기초를 둔 심리학을 요구하는데, 이것은 인간의 높은 본성과 존엄성을 인식하는 것이다. 인간은 욕구들을 가지며 단계적인 인간의 욕구를 중심으로 동기이론을 제시하였다. 생리적 욕구, 안전의 욕구, 사회적(소속감의) 욕구, 자기존중의 욕구, 자아실현의 욕구로 위계적인 특성을 가지며, 하위단계로부터 상위단계의 욕구로 올라가게 된다고 주장한다. 특히, 인간의 욕구 중 가장 상위단계에 해당하는 욕구는 자아실현의 욕구로 최종 학습목표가 된다고 보며, 학습목표는 학습자의 재능, 능력, 잠재력을 완전히 다 사용하여 자아를 실현시키는 데 있다.

(2) Rogers의 학습자 중심이론

Rogers는 개인의 성장과 발달에 따른 적시성 학습에 관심을 두었고 학습자 중심이론을 제시하였다. 학습에서 학습자들의 주도적인 참여를 강조하였으며, 학습결과에 대한 평가에서도 학습자 자신의 욕구와 학습경험이 서로 일치하는지를 평가하는 것을 통해서 진정한 평가가 가능하다고 한다. 인간은 학습하려는 본래적 경향이 있으며, 적합한 환경이 주어지면 학습 능력이 향상될 수 있으며, 학습자에 초점을 두기 때문에 교수자는 촉진자로서의 역할을 수행해야 하는 것으로 가정한다. Knowles는 안드라고지의 기본적인 내용과 자기주도적 학습의 개념을 인본주의에서 찾고 있다.

4) 구성주의 심리학

구성주의는 인간이 지식을 형성하고 습득하는 과정을 개인적인 인지 작용의 결과라고 보는 상대주의적 인식론에서부터 출발한다. 학습이란 의미를 구성하는 과정이라고 이해하며, 어떻게 사람들이 그들의 경험을 의미 있게 만들어 가느냐 하는 과정에 관심을 둔다. 구성주의는 크게 개인적(인지적) 구성주의와 사회·문화적 구성주의로 양분할 수 있다. 개인적 구성주의는 지식의 과정에서 인간의 개별적인 인지적 작용을 중요한 요인으로 보면서 상대적으로 사회·문화적 측면은 거의 도외시한다. 반면에, 사회적 구성주의는 지식이란 사회적 상호작용이 내면화되는 것이라고 본다. 의미를 만드는 것은 사람들 간의 대화과정을 통해서 이루어지며 지식은 구성원들이 사회적으로 공유하는 문제나 과제에 관해서 말하고 행동할 때 형성된다고 본다. 따라서 사회적 구성주의에서는 문화적 또는 사회적으로 공인된 방식으로 학습자가 반응하고 행동하게 되는 것이 학습이다.

이러한 구성주의의 이론은 성인학습 이론과 많은 공유점을 가지고 있다. Candy는 구성주의자들의 입장이 성인의 자기주도성과 맥락을 같이하고 있는 것으로 보았다. 특히 성인들은 자기주도적으로 학습활동을 계획하고 관리할 수 있는 능력, 자신이 학습의 주체가 될 수 있는 능력을 가지고 있다. 이는 구성주의 학습이론에서 자기 규율적 능력으로 표현되기도 한다. 구성주의에서 대화식의 방식을 통한 개인들의 의미구성, 타인과의 교류를 통해서 사회적으로 공인된 의미의 수입 등과 같은 경험위주의 학습전략은 성인교육에서 성인학습자들의 교육을 위해서 강조하는 교수전략과 공통분모를 가지고 있다.

Ⅳ. 평생교육의 연구동향

　평생학습 패러다임은 객체화, 수동화, 몰가치화되어 왔던 '학습'의 의미를 새롭게 해석하고, 재개념화된 학습을 렌즈로 삼아 세계를 파악하는 이론 틀을 말한다. 패러다임이 세계를 보는 특정한 방식으로 개념을 구조화하고 있음을 고려할 때, 평생학습 패러다임에서의 평생학습은 단지 '평생에 걸쳐 학습하는 일'을 지칭하는 용어라기보다 교육/학습을 보는 기존의 관점을 변전시키는 개념으로 파악됨을 알 수 있다. 평생학습 패러다임은 '일시적'이 아니라 '평생'에 걸친, '관리-통제적 교육'이 아닌 '자발적 학습'의 시각에서 배움-가르침의 현상을 바라본다(정민성, 2002).

　평생교육은 1960년대 이전까지는 교육학의 주변적인 위치에 머물러 있었고, 크게 주목을 받지 못하였고, 1960년대 후반까지만 해도 평생교육 분야에 있어서 체계적인 연구는 크게 부족한 실정이었다. 1960년대 후반에 오면서 평생교육은 유네스코(UNESCO)를 중심으로 하는 평생교육 이념의 제창과 더불어 높은 관심을 받게 되고, 평생교육을 체계적이고 조직적으로 실시하고자 하는 학문적인 연구가 크게 증대되기 시작한다.

　우리나라도 1980년대를 전후하여 개인논문이나 저서들이 급격히 증가하였으나 여전히 타 학문에 비하면 양적으로 매우 적은 편이다. 1982년에 제정된 사회교육법이 1999년 8월 31일(2000. 3. 31 시행) 평생교육법으로 전면 개정되어 시행되면서 실천으로서의 평생교육 활동이 증대됨에 따라 학문으로서의 평생교육 연구가 더욱 활발히 전개되고 있다.

　　평생교육은 1960년대 미국의 성인교육에 대한 연구와 대학원에서 석, 박사 학
위과정이 늘어나면서부터 시작되었다. 젠슨(Jensen, 1965)은 "성인교육학"이라
는 저서를 출판하면서 성인교육의 이론과 실제의 한계를 정의할 수 있는 개념체제
를 구성하고자 시도하였다. 보이드(Boyd)와 앱스(Apps)는 "성인교육 원리의 재
개념화"라는 저서를 통하여 학문으로서 성인교육에 관한 조명의 필요성을 제시하
였고, 이러한 활동을 통하여 평생교육에 대한 프로그램 및 평생교육 활동에 대한
조명의 필요성을 역설하였다. 평생교육의 역사는 유네스코(UNESCO)의 역사라
해도 과언이 아니다. 유네스코(UNESCO)의 역사는 〈표 7〉를 참고하기 바란다.

〈표 7〉 유네스코(UNESCO)의 역사

1946년 11월 출범	• 유네스코는 교육 과학, 문화의 국제적인 개발과 보급을 통하여 국가 및 국민 간의 상호이해와 협력을 증진하고 궁극에는 세계의 평화와 인류의 번영을 성취하자는 이상을 구현하고자 하는 국제연합의 전문기구 중의 하나로 성인교육에 대한 초기 개념은 기초교육(문맹퇴치)이다.
1949년 덴마크의 엘시노어, 제1차 세계성인교육대회	• 북미의 노동자 교육 및 운동을 담당하고 있는 사회단체의 인사들이 참가하였으며, 성인교육전문지 "Fundamental Education"이 "Fundamental and Adult Education"으로 제호를 바꾼다.
1960년 캐나다의 몬트리올, 제2차 세계성인교육대회	• 평생교육을 학교교육과의 분리가 아닌 전체 교육체제 속에서 통합되는 것으로 정의를 내린다.
1965년 12월 파리 유네스코 성인교육 추진위원회	• 계속교육에 관한 Langard의 논문을 검토한 후에 유네스코 사무국에 보냈는데 유네스코 사무국은 이 평생교육의 원리를 채택하여 1970년 세계 교육의 해의 기본이념으로 평생교육을 제창한다.
1972년 일본 동경 제3차 세계성인교육대회	• 세계 각국에 대하여 평생교육의 개념을 그 나라 교육체제에 받아들일 것을 권장하여 적어도 75개 국가에서 이에 적극 동의한다. • 1973년 포레(Faure)등에 의하여 발표된 연구보고서 "Learning to be"는 평생교육의 개념을 발전시키는 데 크게 공헌한다. • 1973년 Dave는 "Lifelong education and School Curriculum"을, 1976년에는 "Foundation of lifelong Education"을 편찬하여 유네스코 교육연구소에서 발간한다.
1996년 21세기 세계교육위원회	• "Learning: The Treasure Within" 보고서를 통하여 네 가지의 학습을 제시: learning to know, learning to do, learning to be, learning to live together

　　자료: 김종서 외(2002). 평생교육개론. 서울: 교육과학사, 75-83.에서 재구성.

우리나라는 1949년 12월 31일에 교육법이 공포되었는데 이 법률의 내
용은 대부분이 학교교육에 관한 법률이었으며, 1982년(12, 31)에 사회교
육법이 제정되었고, 1999년 8월 31일(2000년 3월 31일 시행)에 평생교
육법으로 개정·공포되었다. 평생교육 연구는 1980년을 전후하여 급격히
증가하였으나, 여전히 교육학의 타 분야에 비교하면 양적으로나 질적으로
많이 부족한 실정이다. 1966년 교육학회 내에 "사회교육연구회"가 창립되어
활동을 전개하였고, 1995년에는 "한국사회교육학회"가 설립되어 정기 학술
연구지를 발간하기에 이른다. 2000년에 오면 "평생교육학회"로 제호를 변경
하여 현재까지 이르고 있다.

   평생교육 연구동향의 대표적 연구는 황종건(1994)에 의하여 수행된 "사회
교육과 사회교육 연구", 정우현(1997)의 "사회교육학의 학문적 발전 과정과
미래", 정지웅(1997)의 "사회교육의 개념과 사회교육학의 과제탐구"등을 들
수 있다. 황종건은 롱(Long, 1983)의 분류를 기초로 평생교육의 연구를 실
험연구, 기술적 연구, 역사적 연구로 분류하고 있고, 정우현(1997)은 평생교
육연구를 연구 목적별, 연구 영역별 연구동향으로 분류하고 있다(표 8참조).

   평생교육의 연구영역 또한 다양한 평생교육의 영역만큼 다양하게 이루어
져야 평생교육체제가 목표로 갖는 자아실현, 완전한 인간, 교육평등, 참된
가치 실현, 삶의 질 향상에 접근할 수 있게 될 것이다.

〈표 8〉 평생교육 연구의 기본 목적 유형

이론적	(추상적)
Ⅳ. 새로운 지식의 개발 자극 인지적	Ⅲ. 비판적 사고의 촉진 상징적
(지적)	(정서적)
Ⅰ. 새로운 정보와 아이디어의 공유 실제적	Ⅱ. 전문적 사회화 및 태도의 형성 (구체적)

자료: 정우현(1997). 사회교육학의 학문적 발전과정과 미래. 제3회 한국사회교육학회
      학술세미나.

 이러한 다양한 연구 영역을 우리나라에서는 황종건이 롱의 분류를 기초로
평생교육의 연구를 실험연구, 기술적 연구, 역사적 연구로 분류하거나, 정
우현의 경우처럼 연구목적(새로운 정보, 아이디어의 공유, 전문적 사회화
및 태도의 형성, 비판적 사고의 촉진, 새로운 지식의 개발 자극)과 연구영
역(철학적 차원, 역사적 차원, 사회학적차원, 정책 및 행정적 차원, 교육과
정, 심리학적 차원, 프로그램 개발 분야, 성인 학습론 측면)으로 나누기도
한다. 이를 크게 이론적 영역, 실천적 영역, 행정적 영역으로 나누어 살펴
보면 다음과 같다(정우현, 1997).

1. 이론적 연구영역

 평생교육의 이론적 연구 영역에는 윤리나 가치를 포함하는 철학적 측면과
시대적 배경, 현상을 설명하는 역사적 측면이 포함된다.

〈표 9〉 철학적 측면의 연구

Lindeman(1926)	• 성인교육의 의미 (The Meaning of Adult Education)
Huchins(1968)	• 학습사회(The Learning Society)
Jarvis(1978)	• 20세기 성인교육 사상가들 (Twentieth Century Thinkers in Adult Education)
Darkenwarld & Merriam(1982)	• 성인교육의 철학적 기초 (Philosophical Foundations of Adult Education)
Long(1987)	• 미국 성인교육에 대한 새로운 관점 (New Perspectives on the Education of Adults in the U. S)
Wain(1987)	• 평생교육의 철학(Philosophy of Lifelong Education)
Long(1991)	• 성인교육의 초기 혁명가들 (A History Of Adult Education Movement in the United States)

또한 성인학습 과정의 사회 문화적 상황을 고려하는 사회적 측면과 성인
학습자의 특성과 발달과업에 대해 언급하고 있는 심리학적 측면도 포함된
다. 또한 최근에는 학습이론을 중심으로 평생교육을 연구하려는 움직임도
활발히 일어나고 있다.

첫째, 철학적인 연구는 평생교육의 목표나 이념, 윤리나 가치 등에 초점
을 둔다. 먼저 성인교육의 발전에 가장 근본적인 공헌을 한 사상가인 린드만
(Lindeman)은 "성인교육의 의미(The Meaning of Adult Eduation)"
에서 성인교육의 사회적 사명과 평생교육의 이념의 초석을 제공하였다. 또
한 허친스(Huchins)는 "'학습사회(The Leaning society)"에서 모든 사
람들이 언제, 어느 때라도 정시제의 성인교육을 받을 수 있으며 학습의 목
표달성과 인간화를 목표로 하는 학습사회 구축의 필요성에 대해 기술하고
있다(표 9참조).

〈표 10〉 역사적 측면의 연구

Kelly(1962)	●영국에서의 성인교육 역사 (A History of Adult Education in Great Britain)
Knowles(1977)	●미국 성인교육운동의 역사 (A History of the Adult Education Movement in the United States)
윤복남(1990)	●한국 문해교육의 사회사적 고찰
최운실 · 백은순 (1992)	●한국 사회교육의 과거, 현재, 미래탐구
김인아(1993)	●한국 여성사회 교육의 사적고찰
양병찬(1997)	●영국의 대학 확장 연구

둘째, 역사적 연구는 평생교육을 역사적 측면에서 연구한다. 캘리(Kelly)
의 '영국에서의 성인교육 역사(A History of Adult Education in
Great Britain)는 영국 성인교육의 역사와 현상에 대하여 자세하게 소개
하고 있다. 미국에서는 노울스(Knowles)의 "미국 성인교육 운동의 역사"가

있다(표 10 참조).

셋째, 사회학적인 연구로 이는 성인 학습과정의 사회, 문화적인 상황을 고려한 사회학적인 측면에서 이루어진 연구로는 이에는 자비스(Javis)의 연구가 대표적이다(표 11참조).

〈표 11〉 사회학적 측면의 연구

Arvis(1985)	● 성인계속교육의 사회학 (The Sociology of Adult Continuing Education)
Jarvis(1986)	● 평생교육과 평생학습에 대한 사회학적 관점 (Sociological Perspectives on Lifelong Education and Lifelong Learning)
Jarvis(1987)	● 사회적 맥락에서의 성인학습 (Adult Learning In The Social Context)
Jarvis(1995)	● 성인계속교육: 이론과 실천 (Adult and Continuing Education: Theory and Practice)
권두승(1991)	● 한국 사회교육의 변천에 관한 사회학적 분석

2. 실천적 영역

평생교육 연구에 있어 교수학습 이론의 실천적 활용을 통한 효과적인 교수법 개발 및 프로그램 개발과 관련된 실천적 접근을 포함한다. 따라서 실천적 영역은 평생교육 학습 자료의 개발과 수업설계 및 수업전략으로서 매체이론, 커뮤니케이션 이론 및 교수 공학을 바탕으로 한 효과적인 교수법이나 프로그램의 개발을 주요 내용으로 한다(표 12참조).

〈표 12〉 실천적 연구

Knox(1980)	•성인교육의 개발, 운영, 평가 (Developing, Administering, and Evaluating Adult Education)
Boyle(1981)	•프로그램 기획방법(Planning Better Programs)
Boone(1985)	•성인교육에서의 프로그램 개발 (Developing Programs in Adult Education)
Hansen & Hannum (1989)	•조직에서의 교수체제 개발 (Instructional Systems Development in Large Organizations)
Waldron & Moore (1991)	•성인학습을 돕는 방법(Helping Adults Learn)
Cervero & Wilson (1994)	•성인교육의 계획 (Planning Responsibly for Adult Education)

3. 행정적 영역

평생교육의 활성화를 위하여 행정이나 제도적인 방안의 모색으로 학습자
원의 관리나 활용, 평생교육의 보급과 활용에 관련된 사회나 경제, 정치나
문화적인 환경과 영향에 대한 고려를 하여 이를 뒷받침하는 제도와 재정 등
에 관한 연구들이 이에 속한다(표 13참조)

〈표 13〉 행정적 측면의 연구

Strother & Klus (1982)	•계속교육의 행정 (Administration of Continuing Education)
Titmus(1981)	•성인교육을 위한 전략 (Strategies for Adult Education)

V. 평생교육의 영역

랭그랑(Lengrand)은 '개인의 출생에서부터 죽을 때까지 전 생애에 걸친 교육(수직적 차원)과 학교 및 사회 전체 교육(수평적 차원)의 통합'이라고 말함으로써 교육의 통합성과 종합적 교육체계를 강조하고 있으며, 이는 평생학습사회에서 평생교육은 전 영역에 걸쳐 이루어져야 함을 의미한다. 평생교육의 영역을 다섯 영역으로 구분하여 고찰하고자 한다.

다섯 영역은 공간적인 개념의 가정교육, 학교교육, 일터교육, 지역사회교육, 사이버 교육을 포함하는 것으로 형식교육(formal education), 비형식교육(informal education)을 망라하는 교육이다. 교육의 공간적 개념으로서 가정교육이 끝난 후 학교교육이 시작되고 학교교육이 끝난 후 사회교육이 시작되는 것은 아니다. 교육은 공간적으로 가정과 학교, 사회 모두에서 동시다발적으로 교육이 발생한다. 교육제공자와 교육수혜자 측면에서 분류해 보면, 가정교육의 제공자는 부모, 형제자매 등이고 교육수혜자는 자식, 형제자매 등이다.

학교교육의 제공자는 국가나 교원 등이고 여기서 교육의 수혜자는 학생이다. 일터교육은 조직, 기업이 교육제공자이며 수혜자는 직장인이다. 지역사회교육의 교육제공자는 학교, 시민단체, 지역평생 학습 기관이 대표적이며, 교육수혜자는 지역사회 주민이다. 더불어 최근 과학기술의 발달에 따른 정보사회의 도래는 사이버 교육의 급속한 양적, 질적 발전을 가져왔고 평생교육에서 사이버 교육이라는 새로운 영역을 제공해 주고 있다. 사이버교육은 다양한 교육의 수혜자를 대상으로 하며 개인이나 조직, 기업, 국가 등이 이러한 형태의 교육을 제공하고 있다.

1. 가정교육

가정교육은 부모나 혹은 그 대리인이 가정에서 미성년의 어린이에 대하여 실시하는 비의도적이고 자연발생적인 교육이라고 할 수 있다. 가정교육이 갖는 평생교육적인 의의는 한 인간의 형성이 이루어지는 최초의 교육의 장(場)이며, 평생에 걸쳐서 경험하게 될 모든 정형적이고, 무정형적인 학습의 원천이자, 기초가 된다는 점이다. 가정교육의 중요성을 가장 강력하게 주장한 사람은 페스탈로치(Pestalozzi, 1746-1827)로 가정교육의 원리를 다음과 같이 제시하고 있다(김정환·강선보, 1997).

첫째, 아동들에게 질서감을 심어주어야 한다. 여기서 질서감이란 위, 아래 성원 간의 도덕적 질서는 물론이요. 일상생활 자체에서의 질서감을 말한다. 그는 빈민이 가난에서 헤어나지 못하는 이유는 가난과 무질서의 악순환에서 벗어나지 못하기 때문이라고 보면서 생활에서의 질서감을 강조한다.

둘째, 가정은 순수한 정감이 길러지는 도덕교육의 터전이다. 페스탈로치는 사랑, 믿음, 순종과 같은 순수한 심정은 어버이와 자녀 간에 발생하고 익혀져 하느님께로 향하고 다시 내려와 이웃에 퍼져 가는 것이라고 보았다. 따라서 가정에서의 삶을 통한 사랑의 도야, 덕성의 도야는 가정교육의 가장 특징적인 것 중의 하나로 인식한다.

셋째, 가정은 기초교육이 다져지는 곳이다. 종래의 기초교육은 읽기, 쓰기, 셈하기의 3R'S(Reading, wRiting, aRithmatic)이었는데, 페스탈로치는 여기에 다시 도덕교육과 실제교육을 덧붙였다. 여기서 실제교육이란 생활의 경제면·노동면에 대한 소양과 관심을 기르는 일로서 아동에게 경제·노동·생활에 대한 눈을 열게 하며, 직업에 대한 신성한 감정을 기르게 하는 것이다.

넷째, 가정은 모든 교육이 실물교육의 방식으로 이루어져야 한다. 즉 가정에서 벌어지는 교육은 문자로 가르쳐지는 것이 아니고 아동의 생활 속에서 전개되는 대상을 통해서 직관적으로 가르쳐지는 교육이어야 한다는 것이다. 가정교육의 이런 특징은 훗날 경험주의에서 강조하는 '행함으로써 배운다(learning by doing)'라는 교육원리와 일맥상통하는 것이다.

심리학적인 측면에서도 가정교육은 인간발달의 가장 중요한 시기를 담당한다는 점에서 중요하다. 인간이 태어나서 최초로 접하게 되는 사회 환경이 바로 가정이며, 여기에서 받는 영향은 그 후 인간형성을 크게 좌우한다. 피아제(Piaget, 1896-1980)3)는 아동의 인지발달은 아동과 그를 둘러싸고 있는 환경과의 상호작용에 의하여 단계적으로 발달하고 성취되는 것으로 설명한다. 아동을 둘러싸고 있는 환경의 가장 커다란 부분이 바로 가정이라는 점은 부정하기 어렵다.

또한 프로이드(Freud)4)는 인간의 성격 및 자아 발달은 아동기에 거의

---

3) 인지발달이론에서는 어른과 아이는 다른 방식으로 생각한다는 것이다. 어른과 아이는 어른은 많이 알고 아이는 조금 안다는 식으로 알고 있는 지식의 양에 차이가 있는 것이 아니라 지식을 얻는 방식에 있어서 질적인 차이가 있다. 그는 지적인 발달을 서로 다른 구조이면서 점차 안정된 적응구조로 되는 4단계의 단계를 거쳐서 발달한다는 것이다. 감각운동기(0-2세), 전조작기(2-7세), 구체적 조작기(7-11세), 형식적 조작기(11세 이후) 등으로 구분하고 있다.

4) 프로이드에 의하면 성격구조는 인간은 외부 환경과 상호 작용할 뿐만 아니라, 인간 내부에서도 서로 상반되는 방향으로 움직이는 경향성들이 작용하고 있다고 본다. 이 세 개의 경향성을 원초아(Id), 자아(Ego), 초자아(Superego)라 하며, 이들은 각기 상이한 역할과 기능을 가지며 때로는 협조하고 때로는 반복한다고 주장한다. 여기서 성격의 발달은 사람은 생후 첫 5, 6년 동안에 성격형성에 결정적인 영향을 주는 몇 개의 심리성적 단계(Psychosexual Stages)를 거친다고 보고, 먼저 구강기(생후 1년-주로 입술이나 구강에 자극이 주어지면 쾌락을 느낌), 항문기(생후 2년-변을 참거나 배출하는 데서 쾌감을 느낌), 남근기(생후 4년-자신의 성기를 만지작거리고 성적인 공상을 하는 데서 만족을 느낌), 잠복기(생후 5년-자기 신체에 대한 관심보다는 환경을 다루는 기술을 익히는 데 주의를 기울이는 시기), 성기

대부분 결정된다고 보았으며, 성인기에 나타나는 성격은 모두 아동기에 겪은 경험으로 인하여 형성되는 것이라고 보았다.

에릭슨(Erikson)은 프로이드에 비하여 인간의 성격과 자아발달의 가능성을 아동기에 국한시키지 않고 전 생애로 확장시켰다. 그는 출생에서 노년에 이르기까지의 인간발달주기를 8단계[5]로 구분하고 각 단계에서 습득하여야 할 과업을 대비적으로 제시하여, 이를 습득할 때에 원만한 자아가 성립된다고 보았다. 심리·사회적 발달단계 가운데 아동기에 해당하는 1단계에서 4단계의 시기에 있어서 중요한 타자(significant other)는 부모, 형제, 그리고 또래집단 등이 된다. 특히 1단계 기본적 신뢰감에 불신감 시기는 특히 어머니와의 관계를 강조하고 있는데, 에릭슨은 인생의 초기인 이 단계가 가장 중요한 것으로 강조하면서 이 시기에 형성된 기본적 신뢰감은 장차 모든 사회적 관계에서 올바르게 적응하는 데 결정적인 영향을 미친다고 보았다.

평생교육의 관점에서 보았을 때 가정이 교육과 학습이 벌어지는 하나의 사회공간이라는 것이다. 가정에서 벌어지는 학습활동은 무형식적이며, 비의도적인 성격을 강하게 내포하고 있다. 그리고 지금까지 이러한 교육활동은 부모세대가 미성숙한 자녀세대를 사회화시키는 활동기능에 주로 초점을 맞추어 논의가 진행되어 왔다. 그러나 가정이라는 공간은 부모와 자녀가 함께 생활을 영위해 가는 공동체 공간이다. 그래서 가정은 부모세대가 자녀세대를 사회화시키는 공간일 뿐만 아니라 부모세대와 자녀세대가 상호 열린 미

기(사춘기와 더불어 신체적, 성적 발달이 급격히 이루어지면서 이성이 중요한 관심 대상으로 대두) 등으로 구분하여 설명하고 있다.

5) Freud의 정신분석 이론을 확장하여 일생에 걸쳐서 전개되는 심리 사회적 발달 단계를 8단계로 구분하고 있다. 1) 기본적 신뢰 대 불신(Basic Trust vs Mistrust; 0-1세), 2) 자율성 대 수치와 회의(Autonomy vs Shame & Doubt; 1-3세), 3) 주도성 대 죄의식(Initiative Vs Guilt; 4-5세), 4) 근면성 대 열등감(Industry vs Inferiority; 6-사춘기), 5) 정체감 대 정체혼미(Identity vs Identity Diffusion);청년기), 6)친밀감 대 고립(Intimacy vs Isolation; 성인초기), 7) 생산성 대 자기몰입(Generativity vs Self-Absorption; 장년기), 8) 통정 대 절망(Integrity vs Despair; 노년기) 등으로 구분하고 있다.

성숙한 자녀가 성숙한 부모로부터의 교육적 영향을 일방적으로 받는 곳이라기보다 부모도 역시 자녀로부터 영향을 받고 학습할 수 있는 가능성을 가지고 있는 학습공간이라는 것이다.

2. 학교교육

일리치(Illich, 1971), 라이머(Reimer, 1971) 등은 오늘날 학교제도가 계층 간의 교육기회를 더욱 불평등하게 제공하고, 사회가 가지고 있는 불평등을 더욱 심화시키고 있다는 전제하에 기존의 학교제도를 해체하고 새로운 학습형태가 자리 잡는 탈학교사회(Deschooling Society)운동을 주장한다.

일리치는 교육을 국가의 소관으로 전환한 근대 공교육제도에는 학교교육이 사회적 평등을 실현할 수 있는 장치라는 믿음이 내재되어 있으나, 실상은 오히려 사회적 불평등을 심화시키고 있다고 주장한다. 사회는 노동, 여가활동, 가정생활 등 다양한 삶의 장면들에서 교육이 이루어질 수 있다는 사실을 인식하지 못한 채, 학교가 교육활동을 독점하는 양상을 야기하였다. 그러나 학습은 학교에서만 이루어지는 것이 아니며, 학교에서의 교육이 반드시 개인의 지적 성장을 모두 담당하는 것은 아니다.

따라서 일리치는 학교제도에 의해서 벌어진 인간성의 파괴와 잃어버린 교육 본연의 기능을 회복하기 위해서는 현재의 학교제도를 극복할 수 있는 새로운 교육제도를 만들어야 한다고 주장한다. 그는 대안적인 교육제도로서 '학습 네트워크'를 제안한다. 이 네트워크는 누구든지 학습하려고 마음먹으면 언제, 어디서든지 학습에 필요한 수단이나 교재를 활용할 수 있게 해 주며, 다른 이들과 더불어 정보를 공유하고, 또 원하는 정보를 가지고 있는 사람을 발견할 수 있도록 도와줄 수 있다는 것이다.

라이머도 그의 저서 "학교는 죽었다"(school is dead)에서 학교가 본연의 임무인 인간의 잠재력을 개발해 주고, 전인적인 인간으로서 성장할 수 있는 가능성을 신장시키기보다 국가 이데올로기를 교육시킴으로써 국가에 충실하게 봉사할 수 있는 인력 양성에 기여하고 있기 때문에 제 기능을 하지 못한다고 학교에 대한 사망 선고를 주장하였다.

한편, 프레리(Freire)는 학교가 비판 의식이 결여된 학생들을 양성하는 이유를 그 안에서 벌어지는 교육형태의 문제점에서 찾고자 시도하였다. 그는 교사와 학생의 관계를 엄밀히 분석해 보면 거기에는 근본적으로 '설교적'인 성격이 내포되어 있다고 주장한다. 그래서 그는 교육활동을 "은행 예금식 교육"이라고 이름을 짓고 있다. 즉, 교육은 학생들이 돈을 예금 받는 은행이 되고 교사가 예탁자가 되는 예탁행위의 다름 아니라는 것이다. 이러한 교육체제에서 인간은 창조력도 없고, 사회모순에 대한 변화의지와 진정한 지식도 갖추지 못한 사람으로 정돈되어 버린다. 프레리는 이러한 교육의 모순을 해결하기 위해서 대화를 통한 문제제기식 학습이 필요하다고 주장한다. 여기서 교사는 더 이상 그저 '가르치는 자'가 아니고 학생들과의 대화 속에서 자신도 '배우는 자'가 되어야 한다고 주장한다.

학생들도 그들 나름대로 배우는 가운데 가르치는 자가 되며, 이런 관계 속에서 양자는 모두가 함께 성장하는 '과정'에 책임을 진다는 것이다. 이런 방법으로 문제제기식 교육자는 학생들의 사고 속에서 본인의 사고를 부단히 변형시켜 나간다. 더 이상 유순하기만 한 청취자가 아닌 학생들은 교사와의 대화 속에서 비판력을 갖춘 공동탐구자가 되는 것이다.

3. 일터(조직)교육

일터(조직)교육은 기존의 교육이 개인의 성장과 발전에만 초점이 주어지던 개념이 강했던 반면, 인적자원개발은 개인의 발전이 조직의 생산성 증대로 이어질 수 있도록 하는 조직에서의 학습을 의미한다고 볼 수 있다. 여기서 인적자원개발 즉, HRD(human resource development)라는 용어는 기업교육, 산업체교육, 직장교육, 일터교육 등의 많은 용어와 혼용되어 사용되고 있지만, 일반 기업체뿐만이 아니라 인간의 잠재능력을 최대한 발휘할 수 있도록 하는 모든 전략이라는 측면에서 가장 포괄적인 의미로 사용된다. 한편, 기업교육은 학교교육을 탈피한 평생교육이면서도, 시장논리에 기대어 학습자의 활력화를 끊임없이 유보한다는 점에서 평생학습 패러다임과는 일정한 거리를 가진다. 학교교육과 기업교육 모두, '생존을 위한 교육'으로, 학습자와 분리된 교육목적을 성취하는 것을 제1의 목적으로 삼는 '관리교육 패러다임'의 구조(Giroux, 1999)를 가지고 있다.

일터에서 교육의 중요성은 다음에서 찾아 볼 수 있다.

첫째, 급격한 학습패러다임의 변화로 급격한 사회의 변화와 함께 학습에 대한 생각이 변하고 있다. 전통적인 학습이라고 하면 교수자가 정해진 내용의 지식을 정해진 장소에서 학습자에게 전달하는 것으로 인식되어 왔다. 기존에는 학습의 주체가 교수자이지만 이제는 학습의 주체는 학습자가 되어, 학습자의 흥미와 요구에 부응하는 교육, 학습자가 실제적으로 사용할 수 있는 지식을 습득하도록 학습 환경을 조성해야 한다는 사고체제로 전환하고 있다.

둘째, 급변하는 사회 환경으로 정보화, 국제화 등으로 인한 급격한 사회의 변화로 인해 사람들의 가치관과 생활방식이 변화한다. 이러한 사회에서의 특징은 새로운 지식이 급증하는 것이며, 이는 기존의 지식의 수명이 점차 짧아진다는 것을 의미한다. 그래서 현재를 살아가는 사람들은 학교에서 배운 지식만 가지고는 살 수 없으며, 새로운 지식을 계속적으로 학습해야 할 필요성이 증가하게 되는 것이다.

4. 지역사회 교육

한국에서 지역사회 교육은 1953년부터 시작되었으며, 지역사회를 교육대상으로 하여 지역사회가 가지고 있는 다양한 문제와 과제를 교육을 통해서 해결할 수 있다는 가능성에서 시작했다(한국지역사회교육중앙협의회, 1995). 김종서와 주성민(1990)은 '지역사회교육을 공동체를 형성할 수 있는 일정한 지역의 주민을 대상으로 지역사회의 모든 교육적 자원과 역량을 동원하여 평생교육을 통한 자기 성장의 기회를 제공하며, 지역사회의 문제를 공동의 노력으로 찾아내고 그 문제를 지역사회의 문제를 공동의 노력으로 찾아내고 그 문제를 지역사회의 통합적 노력으로 해결하고 충족시키는 과정'이라고 정의하였다.

평생교육의 장으로서 지역사회 내에서 이루어지는 대표적인 교육형태가 지역사회 학교이다. 지역사회 학교란 학교가 학생들의 교육뿐만 아니라 지역 주민들의 교육적 필요와 욕구를 충족시키고, 나아가서 지역사회 발전을 도모하는 개방된 학교로서 역할을 하는 것을 말한다(한국지역사회교육중앙협의회, 1995). 지역사회 학교는 지역사회의 센터(Community Center)로서 전체 지역사회 주민들을 위한 교육과 문화, 사교의 중심기능을 발휘하는데, 그 중에서도 지역사회 주민들을 위한 사회교육 계획과 지역사회 문제 해결을 위한 봉사활동을 실시하는 것이 그 특징이다(황종건, 1986). 지역사회에서 사회교육자의 역할과 한계는 〈표 14〉를 참고하기 바란다.

지역사회에서의 평생교육기관은 주민생활의 필요에서 제기되는 교육적인 문제들을 해결하기 위해 지역사회 전체의 견지에서 이를 통합하여 충족시키기 위하여 지역사회 교육의 활성화를 위해서는 지역사회 교육의 구심체로서 지역주민에 대한 평생교육의 기회와 정보를 제공하는 지역평생학습 기관이 필요하다. 현재 우리나라에는 지역사회 교육의 구심적 역할을 수행할 기관으로서 지역평생 학습관이 설치되어 운영되고 있다. 평생 학습관은 중앙의 평생교육 구심체 기관으로서의 중앙평생 교육센터와 대규모 지역단위 평생 학습관(시·도 단위), 그리고 소규모 단위 평생 학습관(시·구·군 및 마을 단위)을 총괄하는 개념으로 기존의 종합사회 교육시설이나

〈표 14〉 사회교육 담당자의 역할 및 한계

대범주	역 할	주 요 내 용
교수자	가르치는 전문가	해당분야의 정보, 개념, 관점을 전달
	공식적 권위자	목표설정 및 절차설정, 학습자 행위 평가
	사회화의 매개자	수업차원을 넘어서 삶의 목표와 과정을 제시함.
	학습촉진자	학습자 스스로 창의성과 성장을 도모하게 함
	이상적 자아제공자	주어진 분야의 기쁨과 지적 탐구의 가치 전달
	인 간	인간으로서 인정받고 학습자를 인정해 줌.
프로그램 개발자	프로그램기획	프로그램 개발 여부 및 내용에 관한 의사결정. 목표확인과 정교화
	요구분석	사회-실시기관-학습자의 요구확인 및 상황분석
	설 계	프로그램 내용 및 방법의 선정과 조직
	운영 평가	프로그램의 전반적 운영 및 평가
관리자	조직의 발전 및 유지	조직의 효율성, 효과적 제고를 위한 각종 역할 및 조직 및 인사관리 역할
	프로그램 관리 및 집행	관련 예산의 편성 및 운영, 홍보 전략 설계 및 활용
변화촉진자	조직구조-풍토 개선	변화를 위한 문제의식 및 요구개발. 조직변화를 위한 체계적 노력
협력자	과업조정 및 통합	학습자, 동료, 지역사회 인사 등 대내·외적 조정 및 협력

자료: 권두승·양열모(1999). 평생교육법 제정에 따른 평생교육사 양성-임용제도 검토. 한국 사회교육학회 춘계학술세미나, 9.

종합사회 교육관과 유사한 확대기관의 의미로 사용될 수 있다. 따라서 동 개념에는 사회교육 전담기구, 사회교육 전문시설, 공공 사회교육센터, 지역단위 사회교육원 등의 다양한 평생교육 관련 시설들이 그 하위 관련개념으로 포함된다(교육부, 1999).

5. 사이버 교육

정보통신기술의 발달은 현대사회의 일상생활양식에 커다란 영향을 미치고 있을 뿐 아니라 교육부문에 있어서도 교육전달방법의 혁신이라든가 새로운 학습내용의 창출의 형태로 교육의 패러다임 자체를 바꿔놓고 있다.

교육적인 측면에서 인터넷을 활용한 사이버 교육이 가지는 평생교육적인 특징은 학습자 중심의 환경과 상호 작용적인 학습이라 하겠다. 여기서, 학습자 중심적 환경은 학습내용의 종류와 수준, 학습분량, 속도, 횟수, 학습시간과 장소 등 학습과정 전반에 걸쳐 학습자의 여건에 따른 자율적인 선택권이 보장될 수 있다는 것이다. 학습자 중심적 환경의 특징은 사이버교육이 학습자의 학습 주도권을 강조하는 학습체제라 할 수 있다. 즉 학습자는 스스로 자신의 수준에 맞는 교육내용을 선택하고, 자신에게 적절한 시간에 접속하여 자신의 여건에서 따라서 학습속도를 조절할 수 있다.

사이버 교육은 인터넷을 통하여 상호 작용적인 학습이 가능한 이점이 있다. 학습자는 인터넷을 통해서 필요한 지식과 정보를 획득하여 활용할 수 있다. 교수자와 학습자, 학습자와 학습자 간의 정보교환 및 상호 의사전달의 수단으로도 이용할 수 있다.

참고문헌

강태중(1999). 평생학습체제 구현을 위한 정책대안: 시론적 검토. 학습사회구현을 위한
　　사회교육의 과제, 한국평생교육학회 1999년 제3차 학술포럼 자료.

고문숙(1983). 아동의 중심화 일탈 중심화 현상에 따른 도덕판단의 다양화에 관한
　　연구. 중앙대학교 대학원 석사 논문.

권대봉(2001). 평생교육 다섯 마당. 서울: 학지사.

권두승(1998). 사회교육법규론. 서울: 교육과학사

권두승(1999). 지식 기반 사회에서의 평생교육법 개정 방향과 과제. 교육법학회.
　　1999년 연차대회 주제발표 원고.

권두승 · 양열모(1999). 평생교육법 제정에 따른 평생교육사 양성-임용제도 검토. 한
　　국 사회교육학회 춘계학술세미나, 9.

교육부(1997). 평생교육백서. 제1호.

교육부(1998). 평생교육백서. 제2호.

교육부(1999). 평생교육백서. 제3호.

교육부 평생학습정책과(2000). 평생교육법령 해설자료.

교육부 · 학점은행제 운영편람(1998). 학점은행제 운영편람(1998~1999).

김경희(1999). 아동과 청년의 사회적 도덕성과에 관한 연구. 한국심리학회지: 발달,
　　12(1), 14-24.

김민남 역(1988). Kohlberg도덕발달의 심리학-도덕관계의 본질과 타당성. 서울: 교육과
　　학사.

김상윤(1985). Kohlberg 도덕발달단계 이동에 따른 종단연구. 부산교육학 연구, 2,
　　81-96.

김상윤(1989). 인지적 도덕발달이론에서 단계별 특성에 따른 도덕발달 경향분석. 동
　　아대학교 대학원 박사학위 논문.

김상윤(1989). 아동의 인지적 도덕성 발달을 위한 인위적 노력의 재고. 고신 대학교
　　논문집, 제17호, 147-166.

김신일 외(1990). 평생교육 실현을 위한 사회교육관련 법령 정비에 관한 연구, 한국

사회교육협회 연구 보고서.

김신일(1998). 사회교육사: 한국. 서울대학교 교육연구소 편. 교육학대백과사전. 서울: 하우동설. 1411-1415.

김원영(1988). Kohlberg의 도덕성 발달과 가치교육에의 적용. 동국대학교교육대학교 석사학위 논문.

김종서 외(2002). 평생교육개론. 서울: 교육과학사, 75-83.

김지신(1996). 어머니의 전통-근대 가치관 및 양육행동과 아동의 사회적 행동. 이화여자대학교 대학원 박사학위 논문.

김호권(1977). 도덕성의 발달과 교육, 서울: 배영사.

남정걸(1982). 한국전통사회의 평생교육. 평생교육의 체제와 사회교육의 실태, 연구논총82-7. 한국정신문화연구원. 37~60.

박용헌(1973). 사회적 행동과 학습. 서울: 교육출판사.

배선호(1983). 아동의 친사회적 행동과 타인 중심적 사고의 관계에 관한 연구. 중앙대학교 대학원 석사학위 논문.

송명자(1999). 발달 심리학. 서울: 학지사.

성영혜(1992), 아동사회학, 문음사.

안우환(2005). 신간 교육사회학. 파주: 한국학술정보.

이무근 외(1997). 직업능력인증제 도입을 위한 정책 연구. 교육부.

이상오(2005). 평생교육론. 서울: 문음사.

이옥분(1998). 한국의 사회교육사. 서울대학교 사범대학 교육연구소. 평생교육연구. 4(1). 115-140.

이옥분(1998). 평생교육. 교육50년사 편찬위원회편. 교육50년사. 교육부.

정민성(2002). 평생학습 패러다임에서의 교육자 역할 전환. 2002 한국평생교육학회 추계학술대회.

정우현(1997). 사회교육학의 학문적 발전과정과 미래. 제3회 한국사회교육학회 학술세미나.

천세영(2002). 인간자원개발과 교육에 관한 음미. 평생교육학연구, 8(1).

최운실(1993). 사회교육법의 문제점과 개정 방향. 교육월보, 1993년 7월호, 46-49.

한숭희(2002). 평생학습과 교육개념의 변화. 2002 한국평생교육학회추계학술대회, 한국평생교육학회.

Asher, S. R.(1983). Social competence and peer status: Recent advances and future directions. *Child Development, 54*, 1427-1434.

Baumrind, D.(1973). The development of instrumental competence through socialization. In A. D. Pick(Ed), *Minnesota symposia on child psychology*, Vol.7, Minneapolis: University of Minnesota Press.

Costanz., D., Coie, J., Grumet, J., Farnhill, D., A.(1973). Reexamination of the effects of intent and consequences on childlen's moral judgement, *Child Development, 44*, 154-161.

Holford, J., Jarvis, P. & Griffin, C.(1998) International perspectives on lifelong learning, London: Kogan Page.

Tuijnman, A.(2002), "Themes and questions for a research agenda on lifelong learning," in Richard Edwards, Nod Miller, Nick Small and Alan Tait(eds.) Supporting Lifelong Learning v3, London: The Open University.

Titmus(1996) International Encyclopedia: Adult education and training, New York: Pergamon.

Wain, K.(1993), "Lifelong education: Illiberal and regressive?". Educational Philosophy and Theory, 25(1), 58-70.

제 2 장

성인학습

Ⅰ. 성인의 발달특성과 발달이론 고찰

　동서양을 막론하고 성인학습의 필요성이나 그 중요성은 고대 시절부터 중시되어 왔으나, 학습에 관한 이론적인 탐구는 주로 성인이 아닌 아동을 대상으로 하여 진행이 되어왔다. 성인들이 학습활동의 주체로서 주목을 받게 된 것은 20세기에 들어와서(Lindman, 1926)이다. 1차 세계대전 이후 학습자로서의 성인의 능력에 대한 관심이 집중되었으며, 이에 대한 연구가 미국과 유럽에서 활발하게 진행되었다. 학교교육 이외의 성인을 주 대상으로 하는 학습에 대한 필요성과 그 가능성이 논의되면서 비로소 본격적인 성인학습에 관한 이론적인 탐구가 시작되었다.

　1970년대 이후 평생교육에 대한 수요가 늘어나면서 이 분야를 하나의 독립된 연구 영역으로 확립하고자 연구자들은 노력 하였다. 특히 성인학습에 대한 연구 성과가 두드러졌는데, 그 이유는 성인학습이 평생교육 실천과 이론에 있어서 가장 핵심적인 연구주제로 인식됨과 동시에 평생교육학자들이 자신의 정체성 및 영토권을 주장할 수 있는 고유한 영역으로 여겼기 때문이었다(한승희, 1998).

1. 성인의 발달특성

현대 사회를 일컬어 지식 정보화 사회라 한다. 지식 정보의 변동 주기가 하루 다르게 짧아지면서 그만큼 지식의 수명도 단축되고 있다. 반면에 지식의 수명과는 반대로 사회의 변화는 더욱 커졌으며 과학과 의술의 발달로 우리 인간의 수명은 많이 길어졌다. 기나긴 인생에서 원만히 사회생활을 하고 만족하며, 행복한 삶으로 살아가기 위해서는 제도적인 청소년기의 학교 교육만으로는 부족하다. 그래서 성인을 위한 교육이 현재 더욱더 절실하게 요구된다.

1) 신체적 측면

사람은 25세가 지나면 신체적으로는 성장이 정지되고 노화가 진행된다. 학교시절을 떠난 지 오래되어 장시간 집중학습이 어려우며 이를 회피하려는 경향이 나타난다. 새로운 환경에 대한 적응이 빠르지 못하여 그것을 거부하며 비활용적이고 정신력이 하향 또는 퇴화하는 경우가 발생한다. 가능한 기존의 자기 환경과 지식이나 기능을 버리지 않으려는 애착 때문에 비록 신체적으로 약간의 불편이 있어도 그것을 고집하면서 새로운 기능을 습득하는 것을 회피하며 두려워한다. 그래서 일단 학습과정은 유익하고 즐거우며 어렵지 않고 두렵지 않게 운영하는 것이 성인의 학습참여와 학습의 효과를 높일 수 있다.

성인의 연령에 따른 신체적 변화와 특징에 대한 연구는 1884년 영국의 Galton에 의해 시작되어 많은 연구가 현재까지 진행되고 있다. 성인기는 신체적 발달이 가장 최고인 청년기나 성인 초기이후부터 점차 퇴화하기 시작하면서 다양한 신체적인 변화가 일어난다.

2) 인지적 측면

성인의 지능에 대한 최초의 연구는 Thorndike에 의해 이루어졌다. 그는 연령과 지능과의 관계에서 지능을 단일요인으로 본다면 지능은 연령이 증가하는 것과 반비례해서 감소할 수 있으나, 복합적인 요인으로 볼 경우 지적 능력 중 어떤 것은 감소하고 어떤 것은 증가하거나 안정적으로 유지된다고 본다. 성인학습에 대하여 다음과 같이 세 가지로 제시했다. 첫째, 학습에 가장 절정인 때는 20~25세이다. 둘째, 학습능력은 25~45세까지는 매년 1%씩 감소한다. 셋째, 학습능력에서 연령과 지능과의 관계는 매우 미미하다.

성인기에는 일반적으로 창의적인 능력은 부족하나 기억과 관계된 장기적인 기억은 연령에 따른 변화는 일정하다. 감각 손상으로 인해 단기적으로 기억하는 경우에는 기억력이 둔화되나 반복적이고 구조적인 변화가 적용된 학습방법을 적용한다면 기억의 재생이 다시 원활해질 수 있다. 일반적으로 성인은 새로운 자료를 조직하거나 습득 및 수정하는 능력은 청소년보다 느리다. 연령보다는 학습할 시간의 부족이나 과거의 학습경험, 새로운 지식자료에 대한 풍부한 학습경험, 지적인 자질, 교육의 양, 학습의욕과 학습 자료에 대한 흥미(동기 유발), 지속적인 지적 활동, 내·외부 환경의 영향과 외부 압력, 반복적인 학습 등에 따라서 학습능력이나 지능에 영향을 크게 미친다.

3) 심리적 측면

성인은 자기의 일을 자신 스스로 결정할 수 있고 자신의 일에 책임질 수 있기 때문에 간섭을 싫어하고 독특한 개인의 성향을 가지며 안정 지향적이면서도 변화를 추구하는 이중적인 심리구조를 갖는다. 자신의 기준에 맞추어 배타적인 경우도 있고, 경험을 바탕으로 하여 자신의 정체성을 확립하므로 자신의 경험이 곧 진리로 생각하기도 한다. 더불어 타인으로부터 존경을 받고 우대받으며 인정받고 싶어 하는 경향이 강해진다. 그러므로 경험을 무시당하면 인격을 모독당한 것으로 오인하고 분노하기도 한다. 남을 인정하지 않으려는 경향도 지닌다. 그래서 성인의 경험은 훌륭한 학습자원이 되면서 이런 심리적인 요인이 오히려 성인의 학습을 방해하는 큰 장벽이 되기도 한다.

성인기는 성장, 변화, 적응, 확장의 시기로서 심리학적 관점은 성인이 환경과의 상호작용에서 어떻게 발달과업을 이루는가 하는 데 있다. 인간은 발달 및 성장하면서 내적인 자아도 변화한다. 인성의 발달로서 성인학습자들은 학습에 대한 흥미나 동기유발은 심리적, 정서적인 문제와도 관계가 있으며 인간의 지적 성장과 자아의 성장이 생애 어느 일정한 시간에 한정되지 않고, 평생에 걸쳐서 이루어질 수 있다는 전 생애적인 발달심리에서 성인학습의 근거를 찾을 수 있다. 단계별로 성인들의 심리적 상태나 정서적인 문제는 성인학습에서 충분하게 고려되어 계획되어야 한다. 성인들의 생활에서는 심리적이고 정서적인 문제가 지능보다 훨씬 더 현실적이고 중요한 영향을 주기 때문이다.

Costa와 McCrae는 20대의 성인이 30대 이상의 성인보다 충동적이고 상처받기 쉬우며 불안과 우울, 자기 통제력과 자신에 대한 신뢰도가 낮다고 하며 성인 초기에서 성인 중기의 발달 특징을 성숙으로 보았다. 또한 성인은 대체로 다섯 가지 성격유형(신경증, 외향성, 개방성, 호감성, 성실성)이 비교적 오래 안정적으로 유지된다고 주장한다. Jung은 40세 전후(성인 중기)엔 사회적으로 성공한 사람도 삶의 목표와 과정의 의미에 의문을 제기하며 자신의 내면으로 관심을 돌려 억압된 진정한 자신의 자아를 찾는 탐색을 한다고 주장한다.

4) 사회적 측면

성인은 직업이 있고 배우자가 있어야 경제적으로 독립할 수 있다. 사회적으로도 높은 지위를 확보하려고 노력하며 자신의 영역에 있어서 독립적으로 존재하려고 한다. 다양한 경험과 전문성이 있어서 사회에 충분히 기여하고 인정받을 수 있다. 가정에서는 가장이고 사회적으로는 자신의 일에 대한 책임감을 지니는 계층이며, 더불어 타인으로부터 우대받고 싶어 하는 특성이 생긴다. 성인은 살아가면서 자신이 습득한 경험과 지식에 대하여 확신을 가져 타인으로부터의 가르침이나 지도는 일반적으로 무시하거나 배척하기도 한다. 이러한 특성들이 성인들의 학습에 장애가 되기도 한다.

2. 성인 발달이론 고찰

발달에는 일정한 순서가 있고 전후맥락을 가진 한 패턴을 이루어 진행되는 점진적인 계열의 과정이다. Werner는 발달유기체의 변화와 중심화를 발달로 개념화하며, Koffka는 발달이란 유기체의 양적인 증대와 기능의 유기화 및 구조의 정밀화로 본다. 발달의 3대 변인으로는 타고난 소질, 후천적 환경, 자아 등이 있다.

발달에 관한 학설로는 다음과 같은 것이 있다. 첫째, 생득설(nativism). 유기체의 발달이 주로 그 유기체가 생득적으로 가지고 나오는 내부적 법칙에 의해서 지배되는 것이라고 본다. 따라서 이런 주장을 하는 학자들은 유전적 요소가 발달의 근거라고 설명하고 있다. 갈톤(Galton)은 '환경과 천재'라는 저서에서 가계가 우수한 가문(우수한 유전인자를 가진 가문)에서는 우수한 자손이 나온다고 주장한다. 발달은 생득적으로 지니고 있는 내부적 법칙에 의하여 지배되는 것이며 환경의 자극에 의하여 이루어진 변화는 2차적인 것이라고 주장한다.

둘째, 경험설(empiricism). 생득설과는 달리, 개인에 있어서의 유전 형질은 발달의 가능성을 가지고 있을 따름이며 발달한다는 것은 후천적인 경험에 의하는 것이라고 주장한다. 미국의 Watson은 환경적 요인의 중요성을 강조하고 인간의 정서, 성격 등의 모든 것은 후천적인 영향, 즉 환경의 힘으로 형성된다고 주장한다. 이 경험설은 영국의 로크의 인식론에 그 기원을 두고 있다. 개인에 있어서의 유전 형질은 다만 발달의 가능성을 가지고 있을 뿐이며 발달한다는 것은 경험에 의한 것으로 본다.

셋째, 폭주설(Konvergenz theory). 독일의 슈테른(Stern)의 이론에 의하면 유전적 성질을 소유하고 있는 개체는 환경 가운데서 생존하며, 항상 환경으로부터 자극을 받는다. 정신적 발달은 단순히 생득적 소질에 의해서만 이루어지는 것이 아니며, 외계로부터의 영향을 받아 그것에 반응함으로써만 이루어지는 것도 아니다. 발달은 생득적 소질과 외적 환경과의 공동작용의 결과로써 이루어진다. 슈테른은 이 공동작용을 폭주(convergence)라 칭한다. 발달은 내적이고 생득적인 소질과 외적인 환경의 상호작용의 결과라고 주장한다.

넷째, 체제설(Organization theory). 형태심리학파의 학자들은 발달은 개체가 있는 내부의 힘과 생활환경과의 힘이 서로 상호 작용하여 하나의 새로운 체제가 이뤄지는 과정이라고 주장한다. Lewin은 인간의 행동(B)을 개인(P)과 생활환경(E)과의 함수관계로 설명한다(B = f(P. E)로 공식화한다).

1) 에릭슨의 심리 · 사회 발달이론

에릭슨(Erickson)은 프로이드의 심리성적 발달단계를 수정, 확대하여 인간의 전 생애에 걸친 발달단계를 8단계로 제시한다. 즉, ① 신뢰감 대 불신, ② 자율성 대 수치와 의심, ③ 자발성 대 죄의식, ④ 근면성 대 열등감, ④ 근면성 대 열등감, ⑤ 정체감 대 역할 혼미, ⑥ 친밀감 대 소외, ⑦ 생산성 대 자기 침체, ⑧ 통합감 대 절망감 등으로 구분하고 있다. ①단계에서 ④단계까지는 유아 및 아동기의 발달단계에 속하고, ⑤단계는 청소년기의 발달단계이며 성인의 발달단계는 ⑥~⑧까지이다.

성인기에는 타인과의 관계 속에서 자신의 발달을 도모하는 시기이다. 6단계인 친밀감 대 소외는 청소년기 때 개인의 정체성(identity)이 원만하게 잘 형성되면 초기 성인의 심리 · 사회적 발달단계는 친밀감의 욕구로 전이된다. 이 시기의 갈등은 타인과의 관계에서 친밀감이나 소외 때문에 일어난다. 타인과의 정서적인 거리가 가까워야 친밀감이 형성되며 그것의 지속성을 위해서는 사람 사이의 정체성의 융합이 필요하다. 그래서 자아정체감의 획득이나 확립이 필수적이다.

7단계인 생산성 대 자기 침체에서의 발달은 생산성이냐 혹은 자기 침체 늪에 빠지느냐이다. 이 시기는 직업이나 전문적인 일로 사회에 생산적, 창조적으로 공헌하는 시기이다. 8단계인 통합감 대 절망감 시기는 인생의 마지막 단계로서 노화나 은퇴로 특징지어진다. 과거의 모든 인생 경험을 융합

하고 통합해서 긍정적인 삶을 사느냐, 괴롭고 화난 부정적 절망감으로 살아
가느냐의 시기이다. 앞의 7단계의 발달이 성공적이면 이 통합 단계에서는
절정을 이룬다. 이 단계에서 자아 통합감이 긍정적인 결과로 나타나면 여생
의 마지막을 후회 없이 받아들이고, 자신을 수용하며 성숙한 단계로 나아가
독립성, 자율성, 자기통제, 지혜 등의 긍정적인 사고를 가진다. 만약 통합을
부정하면 혼란이나 무기력, 불만족, 죽음의 공포로 의존적인 아동기와 같이
되어 퇴행의 결과를 나타낸다.

2) 레빈손의 성인기 4계절 이론

인생 구조론(life structure)으로 개인의 인생을 구분한다. 인생 구조의
구성요소는 다양한 타인들과의 관계로서 즉, 인간관계가 개인의 인생을 구
성해간다는 것이다. 레빈손의(Levinson) 발달이론은 인생을 크게 성인이
전, 성인초기, 성인중기, 성인후기 등의 4단계로 구분하여 각 발달 단계에
따른 주요 과업을 제시하고 있다.

3) 로에빙거의 자아발달이론

로에빙거는(Loevinger) 인생의 전 생애 주기 동안에 일어나는 인간발달과 인
격의 성장에 대하여 이야기하고 있다. 인간의 자아발달은 도덕화(moralization),
통합, 자기 체계, 인지적 복합성, 신념발달 등을 포함한다고 한다. 성숙한 자
아단계는 내재화, 객관적, 추상적, 불확실성에 대한 인내와 통합과정, 타인에
대한 의존에서 해방, 경험의 의미 추구 등을 뜻한다.

그가 주장하는 자아발달은 ① 전 사회적 단계, ② 공생 단계, ③ 충동적
단계, ④ 자기 보호 단계, ⑤ 동조자 단계, ⑥ 자기 자각적 단계, ⑦ 양심
적 단계, ⑧ 개인적 단계, ⑨ 자율적 단계, ⑩ 통합적 단계 등으로 구분하
고 있다. 여기서 ①단계에서 ⑥단계까지는 자아의 발달단계이고, ⑦단계에
서 ⑩단계까지는 성인기에 중요한 발달단계로서 대부분의 성인들은 ⑥단계

인 자기 자각적 단계까지 발달하고 그 이상의 단계까지도 발달한다고 주장
한다. 여기서 자아의 발달은 앞 단계의 발달이 완전히 이루어져야 다음 단
계로 원만하게 이동이 가능하다. 각 단계는 연령과는 무관하며 각 단계로
이동하는 속도와 도달점도 개인마다 모두 다르다는 것이다.

Ⅱ. 성인 평생교육의 원리

성인을 위한 교육은 성인들로 하여금 자기 스스로 능동적인 학습을 통하여 존재의 가치를 새롭게 형성해 가면서 모든 행동에 대하여 스스로 책임질수 있도록 욕구를 부여해 주고 조장해 주는 것이다. 성인평생 교육의 원리에 대하여 살펴보면 다음과 같다.

1. 듀이(Dewey)의 생활 경험론

교육을 평생의 과정(lifelong process)으로 생각해야 한다고 주장하면서 학습을 생활의 경험에 바탕을 두는 것으로 보았으며 학습에 있어서 과학적 방법의 중요성을 강조하였다. 어떤 문제에 직면한 개인은 그 문제에 대한 가설을 설정하고 이러한 가설을 확신하거나 부정하기 위한 증거를 수집한다. 여기서 교사의 역할을 전문가나 형식적인 권위자가 아닌 안내자나 촉진자가 되기를 주문한다.

2. 프레리(Freire)의 문해교육

브라질에서 문해교육에 종사하면서 교육자의 역할에 대하여 학습자의 문화를 이해하고, 그 일부가 되며 학습을 자극함으로써 개인을 자유롭게 하거나 권한을 부여하는 일(empower)에서 찾는다. 교육자도 학습자가 될 수 있으며, 학습자는 교육자와의 대화를 통해서 학습과정에 능동적으로 참여한다. 교육자와 학습자는 교수 및 학습과정에 대해 공동의 책임을 진다고 주장한다. 이러한 그의 주장과 생각은 급진적인 면이 있으나 그의 이러한 주장은 성인교육의 원리를 마련하는 데 하나의 토대가 된다.

3. 노울즈의 안드라고지

성인교육의 실천에 있어서 가장 큰 영향력을 준 학자 중의 한 사람이다. 안드라고지(andragogy)라는 용어를 창출한 장본인으로 안드라고지를 성인이 학습하는 것을 도와주는 예술 내지 과학(Knowles, 1980: 43)이라고 정의한다. Knowles(1960)는 성인교육의 실천에 가장 많은 공헌을 한 미국의 성인교육학자로서 성인교육자들이 학습 진행 과정에서 알아야 할 성인학습의 원리 여섯 가지를 다음과 같이 제시하고 있다.

① 성인학습에 있어서는 문제 중심의 학습이 되어야 한다. 성인들은 대부분 그들의 문제를 해결하려고 학습에 참여하므로 교사 중심이 아닌 문제 중심의 학습이 되어야 하며, 이것이 곧 학습 참여의 동기가 된다.

② 경험은 학습자에게 의미가 있어야 한다. 경험은 학습자 자신의 이해력, 준비도, 관심, 연령, 인지력 등과 관련하여 학습자들의 문제해결에 도움이 될 수 있는 것이라야 한다.

③ 성인에 대한 학습은 경험 중심의 학습이어야 한다. 성인들의 모든 문제는 과거의 경험으로부터 생겨나고, 이로 인한 문제의 해결은 경험 중심

학습으로 가능하다. 특히 성인 학습자들은 그들의 문제해결을 위한 자료들을 그들 문제와 관련된 시범이나 타인의 경험과 사례, 권위자로부터의 설명 등을 바탕으로 하여 문제를 해결하려고 학습에 참여한다.

④ 성인 학습자들이 자유롭게 경험을 관찰하고 축적할 수 있도록 해야 한다. 자유로운 학습 풍토만이 학습자의 참여를 유도할 수 있고, 학습자들이 필요한 경험을 축적하고 성숙할 수 있다.

⑤ 학습에 대한 목표 설정은 학습자에 의하여 설정되고 성취되어야 한다.

⑥ 학습목표를 성취하였을 때에는 그에 상응한 피드백(feedback)을 해 주어야 학습자들이 다음 단계의 학습에 지속적으로 접근, 참여하게 되며 학습에 대하여 자신감을 갖게 된다. 성인학습의 효과를 극대화하기 위한 성인학습 원리를 학습자와 교수자 양자의 입장에서 13가지로 다음과 같이 밝히고 있다(Knowles, 1989).

① 학습자는 학습과정에 참여하면서 그러한 학습에 대하여 인식할 줄 알아야 한다.

② 학습자는 학습하고자 하는 내용에 대한 욕구가 있어야 한다.

③ 학습의 상황은 부드럽고 화기애애한 분위기가 유지되어야 한다.

④ 학습자의 신체적인 조건이 안락해야 한다.

⑤ 학습자는 코스(course)의 목적을 이해하고 동의해야 한다.

⑥ 학습은 학생의 경험과 관련되어야 하며 그것을 활용해야 한다.

⑦ 교육자는 자기가 담당할 주제에 대해 잘 알고 있어야 한다.

⑧ 교육자는 가르치는 일에 열성적이어야 한다.

⑨ 학습자는 자기 자신의 속도대로 학습할 수 있어야 한다.

⑩ 학습자는 자기 자신의 진보(progress)에 대하여 알고 성취감을 가져야 한다.

⑪ 교육자는 학습코스에 대하여 융통성 있는 계획(flexible plan)을 수립해야 한다.

⑫ 교육자는 성장에 대한 감각(sense of growth)이 있어야 한다.
⑬ 수업 방법(method)은 다양해야 한다.

4. 정지웅·김지자(1987)의 학습원리

정지웅·김지자(1987)는 학습대상자인 성인들의 지적·신체적·정의적 특성을 바탕으로 하여 성인학습의 효과를 위한 학습의 원리를 다음과 같이 제시하고 있다.

① 성인들은 반응 속도가 늦으므로 충분한 시간적인 배려가 있어야 한다.
② 학습자의 과거 경험을 최대한 살려서 경험이 학습을 위한 풍부한 자원이 되게 해 주며, 새로운 것을 학습하게 하는 데 상호 연관성을 맺어주는 기반이 되도록 해 준다.
③ 학습자 각자의 자아개념을 적절히 개발할 수 있도록 이들의 교육적 요구를 진단하고, 그들의 경험을 계획하도록 한다.
④ 성인의 학습은 그들의 각종 태도와 성격적 특성을 포함하는 정의적인 요인에 대하여 충분한 배려를 해야 한다. 즉 성인들도 젊은 청소년들처럼 잘 배울 수 있다는 자신감을 불어넣어 주고, 성취감과 성공감에 대한 기대를 갖도록 도와준다.
⑤ 성인들의 발달과업에 적합한 학습경험을 시간 계획에 잘 반영시켜야 할 것이다. 성인들은 현재보다는 높은 수준의 포부 및 자기 진단 과정을 통하여 학습의욕을 자각하고 성취하기 때문이다.
⑥ 성인들은 현실적인 문제를 빠르게 해결하고 즉시 활용하고자 하므로 문제해결 중심의 학습이 되어야 한다.

Ⅲ. 성인학습 과정론

다양한 성인학습 이론 중에서 현재 가장 널리 알려지고 실제 현장에서 활용되고 있는 학습이론으로 자기주도적 학습론에 대하여 살펴보고자 한다.

1. 자기주도적 학습론

1) 자기주도적 학습의 개념과 철학적 가정

자기주도 학습이란 학습자들이 싫든 좋든 교사가 전달해 주는 교과내용을 이해·암기하는 수동적 학습태도에서 벗어나 어떤 문제가 주어지더라도 겁내지 않고 각자의 다양한 능력과 개성을 최대한 발휘하여 적극적으로 문제를 해결하고 나아가 창의적으로 생산을 할 줄 아는 능력을 기르는 학습체제를 말하는 것으로 이해할 수 있다(교육개혁위원회, 1995). Tough(1967)는 자기주도적인 학습에 대하여 "자기교수(self-teaching)란 계획과 지시를 학습자가 직접 책임지는 것"이라고 정의했으며, Moore(1980)는 "자발적인 학습자란 학습욕구를 확인하고, 학습목표를 세우고, 평가의 기준을 발달시키는 사람"이라고 정의하였다.

정보화 사회의 도래와 더불어 창의성과 자발성을 중시하는 '셀프(self)'형의 인간이 새로운 인간상으로 부각되고 있다. 스스로 생각하고 판단하고 실행하며, 스스로 한 일이므로 그 결과에 대해 책임을 지는 사람이 셀프형 인간이다. 이러한 인간이 되기 위해서는 끊임없는 자기학습과, 새로운 분야를 개척하고 남이 가지 않는 길을 가는(이면우, 1996) 모험심과 적극성이 필요하다. 자기주도 학습은 정보화 사회에서 요구되는 '골드칼라(gold collar)'6)라는 새로운 인재 육성(윤은기, 1995)을 위한 이상적 학습방법이고, 그러한 의미에서 누구에게나 필요한 학습유형이라 할 수 있다. 이는 '시키고 받는 교육'에서 '스스로 하는 학습'으로의 전환이고, 인간의 학습능력과 학습 자발성을 신뢰하고 존중하며, 주체적 학습활동을 정당화하는 학습주의 철학으로의 복권을 의미한다(김신일, 1994).

Knowles(1975)는 자기주도적 학습에 대하여 "개인 스스로 자신의 학습욕구를 진단하고 학습목표를 결정하고, 학습에 필요한 물적·인적 자원을 탐색하고, 적절한 학습전략을 선택, 시행하고 학습결과를 평가하는 과정"으로 정의를 내린다. 즉, 학습경험을 계획하고 시행하고 평가하는 일차적인 책임을 학습자가 맡는다는 것이다. 이러한 그의 정의에 따르면, 자기주도적인 학습은 특정한 학습내용보다 탐색의 과정이나 방법에 초점을 두고 있음을 알 수 있다. 그래서 교육의 우선적인 목표는 개개인을 자기주도적인 학습자가 되도록 조력하는 데 있다. 이처럼 자기주도적인 학습은 학습자 스스로 자신의 학습 활동에 주인이 되어 학습의 책임을 스스로 지며 수행해 나가는 것을 의미하게 된다.

Penland(1977)는 "자기주도적 학습을 위해 학습자는 독립적으로 계획하고, 실행하고, 평가하는 능력을 갖추어야 한다"고 보며, Long(1992)은 자기주도적 학습의 개념을 "어떤 타인에 의한 외적 감독을 받지 않고 학습자가 스스로의 통제와 관리에 의하여 학습에 임하고, 집중하며, 묻고, 비교하

---

6) 골드칼라의 필수조건은 자발성과 창의성이다. 자신이 좋아하는 일에 몰두하여 새로운 가치를 창출해 내는 사람들이다. 이들에게는 학력보다는 두뇌(brain)와 마음(heart)이다.

고, 대조하는 소위 메타 인지적 행동에 의존하는 인지적 과정"으로 정의하여 대체적으로 Knowles[7]의 정의와 유사하다(표 15참조). 유귀옥(1997)은 "자기주도 학습을 개인적 특성으로서 자율성이 있는 성인학습자가 자기 자신의 교육을 실행하고자 하는 의지와 능력을 가지고 형식적 상황에서 자신의 학습목표를 정하고 실행하고 평가하거나 또는 일상생활 속에서 개별적으로 학습하는 기회를 마련하는 것"이라고 하여, 학습자의 개인적인 특성 측면에서 정의를 내리고 있다.

자기주도 학습의 개념이나 그 특성에 대해서는 많은 논점이 있지만, 학습과정의 일 형태로서의 자기주도학습(Tough, 1967; Knowles, 1975; Caffarella and Caffarella, 1986), 개인적 속성으로서 자기주도성(Chene, 1983; Guglielmino, 1978; Oddi, 1986; Pratt, 1988; Brookfield, 1986), 이들 양자를 통합하려는 관점(Brockett and Hiemstra, 1991, Grow, 1991)으로 대별될 수 있을 것이다. 이러한 연구들은 양적 및 질적 연구방법을 통해서 학습과정이나 학습자의 인성특성으로서 학습자 자기주도성을 밝히고 있으며, 학습과정과 학습자 자기주도성을 통합하는 자기주도학습 모형[8]을 제시하기도 하였다(차갑부, 1999).

Brockett(1986)는 자기주도는 주어진 상태라기보다는 바라는 결과물이며, 문제해결에 대한 욕망은 학습에 대한 편협한 이론을 이끌 수 있다고 지

---

7) 노울스(1970)의 초기 글에 의하면, 안드라고지는 페다고지의 반대개념으로 등장하는데, 그것은 페다고지의 원리나 실천이 성인교육에 적절치 않다는 사고에 근거한다. 즉 페다고지는 아동이 학습하는 것을 도와주는 일련의 가정과 방법들을 의미하는 반면에, 안드라고지는 성인이 학습하는 것을 도와주는 일련의 가정과 방법들을 의미한다는 것이다. 그러나 노울스는 계속적인 연구와 다른 사람들의 비판을 받아들임으로써 "성인교육의 현대적 실천: 안드라고지 대 페다고지"(1970)를 10년 후 1980년대의 개정판에서는 "성인교육의 현대적 실천: 페다고지로부터 안드라고지"로 소제목을 바꾸게 된다. 이는 곧 안드라고지는 페다고지의 가정을 포함하는 하나의 체계로 본다(1984)는 것을 의미하는 것이다.

8) 예컨대, Brockett & Hiemstra(1991)는 개인책임 성향(Personal Responsibility Orientation Model: PRO) 모형을, Grow(1991)는 단계적 자기주도학습 (Staged Self-Directed Learning: SSDL) 모형을 제시하였다(차갑부, 1999).

적한다. 이렇듯 자기주도적인 학습은 안드라고지 이론과 인본주의 심리학이
결합됨으로써 비로소 하나의 학습이론으로 그 틀을 갖추게 된다.

〈표 15〉 자기주도적 학습과 타인 주도적 학습의 개념비교

자기주도적 학습	타인 주도적 학습
상대적으로 독립적임	상대적으로 의존적임
솔선수범에 가치를 둠	지시에 따르는 것에 가치를 둠
긍정적인 자아 효능감	제한된 자아 효능감
초인지적인 인식	초인지적 인식이 제한됨
내적으로 동기화 됨	외적으로 동기화됨
깊이 있는 참여	표면적인 참여
정신적 초점에 우선권을 둠	정신적 초점이 산만함

자료: Long, H. B.(1996). Self-Directed Learning: Challenges and Opportu-
nities. Cheng, C.K. & Cheong, J. W.(ed) *Challenges of Self- Dire-
cted Learning in Asia and the Pacific.* Seoul: Won Mi Sa, 6.

자기주도적 학습에 근원이 되는 철학적 경향성은 인간의 본성에 관한 인
본주의적 관점에서 찾아볼 수 있다. 이러한 견해로부터 학습의 초점은 학습
자가 자신의 학습에 일차적인 책임이 있다는 가정과 함께 개인과 자기발전
에 맞추어졌다. 인본주의 철학이 자기주도적 학습의 연구에 있어서 중요한
안내자의 역할을 하기는 했으나 더불어 행동주의, 진보주의, 비판이론도 자
기주도적 학습에 관한 사고의 형성에 영향을 주게 된다.

행동주의 철학은 개인이 어떻게 자기 주도적인 학습과정에서 무엇을 어떻
게 해야 하는가를 잘 보여준다. 일부 연구자들은 학습자가 자기주도적인 학
습에 노력을 기울이게 하기 위하여 학습자가 종종 학습계약의 형태로 계획
을 수립할 것을 권고한다. 이러한 계획이나 학습계약은 학습목표를 구체화
하고 이러한 목표를 달성하기 위한 적절한 테크닉을 선택하고, 그리고 개인
이 앞서 세운 목표를 얼마나 달성했는가를 평가하는 것을 강조한다.

2) 자기주도적 학습의 과정

21세기를 일컬어 지식정보화 사회라 한다. 농경 사회에서 산업사회로 그리고 정보화 사회로 그 변화의 흐름이 바뀌면서 지식의 생성과 발전, 소멸의 주기도 달라지고 있다. 엄청난 속도로 사회가 변화하고 있으며, 이러한 시대적 상황에서 오늘 배운 지식이 과연 3년, 5년 후에도 과연 효용성이 있을까. 산업구조가 급속하게 고도화 구조화되면서 소위 지식근로자가(knowledge workers) 인기를 끌고 있다. 지식근로자의 구비 조건으로 자기주도적인 학습자를 생각해 볼 수 있다. 학습하는 방법의 학습을 스스로 깨닫고 이를 문제해결에 적용 및 응용을 할 줄 아는 사람이 곧 자기주도적인 학습자라 하겠다.

"free of learning" 즉, 학습할 자유가(학습에 대한 주인의식) 있는 사람이 진정으로 이 시대가 요구하는 인간형이라 하겠다(안우환, 2006). 학습할 자유는 첫째, 스스로 학습목표를 수립하고(goal setting), 둘째, 정보를 수집하여 문제를 해결(기술, 분석, 해석)하고, 셋째, 앞의 선행 사고 과정을 스스로 비판적으로 점검하고 되돌아 볼 수 있는 사람은 진정 학습할 자유가 있는 사람이다. 같은 정보라도 사람에 따라 가치 있게 이를 변형, 적용할 수 있는 사람이 있는가 하면, 그저 기술단계의 수준에 머무르는 사람도 있다. 문제해결을 위하여 정보를 검색하여 활용하는 능력은 지금 우리들의 삶에 있어서 아주 가치 있고 비중 있게 다가오고 있다.

성인에 대한 자기주도적 학습과정 연구에 선구적인 사람은 Tough(1979)와 Knowles(1975)를 꼽을 수 있다. Knowles는 자기주도적인 학습에 대하여 다음과 같이 다섯 단계를 제시하고 있다.

① 계획
② 학습계약 수립
③ 행동수정
④ 계획수정
⑤ 평가

자기주도적 학습에 대한 Knowles의 사고는 안드라고지 개념에 기초하고 있으며, 성인교육자들의 역할을 보다 유능하게 학습할 수 있도록 조력하는 것으로 보았다. 결국 성인교육자의 역할을 학습에 대한 촉진자 및 조력자의 측면에서 설명하고 있다. Tough(1979)는 학습자와의 면담에 기초하여 자기주도적 학습과정을 다음과 같이 13개의 단계로 항목화하여 제시하고 있다.

① 학습하고자 하는 지식과 기술 결정
② 학습을 위한 특별한 활동, 방법, 자원, 장비 결정
③ 학습할 장소 결정
④ 최종선(specific deadline)과 중간목표(intermediate target) 결정
⑤ 학습을 언제 시작할 것인가 결정
⑥ 학습속도 결정
⑦ 현재 자신의 지식과 기술에 대한 수준을 측정하고 습득하기를 원하는 지식과 기술의 정도 결정
⑧ 학습방해요인 발견
⑨ 바람직한 장비, 자원, 장소 물색
⑩ 학습할 수 있는 장을 마련하거나 준비
⑪ 인적, 비인적 자원을 사용하는 데 드는 비용 비축
⑫ 학습할 수 있는 시간 모색
⑬ 각 학습단계마다 동기를 고무시키며 단계를 밟아 실시

Tough에 의하면 성인은 자기 자신의 학습활동을 계획하고 이끌어갈 수 있는 능력을 가지고 있다고 한다. 이러한 가정 위에 성인교육자의 역할은 그들의 학습계획을 실천할 수 있도록 다양한 학습자원이 있는 위치를 제공해 주고 활용방법을 도와주는 것이라고 한다.

자기주도적 학습에서 효과적인 학습 환경을 설계하는 데는 있어서 교사의

역할은 대단히 중요하다. 학습자의 주체적이고 자율적인 행위에 의하여 학습이 이루어지는 활동이므로 교사의 역할도 이에 적합하게 수행되어야 한다. 교사의 역할에 대하여 Grow(1991), Gorham(1985), Knowles(1980)는 다음과 같이 세 가지 측면으로 제시하고 있다.

첫째, 교사는 학습에 있어서 공동의 학습자로서의 역할을 충실히 수행해야 한다. 학습자와의 동등한 입장에서 서로 존중하면서 공동학습자로서 학습활동을 더불어 진행해 나가야 한다.

둘째, 자기주도적 학습에서 교사의 역할은 학습에 대한 조력자 및 자원인사로서의 기능을 수행하는 데 있다. 학습자가 스스로 자율적인 학습을 할 수 있도록 조언과 상담을 해주고, 촉진시켜 주는 역할을 해야 한다. 이를 위하여 교사는 학습자의 특성이나 학습의 방법 등에 대하여 전문적이고 실제적인 지식을 구비해야 한다.

셋째, 교사는 학습자의 학습경험을 계획하고 실시 및 평가하는 데 더불어 참여해야 한다. 학습자와 협동적이고 신뢰 있게 인간관계를 형성하고 예리한 관찰자, 현명한 진단자, 충실한 학습의 기록자로서 역할을 수행해야 한다.

3) 자기주도성 관련 연구 고찰

자기주도성 학습과 관련한 연구의 흐름은 자기주도 학습과 관련변인들의 관계성(김진호, 1995; 강윤정, 1996; 이윤주, 1996; 유귀옥, 1997; 박은미, 1998), 집단 범주별 자기주도성 차이(이진희, 1997), 학습자 배경과 심리적 변인의 영향력(김용신, 1997; 정상필, 1997), 성인과 청소년의 자기주도성 특성(김매희, 1993), 성인교육방법론(배영주, 1994), 자기주도 학습 준비도 측정(김지자 외, 1996), 기업체의 자기주도 학습(이명로, 1996; 박지혜, 1998) 등 다양한 대상과 영역에서 활발히 연구되고 있다(차갑부, 1999).

학습자의 자기주도성과 관련된 연구들을 종합하여 살펴보면 자기주도적 학습에 대한 본질적인 개념과 이를 구성하는 하위요인을 중심으로 척도의 타당성을 증명하거나 이에 대한 문제를 제기하는 연구, 자기주도 학습과 생활만족도,

자아의 개념과 학습계획 활동에의 실제적 참여와 동기성향 및 창의성 등의 관련 변인들과의 관계를 밝히려는 연구, 학습과정으로서 자기주도 학습의 단계와 학습방법을 개념화하려는 연구 등 세 가지로 볼 수 있다(박지혜, 1998).

첫째, 자기주도 학습의 개념을 밝히고 그에 적합한 측정도구를 만들어 타당성을 밝히려는 연구이다. 자기주도 학습이 어떠한 개념으로 정의되느냐에 따라 측정하는 도구의 구성변인이 결정되기 때문에 자기주도 학습의 개념과 측정도구의 타당성에 대한 연구는 동일선상에서 이해될 수 있다. 측정도구로는 Guglielmino(1977)의 자기주도 학습 준비도 검사(self-directed learning readiness: SDLR)와 Oddi(1986)의 계속학습 조사도구(Oddi continuing learning inventory: OCLI) 등이 있다.

Guglielmino의 SDLRS는 자기주도 학습 준비도를 58개 문항 즉, 8가지 하위요인으로 구성하였는데, 배움에 대한 사랑, 효율적이고 독립적인 학습자로서의 자아개념, 배움에 따르는 위험·혼란·복잡함에 대한 인내, 창의성, 학습을 평생의 유익한 과정이라고 보는 관점, 학습의 주도권, 자기이해, 자신의 학습에 대한 책임감 등이 하위변인의 내용이다. Oddi(1986)의 계속학습 조사도구(OCLI)는 적극적 동인 대 소극적 동인—외부의 자극 없이 스스로 학습을 시작하고 지속하는 능력과 인지적 개방성 대 폐쇄성—새로운 생각과 활동에 대한 포용력, 변화에 따른 적응력, 모호성에 대한 참을성 대 경직성, 실패에 대한 두려움—학습에의 몰입 대 반감 등의 하위요인으로 구성되어 있다. 이러한 측정도구는 자기주도 학습에 대한 연구를 다각적으로 진행해 나가는 데 바탕이 되는 것으로 이에 대한 지속적인 관심과 연구는 계속되고 있는 실정이다.

둘째, 자기주도 학습과 다양한 개인적 특성이나 변인들과의 관계를 밝히려는 연구이다.

East(1986)는 자기주도 학습이 독립성과 밀접한 관련이 있고, 노년기에 자신이 독립적으로 삶을 영위할 수 있을 때 생애만족도가 높아진다는 논리적 근거에 의해 학습자의 자기주도성과 노년기의 생애만족도 사이의 관계를 살펴보았다. 연구결과, 학습자의 자기주도성이 높은 사람일수록 생애만족도가 높은 것으로 나타났으며, 성인학습자 자기주도성의 하위요인 중 '학습에 대한 사랑', '효과적·독립적 학자로서의 자아개념', '학습에서 위험, 모호성, 복잡성에 대한 인내', '창의성', '학습에 대한 관점', '학습에의 주도성', '자기 이해', '자신의 학습에 대한 책임성' 등이 높은 사람일수록 생애만족도가 높은 것으로 보고하고 있다. 특히 학습에 대한 책임성과 사랑은 모든 만족도 요인에 영향을 주고 있는 것으로 나타났다.

Garrison(1992)은 성인교육의 핵심과제로서 책임과 통제가 비판적 사고(critical thinking)와 자기주도 학습을 이루는 기초임을 지적하면서, 이러한 기초개념을 통해 비판적 사고와 자기주도 학습 사이의 관련성을 주장하였다. 즉, 한 개인이 비판적 사고자가 되기 위해서는 자기주도적인 성향을 갖추어야하며, 자기주도적인 학습자가 되기 위해서는 비판적 사고자가 될 필요가 있다는 것이다. 이와 같은 외적 통제와 내적 책임을 통합하려는 시도에 부가하여 자기주도 학습을 사회적·심리적·인지적 과정과 연결시키는 통합모델을 제안하였다. 유귀옥(1997)은 성인학습자의 자기주도성과 여러 변수 사이의 관계를 밝혔다. 이를 위해 성과 연령, 거주지, 교육정도 결혼상태, 소득수준, 직업 등을 사회·심리적 변인으로 통제위치, 자아 존중감, 생활만족도, 성인교육 참여 동기, 사회교육 참여횟수, 개별적 학습계획 실행 건수 등을 설정하여 상관 및 회귀분석을 실시하였다.

연구결과 통제위치, 자아 존중감, 생활만족도, 사회교육 참여 동기 성향의 인지적 흥미, 자기발전, 직업발전, 지역사회봉사, 소득, 사회교육 참여횟수, 개별적 학습계획 및 실행건수 등과 유의미한 정적 상관관계가 있었고, 연령과는 부적인 상관관계가 있는 것으로 나타났다. 중다회귀 분석을 실시한 결과, 인구학적, 사회·심리적 변인이 성인학습자 자기주도성의 37.7%를 설명하는 것으로 나타났고, 특히 사회·심리적 변인은 34.8%의 설명력을 보이고 있다. 이를 통해 학습 환경의 구성에 있어서 학습자의 외적 변인인 사회심리학적 특성을 고려하려는 노력이 매우 중요함을 밝히고 있다.

셋째, 자기주도 학습의 학습단계와 방법을 밝히고자 하는 연구로 대표되는 것은 Piskurich(1993), Tough(1979), Knowles(1975) 등의 연구가 있다.

Piskurich(1993)는 프로그램 개발과 프로그램의 성공적인 수행의 두 가지 측면에서 제시하고 있다. 프로그램 개발의 측면에서는 언제 자기주도 학습이 사용되어야 하느냐를 결정하고, 적절한 프로그램을 개발하고 이를 실행하는 데 가장 적절한 학습자원을 결정하고, 학습자의 평가방법을 결정하며, 세밀하게 프로그램을 분석해야 한다는 것이다. 프로그램의 성공적인 수행의 측면에서는 자기주도 학습을 위해 조직적 측면에서 어떤 준비를 해야 하는가를 파악하고 프로그램을 촉진시킬 수 있는 전달, 통제, 평가방법을 숙지하고, 학습센터를 활용하는 방향으로 준비되어야 한다고 한다.

Tough는 다양한 분석방법에 의거하여 자기주도 학습을 시행해 나가는 데 있어 무엇을 어디에서 어떻게 학습하는지를 선택하는 데 따르는 결정 절차를 다음과 같이 여덟 가지로 제시하고 있다. ① 어떤 내용과 지식을 학습할 것인가를 먼저 결정하고, ② 학습을 위한 구체적인 활동, 지원, 장비를 선택하며, ③ 학습장소, 학습기간, 학습시작 시기, 학습속도를 결정하고, ④ 현 수준의 지식, 기술과 바라는 수준의 지식, 기술을 측정하며, ⑤ 바람직한 자원이나 장비획득, 바람직한 장소나 자원에 도달하여, ⑥ 신체 상태를 준비하고, ⑦ 학습비용, 학습시간을 마련하여, ⑧ 학습동기를 증가시키기 위한 절차를 밟아 나가는 순서로 진행하여야 한다는 것이다. 더불어 Knowles는 자기주도 학습의 5단계를 제시하였다. ① 학습요구 진단, ② 학습목표 형성, ③ 학습을 위한 인적, 물적 자원 규명, ④ 적당한 학습전략의 선택과 실시, ⑤ 학습결과의 평가 등의 단계로 진행되어야 한다는 것이다.

2. 자기주도 학습 모형 고찰

학습자의 자기주도성과 성인교육 방법을 연결시키는 데 초점을 둔 Grow

(1991)의 단계적 자기주도 학습(staged self-directed learning: SSDL)
모형에 대하여 고찰하고자 한다(차갑부, 1999).

Grow(1991: 127)의 SSDL모형은 교육과정의 목적은 자기주도적 평생
학습자를 만드는 것이며, 교육활동과 자기주도적 능력은 상황적이고[9], 자기
주도성은 학습된다는 기본가정 위에 성립되었다. 이러한 기본가정을 바탕으
로 해서 Grow(1991: 129-136)는 자기주도성 단계에 따라 자기주도성이
가장 낮은 학습자로부터 가장 높은 학습자에 이르기까지 4단계로 〈표 16〉와
같이 설정하고 각 단계에 따른 교육방법을 제시하고 있다(차갑부, 1999).

제1단계는 의존적 학습자(S1)이다(Grow, 1991: 129). 의존적 학습자
는 학습해야 할 내용·방법·시기에 관한 분명한 방향을 제시해 줄 수 있는
권위적인 인물을 필요로 한다. 이러한 학습자들에게 있어서 학습은 교사 중
심적(teacher-centered)이다. 학습자들은 교사를 자신이 해야 할 필요가
있는 것이 무엇인지를 아는 전문가로 취급하고, 학습하도록 하는 교사에게
주로 반응하면서 수동적으로 행동한다.

제 2단계 학습자(S2)는 관심이 있거나(interested) 관심을 가질 가능성이
있는(interestable) 학습자이다(Grow, 1991: 131). 그들은 동기부여적 기
법에 잘 반응한다. 목적이 될 수 있다고 생각하는 과제를 기꺼이 수행한다. 동
기가 부여되고 격려를 받게 되면 S2 학생들은 스스로 학습을 계속할 것이다.

제3단계 학습자(S3)는 기술과 지식을 가지고 있고, 스스로를 교육에의 참여
자라고 본다(Grow, 1991: 133). 그들은 훌륭한 안내자와 함께 학습내용을
탐구할 준비가 되어 있을 뿐만 아니라, 스스로 그 중 일부를 탐구하기도 한다.

제 4단계는 자기주도성이 높은 학습자이다(Grow, 1991: 134). 자기주
도 학습자는 전문가의 도움을 받거나 받지 않고 자신의 목표와 기준을 설정한
다. 이러한 목적을 달성하기 위해 학습자들은 전문가·기관, 그리고 기타 자

---

9) 훌륭한 교수방법은 한 가지 이상이 있고, 상황적이므로 학습자들에게 다양하게 반
   응한다. 아울러, 학습자가 자기주도적이 되는 능력 역시 상황적이어서, 학습자는 특
   정 주제에는 자기주도적이지만 다른 주제에 있어서는 의존적 학습자가 될 수 있다.

원들을 활용한다. 자기주도 학습을 위한 교수방법으로 SSDL모형이 추구하고 있는 기본적 사상은 의존적 학습으로부터 자기주도 학습으로 전환시키는 것이다. 다시 말해서, 학습자들이 지식·기술·동기를 습득하는 것을 도와준다는 명확한 목적을 가진 교수활동과, 학습과 생활에 있어서 보다 자율적이 되고자 하는 목표를 가진 학습자를 연결시키는 것이다(Grow, 1991: 142).

〈표 16〉 단계별 자기주도 학습

단계	학습자	교 사	교수방법(예)	사용되는 동사
1	의존적 학습자	권위자 코치	연습을 통한 지도, 정보제공을 위한 강의, 결핍 저항 극복	말하다·전달하다·알리다·주다·제출하다·설명하다·이동하다·지시하다·채우다·지도하다·투입하다·연습하다·조건을 설정하다
2	관심 있는 학습자	동기부여자 안내자	강의와 유도된 토론(guide discussion), 목표달성 및 학습전략	개발하다·도와하다·생산하다·가르치다·강화하다·준비하다·지시하다·설명하다·추구하다·동기부여하다·격려하다·형성하다·조종하다·추구하다·설득하다·훈련하다
3	참여적 학습자	촉진자	함께 참여하는 교사에 의해 촉진된 토론, 세미나, 집단 프로젝트	이끌다·안내하다·도와주다·보여주다·탐색하다·촉진하다·토론하다·공유하다·참여하다·제공하다·제시하다·협상하다·협동하다·확인하다
4	자기주도 학습자	상담자 (consultant) 위임자 (delegator)	인턴제, 연구보고, 개별과제 또는 자기주도적 학습진단	계발하다·격려하다·양육하다·개발하다·촉진하다·가능케 하다·발표하다·조언하다·도전하다

자료: Http://www.famu.edu/simga/ggrow/SSDL/cartoons/Teaching.html/;
Grow, G. O.(1991). Teaching learners to be self-directed. *Adult Education Quarterly*, 41(3), 129; 차갑부(1999). Gerald. O. Grow의 단계적 자기주도 학습(SSDL) 모형에 대한 비판적 고찰. 평생교육연구, 5(1), 141-160.

Grow(1991: 142-144)는 〔그림 2〕에서 제시한 부적절한 연결 여섯 가지 영역을 뺀 나머지 10개영역을 대상으로 해서 좌측 하단부에서 우측 상단부로 이동하는, 그가 소위 '학습범위(learning field)'라고 명명한 영역을 자기주도 학습의 단계로 간주한다.

	T1	T2	T3	T4
S4: 자기주도학습자			독자적 프로젝트 (Independent Project) 학생 주도적 토론 발견학습 전문가·자문가·모니터로서의 강사	
S3: 참여적 학습자		자료 응용 촉진적 토론 실제 문제에 대해 교사와 함께 해결하고자 하는 팀 비판능력·학습전략		
S2: 관심 있는 학습자	매개자료(Intermediate material) 강의 - 토론 시뮬레이션 방식으로 기초를 적용 동기부여자로서 교사			
S1: 의존적 학습자	기초자료 강의·연습 즉시 수정			
	T1: 권위자 전문가	**T2:** 판매원 동기 부여자	**T3:** 촉진자	**T4:** 대리자

자료: Grow, G. O.(1991). Teaching learners to be self-directed. *Adult Education Quarterly*, 41(3), 143; 차갑부(1999). Gerald. O. Grow의 단계적 자기주도 학습(SSDL) 모형에 대한 비판적 고찰. 평생교육연구, 5(1), 141-160.

[그림 2] 단계적 자기주도 학습 방법

자기주도 학습으로 이동하는 첫 단계로서 제1단계 교수방식에서 도출된 강의나 연습 등으로부터 시작하여 제2단계로서 강의와 토론의 병행, 시뮬레이션 방식 활용으로 이동한 다음, 제3단계 자료 응용, 촉진적 토론, 비판능력 함양 등으로 이동한다. 마지막으로 학생주도 토론, 독자적 학습 프로젝트, 발견학습 등으로 이어지면서 자기주도 학습이 이루어진다고 주장한다. 이러한 과정에서 교사는 전문가로부터 안내자·참여자를 격려하고 촉진하는 역할, 학생 주도적 활동을 위한 자문가로서의 역할로 자신의 역할을 전환해야 한다. 아울러 학생은 교사의 역할에 반응하여 의존자로부터 학생이 이끄는 학습에의 참여자로 역시 역할을 전환하는 일이 필요하다(차갑부, 1999).

Ⅳ. 성인 교육 상담

1. 성인 교육 상담의 개념과 필요성

상담이란 문제를 가진 내담자(피상담자)와 전문적 지식을 가진 상담자 사이에서 허용적이고 구조화된 인간관계를 형성하고, 이 관계를 토대로 하여 내담자의 자율적인 의사결정 및 문제해결과 인간적 성장을 위해 내담자와 상담자가 함께 노력하는 과정이다.

성인학습에 대한 상담(counseling)은 학습자의 요구에 가장 부합하는 학습의 기회와 여건을 제공해 줌으로써 학습자가 지닌 자신의 잠재적인 학습 능력과 요구를 구체적인 학습 활동으로 인도하고 학습의 질을 높이고, 학습활동을 지속시켜서 학습과정상에 나타나는 문제점을 해결하는 데 그 의의가 있다. 그래서 성인학습의 상담은 성인학습의 성공을 위해 매우 중요한 하나의 핵심적인 요소로 작용한다. 상담이란 용어는 연구자에 따라서 여러 가지 의미로 이해되고 자신들의 학문적인 입장에 따라 다양하게 정의되는 개념이지만 다음과 같이 두 개의 개념으로 구분하여 살펴보면 다음과 같다.

첫째, 협의의 개념으로 상담은 구체적인 방법을 의미하며 상담 기술을 뜻한다.

둘째, 광의의 개념으로 상담은 각종 적응문제, 갈등, 심리문제, 행동문제,

교육문제 등을 가지고 도움을 필요로 하는 사람에게 도움을 주는 과정으로
이해되고 있다.

그래서 일반적으로 성인학습을 제공하는 다양한 기관에 고용되어 있는 상
담자라는 사람들에 의해서 전문적으로 수행되는 활동이나 성인에게 현재 혹
은 미래의 학습을 제공하는 상담서비스 기능의 활동으로 정의되기도 한다.
여기서 고려해야 할 것은 성인교육이 성숙한 학습자의 자발적이고 스스로의
참여로 자기주도적인 학습 활동을 통하여 학습요구를 충족시키는 활동으로
인식되어야 하며, 더불어 상담자는 그러한 학습의 활동이 가능하도록 지원
하는 역할을 해야 한다.

성인 학습 상담은 세 측면에서 고려해 볼 수 있다.

첫째, 전문적인 기관 중심의 관점. 1950년대 후반의 상담에 대한 의미는
심리적인 방법, 즉, 사례에 대한 자료를 수집하거나 개인의 면접에서 다양
한 기술을 사용하거나 개인의 흥미와 적성을 측정하는 것과 같은 방법을 사
용해서 개인에게 전문적인 지도를 하는 것의 인식에서부터 성인학습자를 위
해 교육기관에서 제공하는 상담과 지도로서 상담자가 갖추어야 할 전문적인
자질의 중요성을 강조하는 방향으로 진행되었다.

둘째, 개방적 측면에서의 상담 기능. 성인학습에 대한 상담이 전문적이고
기관에 기초한 모델로부터 개방적 상담기능의 입장으로 선회한 것은 기존의
상담이 내담자를 도와주기보다는 기관을 도와주는 것이고, 전문적인 상담은
자기주도적인 많은 성인학습자의 요구에 맞지 않다는 것을 의미한다.

셋째, 상황 중심적 접근. 성인학습에서의 상담 활동은 서비스를 제공한다
는 일방적인 측면에서 벗어나서 성인이 자신을 발견하는 것은 물론이요 적
응을 요하는, 어렵고 비정상적인 상황에 초점을 맞추는 것을 상황 중심적인
접근이라 한다. 이 입장에서는 상담과 성인이 필요로 하는 것과 희망하는
수준의 적응이 되도록 하는 것을 목표로 하고 있다.

성인교육 상담의 필요성은 성숙한 학습자의 자발적인 참여, 다양한 방법
으로 자기주도적인 학습활동을 통하여 자신의 학습요구를 충족시키는 것을

원리로 한다. 여기서 성인학습자가 학습활동을 전개하여 자신이 설정한 교육적인 욕구를 충족시켜 나가는 과정에는 여러 가지 장애 요소가 산재해 있다. 이러한 장애를 극복하기 위해서는 성인학습자들을 위하여 체계적인 지원과 조력 및 촉진 활동인 상담의 필요성이 있다 할 것이다.

2. 성인학습 상담의 원리와 과정

상담의 원리는 상담관계 형성의 원리, 동기유발의 원리, 지도의 원리 등으로 구분하여 살펴보면 다음과 같다.

첫째, 상담 관계 형성의 원리로 상담에서 가장 중요하고 우선시되어야 하는 것은 상담자와 내담자와의 관계를 형성하는 것이다. 이에는 공감적 이해 즉, 감정 이입적 이해 또는 내적인 준거체제에 의한 이해로 내담자의 입장에서 그들의 내면세계를 이해하는 것을 의미한다. 다음으로 무조건적인 수용 즉, 개인을 하나의 인간으로 인정하는 것으로 인간은 그 자체가 나름대로의 가치를 지니고 있으며 존엄성을 지니기에 상담자는 내담자가 어떤 사람이든지 간에 또 어떤 행동을 했든지 간에 그 내담자를 무조건적이고 무비판적으로 수용해야 한다는 것이다.

일치는 순수성 혹은 명료성으로 불리기도 하는데 특히, 로저스(Rogers)는 이를 일치라고 하면서 상담의 필수적인 조건으로 본다. 로저스는 일치를 상담자가 자유스럽고 아주 깊은 뜻에서 자기 자신이 되며 자기 자신에 관한 자신의 인식을 정확하게 표현하는 실제적인 경험을 지니고 있는 것이라고 한다.

둘째, 동기유발의 원리. 보다 효과적인 상담이 되기 위해서는 내담자가 상담에 적극적으로 임하고자 하는 자기 자신에 대한 동기의 유발이 중요하다. 이러한 동기유발의 방법으로 상담자는 내담자가 상담에 대하여 얼마나 분명한 목표를 가지고 있는지, 나아가 자신에 대한 신념과 느낌은 어떠한 지, 상담을 통하여 어떠한 변화를 원하는지 알아야 한다.

셋째, 지도의 원리로 상담자는 개인의 개성과 개인차를 인정하고 그를 바탕으로 상담에 임해야 한다. 그러기 위해서는 상담자는 편견이나 선입관으로부터 탈피해야 하고 인간에 대한 폭넓은 이해가 필요하다. 더불어 상담자는 내담자에 대하여 모든 인간은 계속 발달할 수 있다는 희망의 메시지를 주는 것이 필요하다. 성인학습의 상담에서는 성인이 자신의 힘으로 문제를 해결할 수 있다는 신념이 중요하다. 자신이 스스로 결정할 수 있는 능력이 충분히 있다는 사실을 상담자는 성인인 내담자가 스스로 인지할 수 있도록 도와주는 조력자라는 사실이다.

넷째, 비밀보장의 원리로 내담자와 주어진 상담내용은 윤리적인 책임을 갖고 끝까지 비밀을 보장해야 한다.

다섯째, 의도적인 감정 표현의 원리. 상담이 원활하게 이루어지도록 자유롭게 감정을 표현하도록 한다.

일반적인 상담의 과정은 다음과 같다.

(1) 면접 전 활동: 상담을 위한 준비단계로 내담자의 자료를 파악하여 내담자와 내담자의 문제에 대한 깊은 이해를 한다.

(2) 면접 활동: 내담자와 상담자가 서로 대화하고 문제를 분석 및 진단하여 문제의 해결을 위해 서로 돕는다.

(3) 면접 후 활동: 면접 활동의 전반적 상황을 기술하여 지속적인 지도를 위한 기초 자료를 만들고, 면접 후에 내담자가 잘 적응하여 생활하고 있는가를 알아보고 평가하는 추후활동을 한다.

3. 성인학습 상담의 이론

1) 지시적 상담이론

지시적 상담이론의 주장자는 윌리엄슨(Williamson)으로 내담자의 이야기를 적극적으로 듣고 문제 상황이나 행동에 상담자가 직접적으로 개입함으로써 지시, 충고, 명령과 금지, 훈계, 설득 등을 통하여 문제에 직접적으로 직면하여 해결하게 하는 상담이론이다. 즉, 알코올 중독자에게 술을 끊도록 하거나, 공포에 시달리게 하는 사람에게 공포를 직접 직면하게 하여 공포에서 벗어나도록 하는 방법이다. 상담의 과정은 다음과 같다.

(1) 분 석

내담자에 대한 객관적 이해를 돕기 위해 시작되는 첫 단계로 내담자의 현재의 요구와 미래의 적응을 결부시켜 이해하기 위해 내담자의 태도, 흥미, 가족배경, 지식, 교육정도, 적성 등에 대한 정보를 주관적 또는 객관적으로 수집하는 것이다.

(2) 종 합

분석의 결과를 중심으로 하여 내담자의 자질과 경향성, 적응과 부적응 등이 드러난 자료를 배열·요약·조직하여 진단을 위해 준비하는 단계이다.

(3) 진 단

내담자의 두드러진 특징과 문제를 기술하여 인적사항 등을 광범위하게 수집 한 후 일관성을 파악하는 단계이다.

(4) 예 진

진단과 임상에서 별개의 것이나 진단의 결과가 확실하면 예후는 진단에 포함시킨다.

(5) 상담과 추수활동

분석과 종합, 진단, 예후의 모든 과정을 거쳐서 내담자의 최적 적응을 위하여 도와주는 학생지도 차원의 일부이다.

상담기법은 타협의 강요나 지식과 기술의 습득, 환경의 변화 등을 활용한다. 지시적 상담이론은 진로 지도, 행동수정, 단기치료, 부적응 행동 치료의 발전에 기여하게 되었다.

2) 개인구념 이론

구념이란 자신이 갖고 있는 경험의 세계를 이해하고 해석하는 지각의 유형으로 이의 주장자는 켈리(Kelly)이며 현재 자신이 지닌 구념의 한계를 알고 이를 더 효과적이며 현실적인 구념으로 발전시켜 문제 행동이나 심리적 장애를 해소하려는 상담이론이다.

상담기법으로는 다음과 같다.

① 역할실행: 상담자가 내담자의 역할을 실행함으로써 내담자 스스로 고정된 구념에서 변화를 주어 문제를 해결하는 방법이다.

② 고정역할치료: 내담자가 갖고 있는 기능과 역할을 반복함으로써 고정된 구념을 깨뜨리고 문제를 해결하는 방법이다.

3) 합리적 정의 이론

합리적 정의 이론의 주장자는 엘리스(Ellis)이며, 인간의 비합리적인 사고가 정서장애의 주된 요인이 되며 이러한 비합리적 사고를 논박을 통해 합리적인 사고로 교정함으로써 정서장애를 제거하여 효과를 거둘 수 있다는 상담이론이다. 상담기법은 ABCDE기법으로 A(activating event)는 문제가 발생하면 이 문제의 원인은 B(belief) 즉, 잘못된 신념에서 생기는데 이를 그냥 두면 C(consequence) 즉, 잘못된 결과를 초래하기 때문에 D(dispute) 즉, 논박을 통해서 교정함으로써 E(effect)인 좋은 결과를 얻을 수 있다는 것이다.

4) 상호제지 심리치료 이론

상호제지 심리치료 이론의 주장자는 올페(Olpe)이며, 인간의 공포나 불안은 파블로프(Pavlov)의 고전적 조건화설의 주장에 근거하여 학습된 것이기 때문에 반복학습을 통해 해소할 수 있다는 상담이론이다. 이의 상담기법으로는 다음과 같은 것이 있다.

(1) 체계적 감감법

불안의 단계를 설정하고 불안의 단계가 낮은 것부터 점차 높은 단계로 해소함으로써 전체적인 불안을 해소하여 대인불안 이외에 사용하는 방법이다.

(2) 주장적 훈련

불안을 해소하기 위해 불안 반응보다 더 높은 강도의 감정을 표현하여 불안을 해소하여 대인 불안에 사용하는 방법이다.

5) 행동주의 상담이론

행동주의 상담이론의 주장자는 스키너(Skinner), 크럼볼츠(Krumboltz), 토레슨(Thoreson), 호스포드(Hosford), 반두라(Bandura) 등이며 행동은 학습되고, 학습을 통해 획득된 행동은 비학습적이라는 가정에서 모든 행동은 예언하고 통제하고 수정될 수 있다는 상담이론이다. 이의 상담기법으로는 다음과 같은 것이 있다.

(1) 강화(reinforcement)

반응의 빈도를 높이기 위하여 유쾌한 자극을 제시하거나 불쾌한 자극을 제거해 주어서 결국에는 행동의 가능성을 높여 주는 기법이다.

(2) 혐오치료(aversion therapy)

전기 충격이나 구토제와 같은 혐오자극을 가하여 바람직하지 못한 행동을 소거시키는 기법이다.

(3) 조형(shaping)

바람직한 행동을 여러 단계로 나누어 강화함으로써 점진적으로 바람직한 행동에 접근하도록 유도하는 기법이다.

(4) 모방학습(modeling)

인간은 적합한 모델의 행동을 관찰, 모방함으로써 새로운 행동을 학습할 수 있으므로 어떤 모델을 관찰하고 그 모델의 바람직한 행동을 모방하도록 하는 기법이다.

(5) 토큰경제(token economics)

바람직한 행동을 인정해 주는 것만으로 별 효과가 없을 때, 토큰을 주어 내담자가 원하는 물건이나 권리로 바꿀 수 있게 함으로써 바람직한 행동을 강화시키는 기법이다.

(6) 벌

어떠한 행동을 할 확률을 감소시키거나 행동의 빈도나 강도를 감소시키기 위한 자극이다.

(7) 소거(extinction)

어떠한 행동에 대하여 아무런 환경적 귀결도 제시하지 않음으로써 그 행동을 약화시키거나 아주 하지 않게 하는 기법이다.

(8) 타임아웃(time-out)

부적절한 행동을 했을 때 긍정적인 강화를 받을 수 있는 기회를 제외시키는 기법이다.

6) 정신분석적 상담이론

정신분석적 상담의 주장자는 프로이드(Freud)이며, 어떤 위협이나 위험에 의하여 증가된 긴장과 불안에 의하여 감정이 억압되고 그것이 부적응 행동을 일으키기 때문에 이 억압된 무의식 상태의 감정을 파헤치고 노출시켜 의식화시킴으로써 부적응 행동을 치료할 수 있다는 상담이론이다. 이에 대한 상담기법으로는 다음과 같은 것이 있다.

(1) 자유연상(free association)

내담자로 하여금 자신의 경험에 대하여 자유롭게 연상하여 이야기하도록 해서 연상내용들의 관계와 의미를 해석함으로써, 문제의 원인을 진단하고 치료방법을 찾아 실천하는 기법이다.

(2) 전이(transference)

치료과정에서 내담자가 과거에 자신에게 영향을 끼쳤던 사람에게 느꼈던 감정을 상담자에게 그대로 전달하도록 함으로써, 상담자는 전이의 해석을 통해 문제의 원인을 찾아 해결하려는 기법이다.

(3) 해석(interpretation)

자유연상, 꿈, 전이, 저항 등을 분석하고, 그 속에 담긴 의미를 내담자에게 지적하고 설명해주는 기법이다.

(4) 꿈의 분석(dream analysis)

꿈의 분석을 통해 내담자로 하여금 자신의 무의식적 세계를 보게 하는 기법이다.

(5) 저항(resistance)

내담자가 자신의 억압된 욕구나 감정을 알았을 때 느끼게 되는 불안으로부터 자아를 보호하기 위해 치료의 진전과 무의식적 욕구나 감정이 드러나는 것을 방해하는 무의식적 행동으로, 내담자의 갈등을 근본적으로 해결하기 위해서는 이를 해석해 주어서 그가 저항의 원인들을 자각하고, 처리하도록 해야 한다.

4. 성인학습 상담의 방법과 절차

성인학습 상담의 방법으로는 다음과 같은 것이 있다.

1) 일대일 상담

주로 상담자가 치료적 상담이나 문제해결 기술을 훈련받은 것을 전제로 하는 전형적인 상담방법으로 효과적인 상담을 위해서 성인학습 및 인지발달에 관한 전문적 지식뿐만 아니라 질병, 장애, 영양실조, 사회적·정서적 스트레스, 정상적인 노화과정에서의 생리적·심리적 측면에 관한 지식이 필요하다.

2) 또래 상담

문제를 가진 개인이 같은 지역사회에 사는 평범한 사람이나 감정이입적인 태도를 가졌다고 알려진 또래로부터 도움을 받는 매우 효과적인 접근법이다.

3) 소집단 상담

집단 상담은 서로 비슷한 문제를 가진 소집단 사람들을 대상으로 서로의 상호작용을 이끌어 내는 것으로 이 과정은 개인의 관심사가 다르더라도 동시에 여러 명의 개인을 도울 수 있는 방법이다. 이 상담의 목표는 참가자들이 자신을 발견하고 자신의 문제를 발견하는 것을 돕고, 스스로 새로운 목적을 정하고 이러한 목적이 가능하도록 계획을 하는 것이다.

4) 사이버 상담

사이버 상담은 사이버 공간에서 이루어지는 상담으로 온라인 상담 또는 PC통신 상담 등 다양한 용어로 불리고 있다. 일반적인 상담과 사이버 상담의 차이는 상담자와 내담자가 관계를 맺는 방식이 물리적인 현실 공간에서 실제적인 만남을 통해서 형성되느냐 아니면 실제 공간이 아닌 인간이 가상으로 만들어낸 상상의 공간에서 이루어지느냐 하는 것이다. 성인을 대상으로 한 사이버 상담의 경우 미래사회에서는 오히려 다른 상담보다 중요한 것이 될 것이고 효과적인 상담이 될 것으로 기대된다.

성인학습 상담의 절차는 다음과 같다.

첫째, 학습자가 학습활동에 관하여 자기분석과 자기 주도성을 촉진할 수 있는 환경을 조성한다.

둘째, 학습자가 지니고 있는 이상적인 자기상에 비추어 개인면접 및 집단면접 혹은 능력, 적성검사를 통해서 학습요구 및 관심을 파악한다.

셋째, 학습자가 단계적인 학습목표를 설정할 수 있도록 도와준다.

넷째, 학습자가 이용 가능한 교육자원을 인식하고, 연속성 있는 학습활동을 계획할 수 있도록 도와준다.

다섯째, 학습활동이 일정 시점에 도달하면 그 활동을 통하여 학습목표가 어느 정도 달성되었는가를 학습자 스스로 평가할 수 있도록 원조한다.

V. 독학에 의한 학사학위제도

1. 독학사 제도의 배경과 필요성

21세기의 한국 사회는 20세기의 획일적이고 경직된 사회에서 벗어나 보다 다양하고 다변화된 사회를 기약하고 있다. 또한 현재와 같이 대학 입시라는 관문을 잘 통과하느냐 못하느냐에 따라서 평생이 좌우되는 경직된 사회는 아닐 것이다. 뿐만 아니라 교육이 모든 것을 해결할 수 있다는 교육지상주의나 교육의 많고 적음이 행복의 잣대라는 교육만능주의 사고가 지배하지도 않을 것이다. 아울러 정규 교육만이 모든 교육을 독점한다는 기존의 틀 속에서 벗어나 정규 교육에 적응하는 데 실패했어도 재기할 수 있는 기회가 곳곳에서 부여되는 새로운 사회가 될 것이다(김상길, 1997).

독학에 의한 학위취득제도(독학에 의한 학위 취득에 관한 법률: 1990. 4. 7 시행)10)는 일반 대학에서 학습할 수 있는 기회를 얻지 못한 사람들이나 또는 사회인들에게 폭넓은 학문적 욕구를 충족시킬 기회를 제공함으로써 평

---

10) "독학에의한학위취득에관한법률"(1990. 4. 7, 법률 제4227호), "독학에의한학위취득에관한법률시행령"(1990. 5. 3, 대통령령 제13000호), "독학에의한학위취득에관한법률시행규칙"(1990. 5. 18, 문교부령 제586호)에 근거를 두고 1990년도 10월에 교양과정인정시험 실시로 첫발을 내디딘 "독학에 의한 학위취득제도"는 1993년도 1월에 첫 독학사 147명을 배출함으로써 하나의 제도로서는 정착이 되었다고 말할 수 있다.

생교육체제에 의한 개방학습 사회의 건설, 고급인력의 수요증대에 따른 학위취득 기회의 다양화, 고등교육 대중화로 인한 고학력 사회에의 대비, 대학 진학에 대한 과잉욕구 해소, 그리고 자아실현을 통한 평등사회 능력사회를 구현하려는 것을 목적으로 하고 있다.

21세기는 분명 학습하는 목적이나 학습하는 방법 및 학습 장소가 20세기와는 다른 형태가 될 것으로 예상된다. 다시 말하면 평생을 통해 학습하지 않으면 안 되는 그러한 사회 속에서 학교라는 공간을 초월하여 직장이나 가정 등의 삶의 터전이 교육의 장이 될 수도 있고, 중앙도서관, 국립박물관, 예술의 전당 등과 같은 장소에서도 다양한 학습이 발생할 수도 있다. 독학에 의한 학사학위 제도는 이들의 학습결과를 확인시키고 인정해 줄 수 있는 새로운 형태와 차원의 임무나 사명감을 부여받을 수 있다(김상길, 1997).

독학에 의한 학사학위 제도는 우리사회에서 학습할 여건이 가장 어렵고 소외된 사람들에게 학사학위를 취득할 수 있는 기회를 제공하기 때문에 그 철학이나 목적이 다른 어느 교육 제도보다 중요한 위치를 차지한다. 이 제도는 또한 고도로 발달한 산업사회나 자본주의 사회에서 가장 염두에 두어야 할 '더불어 사는 사회'와 모든 사람이 공존하는 민주주의의 이상을 실현하게 하는, 없어서는 아니 될 중요한 가치나 장점을 내재하고 있다. 아무리 대학의 문호가 넓어진다고 해도 큰 폭으로 인상되는 등록금을 감당할 수 없어 학업을 포기해야만 하는 젊은이들이 우리 주위에는 아직도 많으며, 아무리 대학 수가 늘어난다고 할지라도 신체적 장애나 부자연스러운 환경 때문에 정상적인 학생들과 함께 공부할 수 없는 사람들이 적지 않으며, 아무리 대학 교육의 여건이 좋아졌다고 할지라도 직장이나 일터에서 생계 수단을 이어나가기 위해서 학습할 수 없는 처지에 있는 사람들이 우리 주위에는 많다는 사실을 염두에 둘 필요가 있다. 그렇기에 독학사 제도는 다양한 사람들을 위해서 유효적절하게 활용될 수 있다.

독학에 의한 학위 취득 제도는 모든 국민에게 시간적 경제적인 제약을 받지 않고 오직 본인의 노력과 의지 여하에 따라 학사학위를 취득할 수 있

는 기회를 제공한다는 발상은 정책 입안에 있어서 획기적인 것으로 보아야
할 것이다. 또한 생애의 어느 시점에서든지 입학시험 없이 대학교육 과정에
버금가는 학문공부를 시작할 수 있다는 점에서 우리나라 학제의 경직성을
완화시키는 작용도 할 수 있으며, 현대사회에서 그 필요성이 절실히 인식되
고 있는 평생교육의 이념 실현에도 부응할 수 있다고 보아야 할 것이다(이
진숙, 1993). 또한 이 제도는 농어촌에서 고등교육의 기회를 잃고 고장을
지키면서 보다 나은 영농법이나 수산업 신장을 도모하려는 젊은이들을 위해
서, 한 때의 실수로 영어(囹圄)의 몸이 된 사람들이 밝은 세상에 나와서 새
로운 삶과 가치를 찾기 위해서, 그리고 나이가 든 사람들이 정규 대학에 진
학할 수 없을 때 반드시 요구되는 제도라고 볼 수 있다. 뿐만 아니라, 독학
에 의한 학사학위 제도는 민주주의의 기본 이념인 평등한 사회를 실현하기
위해서도 매우 바람직한 가치를 지닌다고 하겠다(김상길, 1997).

2. 독학사 제도의 발전 과정 및 운영현황

독학에 의한 학사학위제도는 1988년 12월 28일 당시의 노태우 대통령
에 의해 당정 연석회의에서 처음으로 제기되었고 당시 노 대통령은 해마다
약 80만 명이 대학의 문을 두드리지만 그 중에서 4분의 3이상이 실패하여
실의에 빠지고 있으며, 특히 가정 형편이 어려워 진학의 꿈을 포기해야 하
는 많은 학생들이 좌절에 빠지고 있다는 사실을 피력했다. 그리고 이어서
이러한 문제를 독학에 의해서 해결할 수 있는 방안을 1989년 초에 발족하
는 교육정책자문회의를 거쳐 조기에 시행할 수 있게 하라고 지시했다. 이를
계기로 1989년 10월에 서울대학교 김종서 교수를 연구 책임자로 하여 "독
학에 의한 대학 학위 인정방안 연구"를 통해 학사학위 제도의 기본정책 방
안과 관련 대책을 수립하였다. 이 연구에 의하면 독학에 의한 학사학위 제
도의 목적 및 필요성에는, 첫째, 평생교육체제에 의한 개방 학습 사회의 건

설을 위해서, 둘째, 고등교육 대중화로 인한 고학력 사회에 대비하기 위해서, 셋째, 대학 교육 수요 증대에 따른 학위 취득 기회의 다양화를 위해서, 넷째, 과잉 대학 진학 욕구를 해소시키기 위해서, 그리고 마지막에는 자아실현의 필요 충족을 통한 평등 사회, 능력 사회 구현을 위해서라고 밝혔다(김상길, 1997).

관련법규들이 1990년도 상반기에 속속들이 마련되었다. 가장 먼저 1990년 4월 7일에는 법률 제 4227호에 의해 "독학에의한학위취득에관한법률"이 마련되었는데, 이 법안의 제1조에는 목적이, 제2조에는 국가의 임무가, 제3조에는 시험의 실시 기관이, 제4조에는 응시 자격이, 제5조에는 시험의 단계 및 과목이, 제6조에는 학위 수여 등이, 제7조에는 권한의 위임이 포함되어 있다. 마지막 제7조의 권한 위임에 관한 사항은 1990년 12월 27일과 1996년 12월 30일에 개정되었는데, 그 내용은 "교육부장관은 대통령이 정하는 바에 의하여 시험실시, 학사 관리 기타 독학에 의한 학사취득에 관한 업무를 그 소속 기관의 장 또는 국립학교(전문대학과 고등학교 이하 각급 학교로 제외한다)의 장에게 위임할 수 있다."라고 되어 있다.

1990년 5월 3일에는 대통령령 제 13000호에 의해 "독학에의한학위취득에관한법률시행령"이 제정되었는데, 이 법 시행령에는 목적, 평가영역, 응시자에 대한 편의 제공, 권한의 위임, 독학학위운영위원회의 구성, 위원회의 기능, 응시 자격, 시험 방법, 시험과목 면제 대상 등이 포함되어 있다. 다시 1990년 5월 18일에는 문교부령 제 586호로 "독학에의한학위취득에관한법률시행규칙"을 만들었는데, 이 시행규칙의 주요 내용을 살펴보면, 각 분야의 시험과목 및 평가 영역, 국가기술자격 취득자 등에 대한 시험 면제 범위, 대학 등에 강좌 및 과정의 지정과 취소 등의 발급 업무가 있다.

법률과 시행령, 시행규칙에 의해 1990년 5월 1일에 중앙교육평가원 공고 제17호에 의해 시험 계획을 공고하였고, 1990년 6월 20일에는 중앙교육평가원에 학위검정부(학위 관리과, 검정운영과, 교양과정실, 전공과정실)를 신설하여 독학사의 제도, 행정, 관리, 출제, 채점, 분석 업무 등을 담당하게 하였다. 1990년 10월 20-21일 양일간에 걸쳐 학위취득 과정의 첫 단계인 교양과정 인정시험이 실시되었는데, 필수 7과목과 선택 15과목 총 22개 과목에 3,433명이 응시했다. 2단계 과정인 전공 기초과정 인정시험은 1991년 6월에 1,302명이 국어국문학, 영어영문학, 경영학, 법학, 수학 전공 분야의 8개 과목(전공 필수과목 3과목, 전공 선택과목 5과목)에 응시했다. 제3단계인 전공 심화 인정시험은 91년 9월에 실시되었는데 1,757명이 응시하였고, 마지막 단계인 4단계 시험인 학위취득 종합시험은 1991년 12월에 시행되었으며 3,972명이 응시하여 147명이 합격하였다. 그리고 이들은 1992년 2월에 교육부장관으로부터 첫 독학에 의한 학사 학위 수여의 영예를 안게 되었다(김상길, 1997).

독학에 의한 학위취득 제도에는 매년 연인원 2만 명 정도가 응시하고 있으며, 그 숫자는 해마다 증가될 것으로 전망되고 있다. 처음 응시한 시험에서 한 과목 이상 합격한 자에게는 학적이 부여되는데 현재 학적보유자는 14,047명이다. 어떠한 자격을 가진 자들이 어떠한 전공 분야를 택하여 어떠한 시험과정을 거쳐 학사학위를 취득하게 되는가(제도 운영 면), 단계별 시험에서는 얼마만 한 숫자가 지원하고 있으며 합격률은 어떠한가(시험실시 개황), 국립교육평가원에서는 제도의 활성화를 위하여 어떠한 지원 사업을 하고 있으며 독학자에게 어떠한 편의 제공을 하고 있는가(지원사업), 이 제도의 운영을 위하여 어떠한 조직들이 구성되어 있는가(조직 면) 등의 네 분야에 걸쳐서 현황을 살펴보고자 한다(이진숙, 1993).

1) 제도의 운영 면
(1) 학위취득 과정

독학에 의한 학위취득 제도는 4단계의 시험으로 구성되어 있다. 이것은 대학 4년 과정을 4단계의 시험으로 축소시킨 것으로 볼 수 있는데 1단계 교양과정 인정시험은 필수 3과목, 선택 2과목의 5과목으로 구성되어 있으며, 내용은 주로 일반대학에서 교양과목으로 다루고 있는 것들이다. 2단계 전공기초과정 인정시험과 3단계 전공심화과정 인정시험은 공히 각 전공별로 필수 3과목 선택 3과목의 6과목으로 구성되어 있으며, 심화과정이 기초과정보다 더 심도 있는 교과목을 다루고 있다.

4단계 학위취득 종합시험은 교양 2과목, 전공 4과목의 6과목으로 구성되어 있다. 고등학교 졸업학력 이상의 독학자들은 이 4단계의 시험에 순차적으로 합격해야 하는데, 이 시험은 실시 시기가 1단계 3월, 2단계 6월, 3단계 9월, 4단계 12월로 고정되어 있어서 한과목도 실패하지 않고 일사천리로 통과한 사람은 1년 만에 학위취득이 가능하게 된다. 이 시험은 1~3단계는 과목 합격을 인정하고 있어서 매 과목 60점 이상을 받아야 하며, 한번 합격한 과목은 평생 유효하나, 불합격한 과목은 1년 이후에나 재시험의 기회가 주어지기 때문에 2년에 학위취득이 가능할지, 3년에 가능할지 평생 불가능할지는 오로지 본인의 능력과 노력여하에 달려 있다고 하겠다.

각 단계별 시험에서 6할 이상의 과목에 합격하게 되면 상위 단계의 시험에 응시할 자격이 부여된다. 다만 3단계에서 4단계로 넘어갈 때에는 1,2,3단계의 필요한 전 과목이 합격되었을 경우에만 응시가 가능하며, 4단계 학위취득 종합시험은 과목 합격이 아니라, 6과목 총점(600점)의 6할(360점) 이상을 합격으로 인정하게 된다.

(2) 응시자격

응시자격의 기본 골격은 〈표 17〉과 같다. 국가가 시행한 다른 시험 중 동등한 정도의 학력을 인정받을 만한 시험에 합격하였으면 중복성을 피하기 위하여, 이 시험에서는 면제해 준다는 원칙을 정해서 면제 규정을 설정해 놓고 있다. 이에 해당하는 것으로는 국가기술자격의 취득자, 교육부령이 정하는 시험에 합격한 자, 교육부령이 정하는 자격·면허를 취득한 자 등이 있다.

변리사, 경영지도사 및 기술지도사, 세무사, 관세사, 공인노무사, 손해사정인 및 보험계리인, 감정평가사는 1단계 시험면제, 유치원, 초등학교, 중등학교 준교사 및 특수학교 교사는 동일 전공분야에 응시할 경우 2단계 시험까지를 면제받게 된다. 국립교육평가원장이 지정하는 교육기관에서 당해 평가영역을 충족하는 과정을 이수한 자는 해당 시험과목을 면제해 준다는 규정이 있어서 현재 12개 기관이 이 면제과목 지정기관으로 지정받고 있다.

<표 17> 독학사 학위취득을 위한 응시자격

1단계 교양과정 인정시험	• 고등학교 졸업자 • 고등학교 졸업학력 검정고시 합격 • 외국에서 12년 이상의 학교교육의 과정을 수료한 자 • 기타 고등학교 졸업학력 및 자격 인정자
2단계 전공기초과정 인정시험	• 교양과정인정시험 과목 중 6할 이상의 과목(3과목)에 합격 한 자 • 대학, 전문대학 및 이에 준하는 각종학교(학력인정학교)에서 1년 이상의 교육과정을 수료하였거나 35학점 이상을 취득한 자 • 외국에서 13년 이상의 학교교육의 과정을 수료한 자
3단계 전공심화과정 인정시험	• 전공기초과정인정시험 과목 중 6할 이상의 과목(4과목)에 합격한 자 • 대학, 전문대학 및 이에 준하는 각종학교(학력인정학교)에서 2년 이상의 교육과정을 수료하였거나 70학점 이상을 취득한 자 • 외국에서 14년 이상의 학교교육의 과정을 수료한 자
4단계 학위취득 종합시험	• 1단계부터 3단계까지의 전 과목(17개 과목)을 합격한 자 • 대학, 전문대학 및 이에 준하는 각종학교(학력인정학교)에서 3년 이상의 교육과정을 수료하였거나 105학점 이상을 취득한 자 • 외국에서 15년 이상의 학교교육의 과정을 수료한 자

(3) 전공분야

독학에 의한 학위취득 제도에는 현재 11개의 전공분야가 설치되어 있다. 설치 기준은 사회경제적 요구, 응시생의 학과 선호 경향, 독학의 용이성, 학위취득과 동시에 국가자격증을 수여하지 않는 분야 등인데, 발족 당시에는 국어국문학, 영어영문학, 법학, 경영학, 가정학, 수학의 6개 분야이었으나, 1992년도에 행정학, 전자계산학, 농학, 유아교육학, 간호학의 5개 분야가 증설되었다. 다만, 실습영역의 설정과 평가 그리고 자격증 수여와의 관계 때문에 유아교육학은 3단계부터 간호학은 4단계 시험만 실시하고 있다.

전공분야는 산업 기술 등의 직업과 관련되는 전공을 우선으로 해서 점차 적으로 확대해 나갈 계획으로 있으나, 실험실습을 요하는 과목의 처리 문제 등 선결되어야 할 여러 난점 때문에 실시하지 못하고 있는 실정이다. 설치 된 각 전공분야와 관련해서는 대학 및 전문대학 등에 개설되어 있는 학과 중 독학학위 취득시험에 설치된 전공분야와 그 학문적 성격이 유사한 학과 는 시험과목과 대학의 교과과정을 검토하여 상호 관련성이 많은 학과를 동 일 전공으로 인정하고 있다.

3. 독학사 제도의 문제점과 개선 방안

독학에 의한 학위취득 제도의 실시 이후 현재까지 시험 시행 결과의 평 가 분석에 의해서, 또는 민원인들의 의견수렴에 의해서 몇 가지 노출된 문 제점들이 없었던 것은 아니다. 그중에는 평가 자체가 가지는 일반적인 문제 점들도 있고, 이 제도 자체의 특수성에서 기인하는 문제점들도 있지만 그러 한 문제점들의 개선 보완을 위하여 부단한 연구검토가 있어야 한다는 데에 는 이의가 있을 수 없다. 지금까지 제기되었던 문제점들을 살펴보고, 이에 대한 개선점을 살펴보면 다음과 같다(이진숙, 1993; 김상길, 1997).

첫째, 설치 전공분야에 대한 재검토가 이루어져야 한다. 현재 개설되어 있는 11개 전공분야 중에는 지원자가 극히 적어 경제성, 효용성이 문제점으 로 제기되고 있는 분야가 있는가 하면, 산업체 근로자에 대한 자학자습 유 발, 학력인정 기회 제공의 필요에서 관련 부처로부터 확대 요청을 받고 있 는 분야도 있다.

둘째, 독학사들에 대한 사회적인 관심과 학사로서의 정당한 대우와 혜택 의 기회를 보장받는 데 아직도 미흡한 점이 많다. 1996학년도까지 2,502 명이라는 많은 사람들이 독학에 의해 학사 학위를 취득해서 자아실현을 이 루었고, 그들은 자신이 속한 직장이나 일터에서 여러 가지 혜택을 받고 있

는가 하면, 이미 박사 학위 과정에서 학문을 지속하는 경우도 있고, 미국이
나 아르헨티나 등의 해외에서도 독학사로서 긍지와 보람을 가지고 생활한다
는 미담들이 속속들이 전해 오고 있다. 하지만 아직도 개선해야 할 과제가
많고 가까운 시일 내에 해결해야 할 문제점이 있는 것도 사실이다.

셋째, 면제과목 지정기관의 지정 절차를 강화해야 한다. 주로 대학 부설
사회교육 시설에서 일부 과정을 별도 지정 그 학력을 인정하고 있는데, 절
차상 지정 이전의 수업 이수 기간을 소급해서 면제과정으로 사후에 인정한
다는 불합리성이 지적될 뿐만 아니라, 이러한 면제과정이 확대될 경우 단계
별 시험의 의미가 상실될 우려도 높다.

면제 지정기관의 감독 체제, 질 관리가 미흡하다는 지적도 있다. 이에 대
하여는 면제 지정기관은 개설 5개월 전에 지정 신청을 해서 개설 2개월 전
에는 지정을 받도록 하는 등 지정 절차를 강화하도록 할 것과 면제 지정기
관 운영 평가위원회를 구성해서, 교육내용, 학사관리체제, 강사진 구성 등
을 수시로 해서 실태를 조사 확인하도록 한다는 방안 등이 검토되고 있는
중이다.

참고문헌

강윤정(1996). 성인학습자의 인지양식과 자기주도학습의 관계에 관한 연구. 중앙대학
　　교 석사학위논문.

권대봉(1999). 성인교육방법론. 서울: 학지사.

권두승·조아미(2004). 성인학습 및 상담. 서울: 교육과학사.

김매희(1993). 성인과 청소년의 자기주도학습 특성에 관한 연구. 서울여자대학교 박
　　사학위논문.

김상길(1997). 독학에 의한 학사학위 제도의 필요성과 발전 방안 모색. 교육평가 논
　　단, 한국교육과정평가원.

김신일(1994). 학습주의 관점에서 본 현대 교육제도의 문제. 이성진 편. 한국교육학
　　의 맥, 서울: 나남출판사, 205-227.

김용신(1997). 자기주도학습에 영향을 미치는 학습자의 배경 및 심리적 변인 연구.
　　고려대학교 석사학위논문.

김지자 외(1996). 초등학교 교사를 위한 자기주도학습 준비도 측정도구의 개발과 활
　　용방안. 사회교육학연구, 2(1), 1-23.

김진호(1995). 농민후계자의 자기주도학습 준비도와 관련변인에 관한 연구. 서울대학
　　교 석사학위논문.

박은미(1998). 업무환경과 자기주도학습 준비도와의 상관관계에 관한 연구. 서울대학
　　교 석사학위논문.

박지혜(1998). 기업 내 성인학습자의 자기주도성에 관한 연구-조직특성과의 관계를
　　중심으로-. 고려대학교 대학원 석사학위논문.

배영주(1994). 성인교육방법으로서의 자기주도학습론에 대한 비판적 고찰. 서울대학
　　교 석사학위논문.

신용주(2004). 평생교육의 이론과 방법. 서울: 형설출판사.

안우환(2006). 자기주도적인 학습자만이 경쟁력이 있다. 교육사회지식포럼 83호 칼
　　럼.

유귀옥(1997). 성인학습자의 자기주도성과 인구학적 및 사회심리학적 변인 연구. 서

울대학교 박사학위논문.

이면우(1996). 신사고이론20. 서울: 삶과 꿈.

이명로(1996). 기업체 교육에서의 자기주도학습에 관한 연구. 단국대학교 석사학위논문.

이윤주(1996). 성인교육학습자의 개인 및 강좌의 특성과 자기주도학습 준비도와의 관계. 국민대학교 석사학위논문.

이진숙(1993). 독학에 의한 학위취득제도의 현황과 문제점. 제3호 교육평가, 한국교육과정평가원.

이진희(1997). 대학생의 성·학생·전공에 따른 자기주도적 학습 준비도의 차이. 경남대학교 석사학위논문.

이현림(2003). 성인학습 및 상담. 서울: 학지사.

정상필(1997). 자기주도적 학습이 학업성취 및 학습태도에 미치는 영향. 한양대학교 석사학위논문.

정지웅·김지자(1987). 사회교육학개론. 서울: 서울대학교 출판부.

차갑부(1999). 사회교육방법의 탐구-성인교육방법의 새로운 지평. 서울: 양서원.

차갑부(1999). Gerald. O. Grow의 단계적 자기주도학습(SSDL) 모형에 대한 비판적 고찰. 평생교육연구, 5(1), 141-160.

한숭희(1997). 대중 문화 학습: 현대 문화 연구와 성인 학습 연구의 접합. 대중문화와 교육, 교육인류학연구회 1997년 추계학술대회.

홍기형 외(2001). 학습사회구현을 위한 평생교육의 이해. 서울: 교육과학사.

Brockett, R. G., and Hiemstra, R.(1991). *Self-direction in adult learning*. London and New York: Routledge.

Brookfield, S.(1984). *Understanding and facilitating adult learning*. San Francisco: Jossey-Bass.

Caffarella, R. S., and Caffarella, E. P.(1986). Self-directedness and learning contracts in adult education. *Adult Education Quarterly*, 36(4), 226-234.

Chene, A.(1983). The concept of autonomy in adult education: A philosophical discussion. *Adult Education Quarterly*, 34(1), 38-47.

Grow, G. O.(1991). Teaching learners to be self-directed. *Adult Education Quarterly*, 41(3), 125-149.

Guglielmino, L. M.(1978). Development of the self-directed learning readiness scale.

doctoral dissertation, Department of Adult Education, University of Georgia.

Knowles, M. S.(1975). *Self-directed learning: A guide for learners and teachers.* New York: Cambridge Book Company.

Lindman, E. C.(1926). *The Meaning of Adult Education.* New-York: New Republic.

Long, H. B.(1996). Self-Directed Learning: Challenges and Opportunities. Cheng, C.K. & Cheong, J. W.(ed) *Challenges of self-directed learning in asia and the pacific.* Seoul: Won Mi Sa.

Moore, R. G.(1980). Developing new adult clienteles by recognizing prior leraning. *New Direction for Experiential Learning,* No.7. San Francisco: Jossey-Bass.

Oddi, L. F.(1986), Development and validation of an instrument to identify self-directed continuing learners. *Adult Education Quarterly,* 36(2), 97-107.

Penland, P. R.(1977). *Self-planned learning in america.* Pittsburgh: Book Center, Graduate School of Library and Information Science, University of Pittsburgh.

Pratt, D. D.(1988). Andragogy as a relational construct. *Adult Education Quarterly,* 38, 160-181.

Smith, R. M.(1982). *Learning how to learning. Theory for Adult.* Chicago: Follett.

Tough, A. M.(1967). Learning without a teacher. *Educational Research Series* No.3. Toronto: Ontario Institute For Studies in Education.

제 3 장

외국의 평생교육

평생교육(lifelong education)이란[11] 교육이 평생에 걸친 과정이라는 원리에 충실하도록 교육 전체를 총괄적으로 재개념화하려는 시도(program)를 말한다. 이것을 통해서 우리가 교육에 관하여 사고하는 방식을 철저하게 개조하고, 새로운 교육철학을 수립하며, 일련의 행동강령(program of action)을 설정할 필요가 있다. 평생교육이 궁극적으로 바라는 것은 사람들의 마음속에서 교육이 언젠가 평생교육과 동일하게 이해되도록 하는 것이며, 이것을 위해 오늘날의 평생교육은 이와 관련된 경험들을 끊임없이 재구조화(reorganizing)하고 재구성(reconstructing)해가고 있다(Wain, 1993).

OECD 국가와 유럽 주요 선진국들은 평생학습을 국가발전의 주요 전략으로 설정하고 다양한 평생교육 정책을 수립하여 각국의 담당 부서를 중심으로 평생학습사업을 추진하고 있다. 교육전략으로서의 평생교육의 개념은 약 30년 전 경제협력개발기구(OECD), 유네스코(UNESCO), 유럽위원회(EC)의 노력을 통해 등장하였다. 이는 한 인간은 전 생애에 걸쳐 학습하는데 국가 중심의 공적 교육기회의 제공은 공교육 체제를 중심으로 인간 생애의 초기단계에만 한정되어 제공되어 있다는 비현실적인 교육현실에 대한 자각에서 비롯되었다.

따라서 평생교육의 등장은 학교교육의 주된 대상인 학령기의 학습자뿐만 아니라 전 생애단계에 걸친 모든 시민의 학습기회 제공의 필요성에 주목하고 있으

---

11) 평생교육으로 번역되는 원어는 프랑스어의 L'education permanente이고, 이것이 스페인어로는 education permanente이다. 이것은 곧, 영구교육이나 항구교육이 된다. 영어로는 lifelong education이라고 번역한 후부터 우리나라에서는 평생교육으로 사용되고 있으며, 일본이나 중국 등의 한자권 국가에서는 각각 생애교육(生涯敎育), 종생교육(終生敎育)등으로 사용되고 있다. Dave는 평생교육은 개인과 집단 모두의 생활의 질을 향상시키기 위하여 개인의 평생을 통한 개인적·사회적·직업적 발달을 성취시키는 과정으로 정의를 하여, 평생교육은 개인적인 성장과 사회적 발전을 함께 관련시키고 있다(Dave, 1976)고 말함으로써 생활이나 자아실현, 사회발전의 개념을 강조한다.

며, 특히 학령기에 교육을 받지 못한 집단을 대상으로 하는 제2의 학습기회 제공과 성인들의 계속적이고 순환적인 학습기회 제공의 필요성에 주목한 것이다.

평생교육 제공 시스템 구축을 위한 평생학습사회 조성의 필요성은 이 같은 교육제도 자체의 문제를 해결하기 위한 접근임과 동시에 급변하는 시대·사회의 요청이기도 하다. 흔히 평생교육의 필요성으로 강조되는 지식과 정보의 폭증, 정보화 사회, 지식기반 사회의 도래, 고령화 사회의 도래와 직업의 다양화와 직업세계의 급변에 따른 지속적인 직업 재교육의 필요성 증대 등은 평생교육사회 평생학습사회 도래의 필요성을 자극하는 교육외적 동인이기도 하다. 이 같은 교육내적 동인과 교육외적 동인을 바탕으로 평생교육활성화와 평생학습사회의 실현의 중요성이 그 어느 때보다도 강조되고 있다.

지식 정보화 사회의 도래로 지식과 정보의 양은 가속도로 증가하고 있으며, 사회 구성원들의 자아실현 욕구 충족을 위한 평생학습에 대한 다양한 요구와 수요도 증대되고 있다. 이에 우리나라도 교육인적자원부 평생직업 교육국에서 국가의 평생교육에 관련된 정책을 수행하고 있으며 2000년 평생교육법을 제정 하고 국가 평생교육센터를 지정하였으며 지역에는 지역평생 교육정보센터와 평생 학습관을 지정하여 평생교육 추진체제를 법적으로 갖추고 평생교육에 대한 업무를 담당하여 추진한 지 3년이 지났다(최돈민, 2003).

특히 지식기반사회의 도래는 생산의 주요 요소로서 지식의 중요성과 인적자원 개발의 중요성이 부각되게 하는 조건을 제공하고 있다. 이제 각국의 평생교육의 활성화 평생학습사회의 실현은 인간 개개인의 전 생애에 걸친 학습기회 제공을 통한 삶의 질 제고와 교육소외 집단의 학습기회 제공을 통한 사회적 배제의 근원적 해소를 통한 사회적 통합증진에 기여함은 물론 무한경쟁의 세계경제 환경 속에서 각국의 경제적 번영의 기반을 강화하는 주요전략으로 부각되고 있는 것이다(교육부, 2004).

이 절에서는 국제기구의 평생교육 동향과 OECD국과 유럽의 주요 선진 각국의 평생교육 동향을 일본과 미국, 호주, 영국 등을 비롯한 주요국과 핀란드 노르웨이, 스웨덴 등 스칸디나비아 국가를 중심으로 고찰하고자 한다.

Ⅰ. 국제기구의 평생교육

1. UNESCO의 평생교육

1) 국제 성인교육 회의
(International Conference on Adult Education)

UNESCO[12]의 역할 중에서 빼놓을 수 없는 것이 UNESCO가 주관하는 국제 성인교육 회의(성인교육 국제회의)이다. 1949년 덴마크 엘시노어에서의 제 1차 회의를 시작으로 하여 1997년 독일 함부르크에서의 제 5차 회의에 이르기까지 성인교육, 평생학습에 관한 주요 권고가 이루어졌다. 특히 제5차 국제성인교육회의의 평생학습에 관한 선언은 교육권과 평생학습권에 대한 인정이 다른 어느 때보다 더 필요하다고 선언하면서 평생교육 이념 가운데서 성인교육의 위상을 정립하였다는 의의를 지닌다. 성인교육은 권리 이상이 된다.

성인교육은 21세기를 여는 열쇠이면서 적극적인 시민정신의 결과이자 완전한 사회 참여를 위한 조건이다. 성인교육은 환경 친화적인 지속적인 발전

---

12) UNESCO(국제연합교육과학문화기구: The United Nations Educational, Scientific and Cultural Organization)는 1946년 11월에 출범하여 교육, 과학, 문화의 국제적인 개발과 보급으로 국가 및 국민간의 상호이해와 협력을 증진하고 세계의 평화와 인류의 번영을 이루고자 하는 국제연합 전문기구이다. 이러한 유네스코는 인류의 불평등과 전쟁이 인간의 무지에서 비롯되었다고 생각하고 성인교육의 발전에 힘쓰고 있다.

을 조성하고, 민주주의 · 정의 · 성 평등과 과학적 · 사회적 · 경제적 발전을
증진하고, 폭력적 갈등 대신 정의에 기초한 대화와 평화의 문화로 대체된
세계를 만들기 위한 강력한 개념이다. 성인교육은 정체성을 형성할 수 있게
하고, 삶에 의미를 줄 수 있다. 평생학습은 연령, 성 평등, 장애, 언어, 문
화, 문화적 · 경제적 불평등과 같은 요인들에 대해 재고할 것을 시사한다.
국제성인교육회의의 자세한 내용은 〈표 18〉과 같다.

〈표 18〉 UNESCO 국제 성인교육 회의 연혁

구분	제1차	제2차	제3차	제4차	제5차
개최 년도	1949년	1960년	1972년 7월	1985년 3월	1997년 7월
개최 장소	덴마크 엘시노어	캐나다 몬트리올	일본 도쿄	프랑스 파리	독일 함부르크
참가 국	25개국 총79명 (서유럽과 북아 메리카 주도, 소 련을 포함한 공 산권국가 불참)	51개국 총12 명(공산권 국 가, 라틴아메 리카, 국제기 관 비정부 사 회기관 참석)	85개국, 42개 국제기구 총 400여명(개발도상 국가의 참여 증가)	122개의 회원국, 비 회원국, 국제협력기관 에서 총841명	130개의 회원 국, 비회원국, 국제 협력 기 관, 협회, 비정 부조직 등에서 총 1,507명
시대 적 배경	제2차 세계대전 직후 전쟁 경험 과 사회적 여망	탈식민화	냉 전	경제 상황의 악화	글로벌화
의 의	성인교육분야 의 세계적인 결 속과 국제협력 의 계기 마련	정책목표로 서의 평생교 육 이념의 강 력한 대두	회원국의 성인교육 법 규제정 · 정비와 각종 성인교육 활동 보급	'학습권' 선언 채택	교육권과 학 습권
주제 및 특징	○민주사회 건설 을 위한 시민 성 강조 ○ 직업교육을 제외한 자유 교육강조	○ 변천하는 세계에서 의 성인교육 ○성인의 문 맹퇴치 강조 ○평화와 성 인교육 간 의 관련성 을 부각	○통합적 평생교육체 제 속에서의 성인교 육의 지위 확립 ○교육의 민주화, 경제 · 사회적 진보와 더 불어 문화발전의 한 요소로서 성인교육 의 역할강조 ○사회 · 경제적으로 혜택받지 못한 집단 의 교육에 대한 관심	○성인교육 방향과 성인교육발전을 위한 방법과 수단 모색 ○성인의 문해 정 책 강조	○인간중심학 습 및 발전 천명 ○미래의 성인 학습을 위한 정책 의제 ○성인학습: 21세기 지역 변화와 권력 강화

구분	제1차	제2차	제3차	제4차	제5차
주제 및 특징		○ 기술교육 의 필요성 강조	○ 성인교육의 근본적 문제와 원칙들을 설 정하기 위한 국제 적·규범적 도구를 정교화할 필요성탐 구	○ 논의과제 ① 1972년 이후의 성 인교육의 발달 ② 교육의 민주화와 평 생교육관점에서 의 성인교육의 발 달 ③ 성인교육 발전을 위 한 국제적 지역적 협력증진 방안	○ 평생학습 환경과 성인 학습구조의 필요성 강조 ○ 성인교육의 위상 및 역 할 정립

자료: 한국교육개발원(2000). 평생학습 지원체제 종합 발전방안 연구(Ⅰ). 84.

2) Faure 보고서와 Delors 보고서

1972년에 발표된 포르(Faure)의 "Learning to be" 보고서는 평생교육의 본질과 평생교육을 통한 학습사회의 비전을 제시하고 있다. 1972년에 발표된 Faure 보고서의 "존재를 위한 학습"의 의의는 평생교육을 조직 원리 내지 상위개념으로서 제시했다는 데 있는 것이 아니라 근대화의 열기 속에서 평생교육이 가야 할 본질과 평생교육에 기초한 학습사회의 이상을 제시하였다는 데 그 의의가 있다.

평생교육의 이념은 지식을 쌓고 재산을 불리는 데 있는 것이 아니라 보다 더 완전한 인간이 되게 하는 데 있으며, UNESCO는 21세기 세계교육위원회가 21세기 교육을 위한 4대 기둥 중의 하나로서 존재를 위한 학습을 여전히 고수하고 있는 것도 바로 이 때문이다. 즉, OECD나 EU 및 유럽 각국이 평생학습을 편협하게 경제적인 경쟁력 제고를 위한 도구로서 몰아가는 데 대해 일정한 거리를 두고 평생학습의 개념을 재고하고 확대[13]하고자 하였다.

---

13) 우리는 평생교육이라는 개념을 다시 생각하고 확대해야 할 필요가 있다. 평생교육은 일의 성격에 있어서의 변화에 적응해야만 할 뿐만 아니라 온전한 인간이 되는 계속적 과정을 형성해야 한다. 즉 그들의 지식과 적성뿐만 아니라 비판적 재능과 행동할 수 있는 능력을 형성할 수 있도록 해 주어야 한다. 평생교육을 통하여 사람들은 그들 자신과 환경에 대한 인식을 계발해야 하며, 그들이 일터와 지역사회에서 그들의 사회적 역할을 수행할 수 있도록 북돋우어 주어야 한다(UNESCO, 1996).

〈표 19〉 Faure 보고서와 Delors 보고서 비교

구 분	Faure 보고서	Delors 보고서
발행년도	1972년	1996년
배 경	단위국가, 로컬, 진보적 복지국가	세계화, 신자유주의, 경제적 결정주의
평생학습 정책의 변화	○국가의 개입 강조 ○합리적 계획 및 정책 ○국가 개입 ○'평생교육' 관점	○교육의 도덕적 문화적 차원을 새롭게 강조함으로써 새로운 시대의 교육에 대해 광의의 개념적 접근을 시도 ○탈중앙화, 다양화의 정도 및 담당조직과는 상관없이 정책 형성과 전략적 의사결정에 관한 국가의 역할 강조 ○'평생학습' 관점
내 용	○사회와 국제 질서에 관한 인간중심적 비전 제시 ○매스커뮤니케이션에 의해 야기되는 잠재적 위협, 민주적 시민정신에 대한 강조의 필요성, 환경에 대한 인식, 국제적 유대감 등에 관한 관점 강조 등 거시적 예견 ○존재를 위한 학습, 상위개념으로서의 평생교육, 조직 원리로서의 평생교육, 교육의 장의 수평적 통합, 교육시기의 수직적 통합 ○학습사회	○21세기의 핵심요소 중 하나로서 전 생애에 걸친 학습의 개념 강조 ○교육의 유토피아 기초 형성을 위한 필요조건으로서 학습의 4기둥 제시 ① 알기 위한 학습(Learning to know) ② 행하기 위한 학습(Learning to do) ③ 존재하기 위한 학습(Learning to be) ④ 공존을 위한 학습(Learning to live together)
공통점	교육에 대한 진보적이고 사회 민주적 접근	
비 고	두 보고서의 발행 사이에 세계는 후기산업화, 탈복지화, 탈교육화, 포스트모던의 시대로 전환하였음.	

자료: 한국교육개발원(2000). 평생학습 지원체제 종합 발전방안 연구(Ⅰ). 92.

그러나 Faure보고서와 들로(Delors) 보고서 사이에는 평생학습 정책에 대한 UNESCO의 접근에 있어서 일정한 차이가 있다. 가장 큰 차이는 지역 중심 시대에서 세계화 시대로 변하고 있다는 점이다. Faure 보고서가 발표된 이후 실업 증가, 사회적 불평등의 심화, 사회질서에 대한 위협 등으로 진보적 복지 국가관에 대한 환멸이 나타나게 된다. 이에 Delors 보고서는 존재를 위한 학습 위에 교육의 도덕적·문화적 차원을 새롭게 강조함으

로써 새로운 글로벌 시대의 교육에 대해 광의의 개념적인 접근을 시도한다. Faure 보고서와 Delors 보고서의 차이는 〈표 19〉와 같다.

2. OECD의 평생교육

OECD(경제협력개발기구: Organization for Economic Co-operation and Development)는 인권을 존중하며 민주주의 입각하여 경제시장 원리를 추구하는 것을 목적으로 하고 있다. 회원국가들(30개국)은 서로의 경험을 공유하고 공동의 문제를 해결하고 노력하며 지역적 또는 국제적 정책을 실현하는 데 상호공동으로 협력하고 있다. OECD의 주요활동은 경제, 통계, 환경, 행정, 무역, 기업재정, 과학-기술-산업, 사회정책, 농업, 에너지 등을 포함하며, 특히, 최근 교육훈련 부문에서는 OECD회원국가의 교육훈련 부문과 노동시장, 경제, 사회와의 관계를 분석하고 있으며, 이를 바탕으로 평생학습이 틀을 마련하고자 노력하고 있다. 우리나라는 1996년 12월 12일에 가입하였다. 1960년대 교육의 위기에 대응하기 위한 전략으로서 UNESCO는 "존재를 위한 학습"을 만들었다면, OECD는 다소 현실적 전략인 "순환교육: 평생학습을 위한 전략"을 내어놓았다. 순환교육(recurrent education)은 생애에 걸쳐 교육과 일의 주기를 재분배하는 방식이다. 기존의 일회성 학교교육 체제가 지니는 비효율성과 한계를 극복하고 교육의 시기를 평생에 걸쳐 순환적으로 재분배하여 계속될 수 있도록 해야 한다는 새로운 교육 도식을 전제로 하는 교육 개념이다. 이러한 OECD의 순환교육은 정규학교를 졸업하고 직업을 가진 성인들에게 직업과 관계되는 새로운 지식과 기술을 교육하는 것으로 산업사회의 직업기술 갱신을 위한 교육을 뜻한다. 이러한 순환교육의 기본원리는 다음과 같다.

① 의무교육의 최종 학년에 진로선택을 위한 교육과정이 설정되어야 한다.

② 의무교육 이후에 각자의 생활적기에 따라서 가장 적절한 시기에 교육의 기회를 부여해 준다.

③ 모든 사람이 필요한 장소와 시간에 교육받을 수 있는 적절한 시설이 골고루 분포되도록 한다.

④ 일과 사회적 경험이 입학규정이나 교육과정 작성 시 주로 고려되어야 한다.

⑤ 학업과 직업을 교대할 수 있는 계속적인 방법으로 생애 과정을 구성하도록 한다.

⑥ 교과과정 편성, 교과내용, 교수방법을 흥미집단, 연령집단, 사회집단별로 고려하여 동시화한다.

⑦ 학위나 증서를 학습결과로 보지 않고, 평생교육의 과정지도와 인격의 발달을 중시한다.

⑧ 의무교육 이후 각 개인은 적절한 직업준비와 사회적 안정을 얻을 수 있는 준비과정으로 일정한 학습휴가를 가질 권리가 있다.

1990년대에 오면 OECD는 세계화, 무역개방, 정보통신 기술의 발달, 규제완화, 소비자 기호의 다양화 등으로 인하여 외적으로는 근로자를 수시해고·충원할 수 있는 외적 유연성과 내부에서는 팀제 운영, 위계의 단축, 업무의 순환, 의사결정 권한의 하부 이양 등을 통한 내적 유연성을 증가시키려는 노력을 기울였다. 이러한 상황에서 OECD는 새로운 전략을 모색하게 된다. 즉, '정규교육 시스템의 유연화'로서의 순환교육이라는 용어를 폐기하고 본격적으로 평생학습이라는 용어를 전면에 내세우게 된다. 이것은 1996년 OECD 교육부 장관회의에서 발표된 "모든 이를 위한 학습"이라는 보고서에서부터 출발한다.

OECD는 평생학습을 어린 시절부터 성인에 이르기까지 생애에 걸쳐서 학교교육뿐만 아니라 학교 밖의 기관에서 이루어지는 교육과 훈련, 그리고 비형식 학습 등을 포함하는 것으로 폭넓게 정의하고 있다. 여기에서 평생학습은 1970년대의 취업성인을 위한 순환교육을 모든 사람을 위한 평생학습

으로 확대시켰으며, 평생학습의 목적으로 개인의 발달, 사회적 결속, 경제
성장이 설정되었다.

　이러한 3대 목적을 성취하기 위한 전략으로는 평생학습 기초 강화, 학습
과 일간의 유기적인 연계성 증진, 평생학습 관련 모든 파트너의 책임과 역
할 제고, 평생학습에 대한 투자증대와 교육훈련을 제공하는 사람들에 대한
인센티브 창출 등을 제시하고 있다. 대부분의 내용은 학습과 일간의 연계성
강화 및 일터에서의 전략으로 채워져 있다. 그러므로 "모든 이를 위한 학습"
은 세계화와 초 자본주의의 귀결인 신자유주의적, 기능주의적 색체가 농후
하며, 평생학습의 옷을 걸쳤으나 몸통은 여전히 HRD 또는 순환교육이라는
비판을 받는다.

〈표 20〉 평생학습 관련 UNESCO와 OECD의 역할 비교

구 분	UNESCO	OECD
설립 배경	1946년에 창설된 국제기구로서 교육·과학 문화커뮤니케이션을 비롯한 광범위한 분야에서 인류의 지적·도덕적 연대를 통해 지속적인 세계평화와 인류 복지 증진을 구축한다는 이념 아래 설립	1948년 발족된 OECD는 개방된 시장경제와 다원적 민주주의라는 양대 가치관을 공유하는 국가들 간의 경제사회 정책 협의체로서 경제사회 부문별로 공통의 문제에 대한 최선의 정책방향을 모색하고자 설립
목 적	세계평화(제3세계)	선진국 경제 개발 협력
접근 방향	교육적 접근, 협동·형평·지속가능성·안전보장을 포함하는 인간개발(HD), 교육 내적인 교육체제, 종합적인 교육정책추구	경제적 접근, 인적자원개발(HRD), 교육정책과 노동정책이 제휴된 종합적인 교육 정책 추구, 국제 경쟁력, 경제적 경쟁력 강조
주요정책 문헌	○존재하기 위한 학습: 오늘과 미래의 교육 세계(Learning to Be: The World of Education, Today and Tomorrow, 1972) ○모든 이를 위한 세계회의 (World Conference on Education for All, 1990)	○순환교육 (Recurrent Education, 1973) ○모든 이를 위한 교육 (Lifelong Learning for All, 1996)

구 분	UNESCO	OECD
주요정책 문헌	○ 배움, 그 안에 담긴 보물 (Learning: The Treasure Within, 1996)	
최근 동향	○ 학교제도의 유연화, 기초 문해교육, 고등교육 영역으로의 평생교육 활 동 강조 ○ 평생학습의 직업기술 교육측면 가미 ○ 평생교육에서 평생학습으로	○ 평생학습의 토대 강화와 일과의 연 계조성 ○ 평생 고용 가능성 증진과 함께 인성 개발, 사회적 통합 및 결속 강조 ○ 순환교육에서 만인을 위한 평생학 습으로

자료: 한국교육개발원(2000). 평생학습 지원체제 종합 발전방안 연구(Ⅰ). 99.

　　그러나 최근에는 이러한 원칙으로부터 부분적으로 후퇴하여 파트너십과 책
임 공유가 강조되었다. World Bank와 함께 세계경제 체제를 지식기반 경제
체제로 재편하고 있는 OECD는 1990년대 중반 이후 평생학습에 대한 논의
의 장을 주도해 나가고 있다. 평생학습과 관련하여 UNESCO와 OECD의
역할에 대한 비교는 〈표 20〉을 참조하기 바란다.

Ⅱ. 일본의 평생교육

일본에서는 평생교육(lifelong education)을 인간의 일생을 일컫는 용어
인 생애교육, 생애학습으로 부르고 있다. 생애학습은 학교교육에서의 학습과
사회교육에서의 학습을 통합한 개념으로 평생학습이 강조되는 주된 이유는
사회적으로 문제가 되고 있는 학력사회의 폐해를 시정하고, 평생학습사회를
건설하기 위한 것이다. 평생학습사회의 실현을 위하여 정부 차원에서 적극적
이고 지속적인 노력을 보이고 있는 국가 중의 하나가 일본이다. 일본 문부성
은 소위 생애학습이라는 평생학습 정책을 추진하는 과정에서 타 부처의 영역
을 뛰어넘을 정도로 매우 강력한 권한을 발휘하고 있다(Makino, 1997).

일본에서의 평생학습 추진체제란 평생학습을 지원하고 추진하기 위한 조
직 즉, 중앙 정부, 도도부 현, 시정촌의 모든 조직을 의미하며, 평생학습을
위한 기회와 장의 제공은 학교교육과 사회교육뿐만 아니라 일반 행정과 민
간에서도 함께 이루어지고 있는 종합적이고 총체적인 평생학습 지원 추진체
제를 의미한다고 할 수 있다(최돈민 외, 2003).

일본의 사회교육법은 패전 이후 일본 헌법, 교육기본법 등의 이념과 함께
1949년 제정되었고, 법의 성격 자체가 '공민관법'이라고 불릴 정도로 공민
관의 역할을 강조하고 있다. 공민관이란 지방행정의 가장 기초단위라고 할
수 있는 시(市), 정(町), 촌(村)단위에 세워지며, 사회교육 주사라고 불리

는 공무원이 배치되어 관련 업무를 전담하는 주민학습센터라고 할 수 있다. 주민 자치와 공동체 학습의 산실이었던 공민관은 민주적인 방법으로 개개인을 훈련하는 장, 지역주민 활동의 거점, 사회교육의 지방분권화의 수단이라는 세 가지 목적을 가지고 있다.

일본에 평생교육의 개념을 처음으로 도입한 사람은 당시 유네스코 성인교육 추진국제위원회위원이었던 波多野完治(하타노 간지)로, 그에 의하여 랑그랑의 논문 등이 번역되어 "사회교육의 새로운 방향-유네스코의 국제회의를 중심으로-"라는 책으로 출간됨과 동시에 평생교육의 개념이 일본에 널리 알려지게 되었다. 波多野가 "평생교육이 의미하는 것은 실체로서가 아니라 일종의 아이디어나 원칙, 또는 일련의 관심이나 연구방향을 가리키는 것에 불과하다"라고 언급한 것에서 알 수 있듯이 도입기 일본의 평생교육은 사고방식이나 입장으로서 취급되었고, 1971년의 사회교육심의회답신 "급격한 사회구조의 변화에 대처하는 사회교육 본래의 모습에 대하여"에서 처음으로 공적으로 평생교육의 관점에서 전 교육체계를 총합적으로 정비하는 것이 금후의 과제로서 제기되었다.

평생교육, 평생학습에 관한 개념정의가 처음으로 나타난 공식문서는 중앙교육심의회 답신인 "생애교육에 대하여"(1981. 6. 11)로서 이에 따르면 평생학습이란 "자발적 의지에 바탕을 두고 행하는 것", "자기의 충실·계발과 생활의 향상을 위하여", "필요에 따라 자기에게 적합한 수단·방법을 스스로 선택하여 일생동안 행하는 학습"이라고 정의를 하고 있다. 또 평생교육의 개념으로는 "국민 한 사람 한 사람이 충실한 인생을 보내는 것을 목표로 하여 일생동안 하는 학습을 원조하기 위하여, 사회제도 전체가 그 위에 수립되어야 할 기본적인 이념", "평생학습을 위하여 스스로 학습하는 의욕과 능력을 기르고 사회의 다양한 교육기능을 상호 관련성을 고려하면서 총합적으로 정비·충실화하는 것"으로 규정하고 있다. 이 답신에서는 평생교육의 의의나 중요성이 역설되었으나 정책으로까지 구체화되지는 못했다.

〈표 21〉 평생교육 시책의 경과

1964년 문부성사회교육국장통지 "대학개방의 촉진에 대하여"

1975년 유급교육휴가 급부금제도 발족

1976년 전수학교설치 기준결정

1976년 문부성체육국장 통지 "학교체육시설의 개방에 대하여", 대학의 공개강좌 실시

1978년 문부성중앙교육심의회에 평생교육소위원회 설치

1979년 입교대학, 사회인 특별입시제 발족

1981년 방송대학학원법 성립

1982년 문부성사회교육국, 평생교육추진사업 개시. 노동성, 평생직업훈련 촉진급부제도
     개시

1983년 각의결정 "지역의 스포츠, 문화, 예술 활동의 진흥에 관한 연락회의" 설치, 방
     송대학 개학. 사회보험청, 사회보험 센터 설립

1984년 노동성, 직업능력개발국 설치

1985년 직업능력개발촉진법성립

1986년 노동성, 자기계발조성급부금제도 발족

1987년 각의결정 "교육개혁에 관한 당면의 구체화 방책에 대하여"

1987년 문부성, 사회교육주사강습규정 개정

1988년 문부성, 사회교육국을 생애학습국으로 개조확충, 체육국에 생애 스포츠과 설치

1988년 문부성교육개혁실시본부 "평생학습기반 정비의 과제"(중간발표)

1988년 노동성, "노동시간단축추진계획" 책정

1989년 현입총합 사회교육시설을 평생학습센터로 개칭

1990년 평생학습의 진흥을 위한 시책의 추진 체제 등의 정비에 관한 법률, 평생학습심
     의회 설치

1990년 문부성, "평생학습추진사업의 운용에 대하여", 평생학습 활동 중점지역 정비 계
     획책정에 대하여. 학습정보제공 시스템 정비 사업에 대하여. 부인의 평생학습
     촉진 사업의 운용에 대하여. 평생학습시설네트워크 추진 사업비의 운용에 대
     하여.

1991년 문부성, 리카렌트 교육 추진 사업 실시, 대학심의회답신 "학위수여기관의 창설
     에 대하여"

1992년 대학설치기준개정 - 과목 이수제 설치

1993년 노동기준법개정 - 주40 시간제 전면실시

현재, 일본의 평생교육은 문부과학성의 선임국인 생애학습정책국을 중심으로 이루어지고 있다. 생애학습정책국은 학교교육, 사회교육 및 문화의 진흥에 관하여 평생학습에 도움을 주기 위한 정책을 기획 및 조정하는 사무를

관장하고 있으며, 학교교육과 사회교육을 이분법으로 분리하지 않고 평생
교육적 관점에서 이들을 아우르는 정책을 펼치고 있다. 생애학습정책국은
다른 과에 비해 상위과로서 정책 협의에 있어서 기본과의 역할을 함과 동시
에 평생학습사회 건설의 비전 제시에 중추적인 역할을 담당하고 있다. 〔그
림 3〕은 일본의 평생학습 추진 체제를 나타내고 있다.

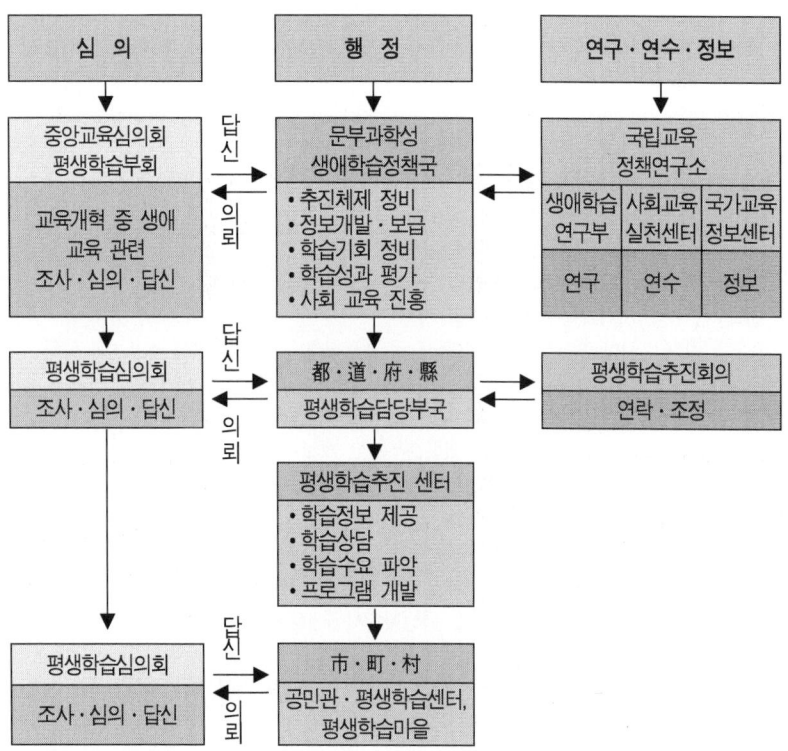

자료: 최돈민 외(2003). 주요국의 평생교육체제 분석. 수탁연구 CR 2003-47, 한국교육개발원

[그림 3] 일본의 평생학습 추진 체제

일본의 평생학습정책의 청사진이라고 볼 수 있는 중앙교육심의회 답신인
"평생학습의 기반 정비에 관하여"(1990년 1월)에서 설치를 제언한 '평생학
습추진센터'라는 지역평생학습 추진의 핵심 기관으로서 그 숫자가 급속도로

증가하고 있는 추세이다. 각 도의 평생학습 진흥의 거점 시설로서 학습정보 제공과 학습상담, 학습수요파악, 학습 프로그램 개발 등을 하는 '평생학습추진센터'는 1999년 4월에 33개, 2002년에 36개로 점차 늘어나고 있다. 이 센터는 우리나라 지역평생교육 정보센터와 유사한 기구로서 평생학습정보 제공과 학습상담체제 정비, 학습 수요 파악과 학습 프로그램 연구·기획, 관계기관과의 연계·협력과 사업 위탁, 평생학습 지도자·조언자 양성·연수, 평생학습 성과에 대한 평가 등의 사업을 실시하고 있다.

평생학습 추진체제의 실질적인 역할은 평생학습 심의회가 맡고 있다. 평생학습 심의회는 도도부 현과 시정촌과 같은 지방공공단체에서 평생학습을 추진하기 위해 설치한 협의회로서 평생학습진흥법 제11조의 규정에 기초하여 현 교육위원회의 부속기관으로 설치한 것으로 현(縣)이 처리하는 사무에 관해 평생학습추진을 위한 정책의 종합적 추진에 관한 중요 사항을 조사·심의한다. 일본의 평생교육 시책의 경과는 〈표 21〉를 참고하기 바란다.

일본의 문부성은 학교교육, 사회교육, 학술 및 문화의 진흥과 보급을 도모하는 것을 임무로 하고, 이에 관한 사항 및 종교에 관한 국가의 행정사무를 총괄적으로 수행하는 책무를 담당하는 기관이다. 평생학습관련 행정은 문부성 내의 평생학습국과 생애 스포츠과에서 주로 실시하고 있으나 문부성 전체가 평생학습의 관점에서 행정사무를 관장하고 있다. 일본의 문부성은 평생교육시책을 조직적으로 시행하기 위하여 그 추진체제로서 평생학습심의회 등을 설치하고 있고 평생교육추진을 위한 거점이 되는 시설로서 평생학습 추진 센터를 정비하여 정보제공과 평생학습 관련 계발 보급사업 등을 펼치고 있으며 학위수여기구를 설치하여 학력이 아닌 학습력이 적절히 평가될 수 있도록 하고 있다.

일본이 문부성을 중심으로 국가적 수준에서 평생학습사회를 건설하기 위하여 관련 체제를 정비하게 된 배경에는 다양한 사회 경제적인 변화에 대응하여 평생 언제라도 자유롭게 학습 기회를 선택하여 배울 수 있고 그 성과를 적절하게 평가받는 사회를 만들기 위한 데 목표가 있다. 일본에서 평생학습사회를 구축하게 된 주요 배경 및 필요성은 다음과 같다(문부성, 1997: 210-1).

첫째, 일본은 학력 중시에 따라 발생되는 다양한 사회적 문제를 해결하기 위하여 종전 정규 학교교육 중심의 능력에 대한 평가가 아니라, 평생에 걸쳐 이루어지는 학습 결과를 적절하게 평가할 필요성을 갖게 되었다. 이를 위하여 학교 외부에서 수행된 학습 결과를 평가하고 이를 적극 활용하기 위하여 다원화된 평가 체제를 구축하고 있다.

둘째, 일본은 소득수준의 향상과 자유시간의 증대, 그리고 고령화 등 사회 전반적으로 성숙한 사회로 발전되고 있다. 이에 대응하여 개인에게 지속적으로 학습 기회를 제공하고 풍부한 인성과 생활력을 증진시키기 위하여 평생학습이 중요하게 되었다.

셋째, 일본은 과학기술의 고도화, 정보화, 국제화, 산업구조가 끊임없이 변화되고 있다. 이에 대응하기 위해서는 끊임없이 지식 정보를 수용하고 향상시킬 수 있는 평생학습 기반을 마련할 것이 요구되었다.

문부성은 이와 같은 배경에서 평생학습 기반 체제를 확립하기 위하여 노력해 왔다. 이러한 체제는 평생학습 선택 지원체제, 평생학습 제공체제, 평생학습 평가인정체제를 중심으로 구축되어 있다(山本恒夫, 1992). 문부성의 평생교육 시책은 다음의 3단계를 거쳐 현재까지 이르고 있다.

첫째, 1단계로 교육기관에 평생교육의 기능을 강화시키고 실시하기 쉬운 사업 활동에 직접보조를 개시하였다. 이 시기에 공립 생애학습센터 시설정비 사업이 등장하였고, 처음으로 생애학습이라는 이름이 붙은 공립의 대형 광역 시설을 만들게 되었다. 방송대학이 만들어져 새로운 생애학습 기관으로서의 대학이 등장하였다. 사업 활동으로 학습정보 제공 사업에 의하여 지방 평생학습 진흥비 보조금 교부가 시작되었다.

둘째, 2단계로 평생학습지원 행정이 강화되었다. 이 시기에 사회교육 주사양성 교육과정이 대폭으로 개정되었고 문부성 조직령이 개정되어 평생 학습국이 신설되었다.

셋째, 3단계는 평생학습의 기반이 정비된 시기에 해당된다. 평생학습 진흥법에 의하여 도도부 현 사업으로서, 전역에 걸친 평생학습 조직과 연계하여 체제정비를 할 것, 지역 평생학습 진흥기본 구상을 작성할 것, 도도부현 평생학습 심의회를 설치할 것 등이 각각 결정되었다. 또 대학심의회의 "학위수여기관의 창설에 대하여"(1991년2월8일)답신에 따라 학위수여기구가 설치되어 학습력 사회를 향하여 전진하기 시작하였다.

문부과학성이 운영하는 평생교육관련 사이트에 대하여 살펴보면(최돈민 외, 2003), 문부과학성은 학습기반을 정비하기 위해서 정보 사업을 추진하고 있는데, 문부과학성이 운영하고 주요 웹사이트를 살펴보면 이를 쉽게 알 수 있다. 대표적인 웹사이트는 마나비넷과 엘넷이 있으며, 마나비넷(manabi.net)은 학교교육을 중심으로 한 다양한 학습정보를 제공하는 사이트이며, 엘·넷(Education and Learning Network)은 위성통신을 활용해서 교육·문화·스포츠·과학기술에 관한 정보를 직접 전국에 발신하는 문부과학성의 교육정보 위성통신 네트워크이다.

엘넷은 2000년 7월부터 가동하고 있으며 전국의 사회교육시설, 학교 등 약 2,000여 곳이 수신국으로 정비되어 있다. 송신국은 문부과학성, 쿠니타치 과학박물관, 전국의 교육센터 등 36곳에 정비되어 있으며, 「아이 방송국」, 「오픈 컬리지」, 「문부과학성 뉴스」, 「연수프로그램」등의 프로그램이 주로 방송되고 있으며, 대상은 아동부터 성인까지 다양한 계층을 위한 프로그램이 진행되고 있다. 특히 엘·넷의 오픈 컬리지(www.opencol.jr.jp)는 문부과학성이 평생학습 기회확충을 위한 모델사업으로 교육정보 위성통신 네트워크(el-Net)를 활용해 실시하고 있는 대학 공개강좌로 현재는 수신 설비가 있는 공민관이나 도서관 등의 사회교육 설비에 설치되어 있으며, 무료로 제공되고 있는 e-learning 시스템이라고 할 수 있다.

일본 정부의 2003년 일반 회계 예산 총액은 81조 2,300억 엔이며, 이 중 문무과학성의 예산은 6조 5,798억 엔(일반 회계 예산의 8.1%이며 일반 세출 규모에 대비해서는 13.8%를 차지함)이며, 문부과학성의 예산 중 평생학습, 스포츠, 문화관련 예산은 이 중 4,023억 엔(6.1%)이 책정되어 있으며 원화로 따지면 약 4조 천억 원 정도이다.

다음으로 일본의 평생교육 시책의 특징은 다음과 같다(숭실대 평생교육자료, 2002).

첫째, 평생학습이 총합적인 사회정책으로 채용되고 있다는 점이다. 국가단계에서는 물론 지방단계에서도 평생학습을 활발히 전개하는 것이 장기적인 계획안에서 논의되어지고 있는 경우가 많다. 특히 일본은 고령자 인구가 전 인구의 16%가 넘는 고령사회에 접어들어 이에 대한 대책수립이 국가전체의 과제로 떠올랐고 고령사회 대책기본법 등을 제정하여 이에 기초한 대책을 수립하는 등 이에 발 빠르게 대처하고자 한다. 평생교육관련 시책이 "학습 및 사회참가" 분야로 분류되어 국가적인 시책으로 실시되고 있을 뿐만 아니라 "건강·복지" 분야에서는 직접적인 복지처치와 함께 장기적인 관점에서 복지서비스를 필요로 하지 않는 건강한 노인을 교육과 학습을 통하여 만들기 위하여 평생교육 관련 시책을 실시하고 있고 "취업·소득 분야"에서는 노인이 되어도 노동시장에서 통용되는 능력과 경력을 획득하기 위하여 평생에 걸친 직업능력 개발이 강조되고 있고 이와 관련된 시책을 실시하고 있다.

둘째, 관청이 주도하는 평생학습 시책이 평생교육의 정착에 중요한 역할을 하고 있다는 점이다. 즉 일본에서 평생교육을 확립한 것은 정부의 심의회 답신이나 각의 결정에 의해서라고 생각된다. 또 관청주도의 평생학습 시책은, 공민관등 사회교육 시설군, 건강 만들기를 관할하는 보건복지 시설군, 직업능력개발에 관련된 시설군 등 평생학습 실천의 장을 전국적으로 가지고 있다는 점, 민간에 대해 일정의 기준을 정해주고 이에 따르도록 행정지도를 실시하고 있다는 점, 민간이 실시하는 사업으로 보이는 것도 관청에 관계가 깊은 관련단체를 활용한 사업인 경우가 많다는 점 등을 고려해볼 때 관청의 행정 정책이 일본의 평생교육을 보급하고 정착시키는 데 중요한 역할을 하고 있음을 알 수 있다.

1. 평가인정제도의 구축

평생학습사회를 실현하는 데 있어서 평생을 통해 개인에게 다양한 학습 기회를 제공하는 것도 중요하지만, 학습과 학습 간에, 그리고 학습과 일의 세계 간에 유연한 이동이 이루어질 수 있는 연계 체제를 마련하는 것이 더욱 중요하다. 이러한 연계는 개인이 어디에서 어떠한 학습을 받았는지에 상관없이 개인이 소유한 지식과 기술, 그리고 직무수행능력을 평가하고 인정할 수 있는 체제를 형성함으로써 가능하다(OECD, 1996: 21-2). 개인이 학습한 결과를 사회적으로 활용하고자 한다면 당연히 제삼자에 의한 객관적인 평가가 필요하다. 객관적인 평가에 의해 이루어진 학점 부여나 자격인정 결과는 학습 간 연계 및 학습과 일의 세계 간의 유연한 이동을 가능하게 해 준다. 평생학습에 대한 평가인정 결과는 인정 결과의 교환이나 호환이라는 방식으로 나타나게 된다. 평생학습사회에서는 평생학습과 학교교육을 명확하게 구분하기가 어렵지만 대체로 두 가지 방식으로 학습 결과를 상호 인정해 주고 있다. 하나는 다양한 평생학습 간의 평가인정이며 다른 하나는 평생학습과 학교교육 간의 평가인정 방식이라고 할 수 있다(淸水一彦 1992: 28-29; 이정표, 1999에서 재인용).

일본 문부성에서 구축하고 있는 평생학습에 대한 평가인정제도는 위의 두 가지 방식에 기초하여 설계되고 있다. 일본 임시교육심의회는 평생학습사회로의 이행 과정에서 '평가의 다원화'의 중요성을 강조하고, 자격제도의 활용뿐만 아니라 사회인 입학제도, 학교 간 단위호환, 단위누적가산제 등 학교제도를 개선하고 기업 및 관공서의 고용 조건 등을 동시에 검토하였다. 특히 공적 직업 자격제도를 개선함으로써 학력이 지나치게 중시되는 데 따른 각종 사회 문제를 개선하고 평가를 다원화함으로써 자격을 진정한 능력 지표로서 활용할 것을 강조하고 자격취득을 위한 시험제도를 개혁할 것을 요청하였다. 1991년 4월에는 중앙교육심의회가 '새로운 시대에 대응하는 제도 개혁에 대해서'라는 답신에서 '우선적으로 평생학습 기회를 제공하는 주

체가 다원적인 평가를 실시하고, 학습자의 요구에 대응하여 민간단체만이
아니라 공적 기관도 학습 결과에 대한 평가를 확대 실시해 나갈 필요가 있
다'고 제안하였다. 이와 관련하여 동 심의회는 평가인정제도 구축을 위한 기
본 방향을 다음과 같이 제시한 바 있다(이정표, 1999).

첫째, 평생학습 결과를 평가 인정하는 다양한 체제를 정비한다. 이를 위
하여 국가가 인정하고 있는 기능심사인정제도를 확대하고, 민간단체에서 수
행하고 있는 평가 결과를 국가와 지방자치단체가 인정해 나간다.

둘째, 일정한 질적 수준을 갖춘 평생학습 결과와 학교 단위 간의 호환을
확대해 나간다. 이를 위하여 ① 대학 이외의 교육시설에서 이루어진 학습
성과 중, 대학교육에 상당하는 수준을 대학 학점으로 인정하고, ② 대학 수
준의 다양한 학습결과를 계속 누적시켜 학위수여기구를 통해 최종적으로 대
학 졸업자격을 취득할 수 있도록 하며, ③ '기능연계제도(技能連携制度)'를
보다 활성화하여 학교 외부의 교육시설에서 취득한 학습 결과 중 일부를 고
등학교의 단위로서 인정한다.

셋째, 평생학습의 평가인정 결과를 사회 전반에 활용한다. 이를 위하여
① 일정 수준 이상의 능력을 갖춘 경우, 공적 직업자격을 취득할 수 있도록
하며, ② 공적인 직업자격을 취득하는 데 있어서 평생학습의 인정 결과로
대체할 수 있는 방안을 마련하고, ③ 기업 및 관공서에서 자원봉사활동 등
의 평생학습 실적을 채용에 반영한다.

2. 평생학습 추진기구

일본의 주요 평생학습 추진기구 중에서 대표적인 국립교육정책연구소를
중심으로 하여 살펴보자(최돈민 외, 2003). 국립교육정책연구소(National
Institute for Educational Policy Research)는 "교육에 관한 정책과
관련되는 기초적인 사항의 조사 및 연구에 관한 사무"를 목적(문부과학성

조직령 제 90조 제1항)으로 1949년에 설립된 50년의 역사를 가진 일본에서 가장 권위 있고 전통 있는 교육정책 연구소라고 할 수 있다. 국립교육정책연구소는 2001년 대대적인 체제 개편을 통해서 국립교육연구소에서 국립교육정책연구소로 명칭을 변경하고 역량을 확충하여 보다 다양한 서비스를 제공하는 종합교육연구소로서의 면모를 갖추어 가고 있다. 국립교육정책연구소는 소장 1인, 차장 1인, 부장·센터장·종합연구관 12인, 총괄연구관·주임연구관·연구원 59인, 교육과정조사관 34인, 사회교육조사관·전문조사원 3인, 사무직원 등 34명으로 총 144명으로 구성되어 있다(2003년 3월 현재). 국립교육정책연구소는 6개의 연구부서와 4개의 센터 그리고 종합 연구관으로 구성되어 있다.

평생학습정책연구부는 평생학습 진흥을 꾀하는 국가수준의 정책 연구를 수행하는 부서로, 평생학습의 체계화, 평생학습 프로그램 개발, 평생학습의 성과에 대한 평가 방법에 관한 이론적·기초적 연구를 주로 하고 있으며, 평생학습사회에 있어서의 고령화와 정보화의 대응방안에 관한 연구도 병행하고 있다. 또한 이러한 연구주제에 따른 지속적인 국내 실태조사와 평생학습 정책의 국제 비교 연구도 하고 있다.

구체적으로 2003년 현재 평생학습정책연구부에서 수행하고 있는 연구 주제들을 제시하면 다음과 같다(최돈민 외, 2003).

첫째, 평생학습사회의 미디어와 문해에 관한 종합적 연구가 있다. 미래 사회에 학습자가 어떠한 학습 미디어와 정보를 이용하게 될 것인지 가정, 학교, 지역 평생학습기관의 아동·학생, 교원, 학습자와 지도자를 대상으로 실증적 연구와 사례 연구를 실시함과 동시에 국제 비교연구를 실시하여 각국의 미디어·리터러시 교육 상황을 조사하는 연구를 실시하고 있다.

둘째, 평생학습정책의 국제 비교 연구로 각국의 평생학습정책을 비교·분석하고 있다. 이를 위해서 1990년대부터 UNESCO의 국제 교육 계획 연구소(IEPP), 유네스코 교육연구소(UIE), OECD와 함께 공동 연구를 실시하고 있다.

셋째, 평생학습사회를 대비한 지역 육아지원 시스템에 관한 종합적인 연구가 있다. 청소년의 문제 행동 증대와 청소년 흉악 범죄가 증가하는 사회적 환경에서 가정을 지탱하기 위한 지역사회의 역할에 관한 연구, 성인 여성의 학습과 취업 기회 보장을 위한 지역 육아지원과 가정교육지원에 관한 연구를 하고 있으며, 기본적으로 국내 사례 조사를 하고 있으며 유사한 정책을 펼치고 있는 뉴질랜드, 스웨덴, 싱가포르와의 비교를 통해 정책 구조·공통점·문제점 등을 조사 분석하고 있다.

Ⅲ. 캐나다의 평생교육

캐나다는 헌법에서 교육에 대한 권한과 책임을 주정부 소관으로 위임하고 있어 별도의 연방 교육부가 없고, 13개의 주가 초등교육, 중등교육, 중등 이후의 교육과 성인교육에 대한 책임을 갖는다. 각 지역이 자체적인 교육 훈련 프로그램을 시행하지만, 공통적으로 민주적 발전 정신에 기초해서 누구에게나 교육과 직업능력 개발을 가능하게 하고자 하는 동일한 핵심적 가치를 공유하고 있으며, 캐나다 전역의 정부나 교육기관들은 경제의 세계화에 따른 무한 경쟁의 도전에 대처할 우수인력 개발에 초점을 맞추고 있다. 근래 들어 일부 교육부문에서 연방정부의 개입 필요성이 증대되어 연방정부가 직접 교육 사업을 관장하거나 재정지원을 하기도 한다.

대부분의 캐나다 사람들은 직업을 갖고 일을 하는 도중에도 수시로 필요한 교육을 받기 위해 학교로 돌아오고 있다. 캐나다에서 성인교육 혹은 계속교육은 매우 중시되며, 매년 300만 명 이상이 성인교육 기관에 등록하고 있다. 성인교육 프로그램은 교육위원회, 지방교육국, 대학, 전문대학, 직업센터, 방송국, 도서관, 미술관 등에서 제공하고 있으며, 영리조직, 전문협회, 기업, 정부 등의 관련 기관에 의해 지원되고 있다. 성인교육은 학점제와 비학점제, 전일제와 정시제, 주간제와 야간제 등의 다양한 형태뿐만 아니라 다양한 원격교육을 실시하여 교육기회의 확대에 이바지하고 있다.

교육에 대한 연방정부의 보다 직접적인 관심이 반영된 것은 HRDC(Human Resources Development Canada)라 불리는 연방정부 기구이다. 즉, HRDC 는 각 주에서 자체적으로 이루어지는 모든 수준과 유형의 교육을 관리 · 감독하기 위한 조직으로 등장한 것이 아니라, 특정 방향으로 캐나다 교육과 사회를 움직이기 위한 일종의 연방적인 차원의 프로젝트 조직이라 할 수 있다. 이는 커뮤니티 칼리지나 기술대학, 무역학교 등의 교육 기관을 중심으로 이루어진다. 캐나다 정부는 HRDC를 중심으로 평생교육 지원정책을 실시하고 있고, OLT 산하에는 CLN이 있어 평생학습을 지원 · 장려함으로써, 지역사회 개발을 도모하고, 지역사회 구성원의 삶을 향상하기 위한 노력을 하고 있다.

HRDC(Human Resource Development Canada)는 국민에 대한 국가적 투자를 통합적으로 제공하기 위하여 1993년에 만들어졌다. HRDC 는 연방정부기구로서 "People department"라고 불리며, 학교교육, 계속교육, 고용서비스, 실업대책, 장애인과 원주민 대상 고용교육 등 인적자원 개발과 관련된 전반적 정책을 수립 · 시행하며 국가 경제와 노동시장의 요구에 따라 캐나다 국민들과 인적자원 프로그램을 연결시켜 주어 수입을 증진시키고자 한다(최돈민 외, 2003).

HRDC는 고용증진과 평등, 사회보장 장려를 목적으로 인적자원개발법(Department of Human Resources Development Act) 아래 만들어졌으며, 고용보장법, 캐나다 연금 계획, 고령자 보호법, 캐나다 노동자법, HRDC 관리법과 규칙을 따르고 있다. HRDC의 주요 업무는 캐나다 국민들이 보상받는 생활을 하도록 도와주고, 공평하고 안전하게 누구나 직장에 접근할 수 있는 경쟁적인 노동시장 및 고무적인 학습 환경을 증진시켜줌으로써 직장과 지역공동체에 적극 참여하도록 유도한다. 구체적으로 ① 인적자원개발에 대한 통합적 접근방법, ② 캐나다 국민들이 평생 경력 전환을 잘 할 수 있도록 지원, ③ 최고의 서비스 제공, ④ 예방적인 정책수단을 강조, ⑤ 정책 및 프로그램에서 리더로 행동, ⑥ 파트너십 형성, ⑦ 커뮤니티 능력

배양, ⑧ 핵심가치 존중, ⑨ 지속적인 국민들의 강점 개발과 육성을 비전으로 제시하고 있다(최돈민 외, 2003).

HRDC 제공 주요 프로그램은 우선 고용보험으로서 실업자들이 교육훈련을 받거나 직업을 탐색하는 동안 한시적인 재정 도움을 제공함으로써 일자리로 돌아가는 것을 돕는다. 구체적으로 고용보험정책 수립, 구직자 취업지원, 직업지도 및 직업상담, 직업훈련 등 취업능력 및 구직기술 제고, 노동시장 정보 제공을 통한 고용촉진, 고용보험 및 연금지급 등의 지원을 한다.

다음으로 인적자원투자로서 캐나다 정부로 하여금 국민들의 고용 가능성을 증진시키고, 실업자로 하여금 직장을 찾고, 소년소녀 가장들의 가난을 극복하고, 가장 어려운 자들을 도와줌으로써 고용, 청소년, 학습 및 문해 방지 프로그램을 제공한다. 또한 소득지원 프로그램으로서 노인, 장애인, 재해 대상자 및 이주민에 대한 지원프로그램을 개발, 지원함으로써 목표 집단의 소득을 보장하고자 한다. 마지막으로 노동프로그램으로서 건설적인 노사관계를 배양하고 혁신, 투자 및 근로자의 복지를 제고하는 협조적인 작업환경을 증진한다. HRDC의 미션은 모든 캐나다 국민들이 지역사회와 일터에 참여하도록 하는 것으로, 국민들이 그들의 삶을 통해 갖고 있는 경험에 도전과 변화를 주어 모든 활동 안에서 인적 능력을 개발하도록 하는 것이다(최돈민 외, 2003).

OLT(Office of Learning Technologies)는 캐나다 평생학습 문화건설의 파트너 역할을 담당하도록 1996년에 연방정부와 HRDC에 의해 설립된 기관으로 다양한 파트너와의 협력을 통해 첨단기술을 이용한 학습과 능력 개발 부문 혁신의 촉매제 역할을 목표로, 캐나다 평생학습 문화발전에 기여하고 있다. OLT의 주요 활동으로는 다양한 정보를 제공하는 종합정보 웹 사이트 운영, 온라인상의 포럼과 워크숍 실시, 프로젝트 운영비 지원 등이다.

CLN(Community Learning Networks)는 OLT 산하에 있어 평생학습을 지원하고 장려함으로써 지역사회 발전을 도모하고, 지역사회 구성원의 삶을 향상시키며, 지역에 활력을 높이는 커뮤니티 주도적 구조와 시스템의 일환으로 만들어졌다. CLN은 정부의 평생교육시스템 정책에 가장 핵심적인 역할을 하는 기관으로, 주로 학습과 네트워킹을 지원하며, 테크놀로지 이용과 지역 단위의 참여를 높이고, 개인과 지역사회 개발을 장려하기 위한 활동을 한다. 캐나다 13개 각 주정부의 교육제도는 주 교육부 아래 조직되어 있으며 주정부의 역할은 각 주의 교육법에 의하여 마련된다.

평생교육의 추진과 이를 지원하는 기관으로는 다음과 같은 것이 있다.

첫째, NALD(National Adult Literacy Database)는 연방정부와 협력관계에 있는 비영리 성인 문해 단체로 캐나다 전역에 걸쳐 성인 문해 관련자료 데이터베이스를 구축하고 제공해준다. 문해 학습자들과 행정가들이 아이디어와 방법 등을 공유하도록 하며 현장 실천가, 교사, 자원봉사자, 프로그램 운영자에게 성인관련 문해 정보를 제공해주고 있다.

둘째, NLS(National Literacy Secretariat)는 지식정보사회에서 필요로 하는 문해력을 갖추고 있지 못한 국민들의 문해 능력 향상 기회제공을 위하여 1988년에 설립된 기관으로 학습사회에서 핵심이 되는 중요한 능력을 육성시켜 캐나다 국민들이 사회적, 문화적, 정치적 생활을 좀더 유연하게 할 수 있도록 필요한 능력을 향상시키는 데 목적이 있다. 구체적인 활동은 학습자료 개발 및 보급, 문해프로그램 확산, 문해 문제에 대한 인식의 제고, 정보 공유, 문해 연구 수행 등이다. NLS의 재원과 관련하여 지역의 요구에 따른 문해 프로젝트는 지방 정부에서 재정을 지원하며, NLO(National Literacy Organization)들에 대해서는 국가가 재정지원을 하며, NLS이 직접 관리하고 있다.

평생교육 관련 예산 및 재정을 살펴보면 다음과 같다(최돈민 외, 2003). 1997-1998년과 2000-2001년 동안, 캐나다의 전체 교육지출은 2001년 고정 캐나다 달러 기준으로 6% 증가한 총 663억 달러이다. 이 중 약 60%(395억 달러)가 초등과 중등 수준에 책정되었으며, 20%(136억 달러)가 커뮤니티 칼리지와 직업교육 프로그램에, 그리고 20%(132억 달러)가 대학에 지원되었다. 이러한 캐나다의 교육비 지출은 GDP대비 6.6% 수준에 이른 것이며, OECD에 의하면, 이러한 수치는 G-7국가들 중에서도 상위 수준이라 할 수 있다.

2002-2003년, 캐나다 13개 주정부들은 총 44억 달러(2001년 고정 캐나다 달러 기준)를 교육 부문에 할애했다. 이는 주정부 전체 지출의 약 20%에 달하는 액수로, 현재 캐나다 공공비 지출 부문에서 건강 부문 다음으로 큰 것인데, 1997년 이전까지는 교육비 지출이 가장 큰 항목이었다.

현재 주 및 지방 정부의 교육 예산은 초·중등교육 재정을 중심으로 배정되는 것이 사실이다. 초·중등교육 재정 조달의 책임은 소득세원을 가지고 있는 주 및 지방 정부에게 놓여있기 때문에, 주정부가 초·중등 교육 재정의 약 90%를 조달한다. 그러나 고등교육 재정의 경우에는 연방과 지방 정부가 함께 책임을 지며, 연방 정부의 장학금 제도나 학생 대부금 제도와 같은 것이 함께 병행되고 있어서 실제로 캐나다 정부의 교육 지출 지원 체계는 전반적으로 안정적이라는 인상을 준다.

한편, 현재 캐나다 연방 정부가 관심을 두고 사업을 추진하고 있는 직업 훈련 분야를 주목할 필요가 있는데, 1999-2000년에 이 분야에 지출된 경비는 약 84억 달러에 달한다. 이 수치는 같은 시기, 캐나다 전체 교육 지출 비용이 408억 달러임을 감안한다면, 총 지출의 20%에 육박하는 액수이다. 캐나다 정부는 해마다 총 교육비의 20%를 다양한 직업 훈련 활동에 쏟아붇고 있는 것이다.

Ⅳ. 영국의 평생교육

영국의 교육을 관장하는 중앙부처는 종전 교육과학부(Department of Education & Science, 1964~1992)에서 교육부(Department of Education, 1992~1995)로 명칭을 바꾸었다가 노동부와 통합하여 교육과 노동시장 간의 연계강화를 목적으로 교육고용부(DfEE; Department for Education & Employment, 1995~2001)를 출범시켜 평생학습 정책을 일원화하였으며, 2001년 선거 이후 '교육숙련부(DfES; Department for Education and Skills)'로 변경하였다. 이러한 영국 교육관장 부처의 명칭 변경은 지식기반사회의 요구에 따라 평생교육을 국가 핵심전략으로 설정하고 일반인들의 교육과 근로자의 직업능력 개발을 위한 교육훈련을 하나로 묶어 추진하고자 하는 영국 정부의 정책 의지를 간접적으로 보여주고 있는 것이다.

영국의 국가평생 학습정책을 수립하고 추진하는 주요 기구는 국가성인계속교육기구(NIACE; National Institute of Adult Continuing Education) 이다. 이 기구는 "성인계속교육에 대한 연구와 발전 추구"를 목표로 하여 설립된 비정부 조직 연구소로 평생교육정책 추진과 관련된 전국적 사업 추진의 중심체 역할을 수행하고 있다. 국가 성인계속교육기구(NIACE) 주관으로 '성인학습자 주간(Adult Learners' Week)'을 설정하여 매년 5,000개 이상의 지역행사를 개최하고, 성인학습자와 단체에 100개 이상의 상을 수여하여 한 주간 동안 BBC 2방송에서 전일 생방송하고 있다(교육부, 2004).

또한, 학습ㆍ숙련협의회(LSC: Learning and Skills Council)는 2000년 8월에 제정된 '학습ㆍ기술 법(Learning & Skills Act)'에 근거하여 2001년 4월 비정부 공공기구(Non-Departmental Public Body)로 출범한 평생학습추진기구로서, 학습ㆍ숙련협의회(LSC)는 대학교를 제외한 16세 이후의 교육ㆍ훈련을 담당하는 모든 기관에 관한 정책 기획과 재정 배분권을 행사함으로써 평생학습 예산의 효율적인 집행과 효과 극대화를 추구하고 있다. 예컨대, 2003년 4회기년도 예산 80억 파운드(한화 약16조)를 16개 지역 학습ㆍ숙련협의회(LSC)에 배분하고 있으며, 2010년까지 영국의 청소년과 성인을 세계에서 가장 우수한 생산적 숙련(skills)과 지식 소유자로 육성하는 것을 목표로 하여 사업을 추진하고 있다.

영국교육기술부(Department of Education and Skills-DfES)의 주요 기능은 2001년 6월 선거 후 '교육고용부(Department of Education and Employee-DfEE)'에서 고용 기능을 분리하고 과학 기능을 강조하여 재조정하였다. 모리스(Morris) 교육기술부 장관은 취임한 후 앞으로 4년 동안 달성해야 할 우선 과제로 다음의 여섯 가지를 들고 있다(교육부, 2004).

① 높은 질의 조기교육을 제공하고 보다 많은 어린이들에게 아동지도(childcare) 프로그램을 제공한다.
② 초등교육의 지속적 발전을 추구한다.
③ 중등교육의 전환을 추구한다.
④ 14~19세의 교육에 대한 유연하고 도전적인 교육프로그램을 개발한다.
⑤ 고등교육의 확대와 참여 폭을 증대한다.
⑥ 노동의 기술력 개발, 특히 일부 성인의 기초 기술력을 개발한다.

이 같은 기능 가운데 최근에는 학생들의 평생 학습비를 지원하는 새로운 제도를 입안하였다. 즉, 교육숙련부는 학생의 고등교육 수행을 위한 재정지원을 위하여 1998년까지 학생의 대출(student loan)은 대출금 저당제도(mortgage system)14)였는데, 그 이후로는 소득수준별 상환제도(income competency system)로 전환하여 학생들이 보다 자유롭게 대출을 받아 고등교육을 받도록 지원하는 제도로 변경하고 있다. 소득수준별 상환제도는 졸업 후 대출금액을 상환할 때 소득 수준에 따라 일정 비율로 상환하는 제도로, 예를 들어 2000년과 2001년에는 소득 10,000파운드 이하는 상환금이 없고, 12,000 파운드까지는 연 15파운드 상환하게 하고, 17,000파운드까지는 52파운드 상환하게 하고 있다.

영국의 고등교육을 위한 재정지원 제도는 장학금, 대출금, 후원금 등 세 가지가 있다. 장학금은 학생의 절반이 수혜를 받고 있으며 부모의 소득이 낮거나 부모의 지원을 받지 않을 경우에는 전액을 지원하고 있다. 2001~2002년의 경우 부모의 소득이 20,000파운드 미만이면 등록금 전액 면제, 20,000 파운드에서 29,784파운드이면 일부분의 등록금, 29,784파운드 이상이면 1,075파운드의 등록금 전액을 지불하도록 하고 있다. 대출금은 학생의 생활비를 충당하기 위해 지역에 따라 상한선을 정해 놓고 대출해 주고 있다.

이 같은 비용이 상환의 주요 대상이며, 이를 상환하는 데에도 많은 배려를 하고 있다. 후원금은 자녀를 가진 형편이 어려운 학생들에게 자녀교육 차원에서 무상으로 지원해 주는 제도이다. 이처럼 영국과 같이 고등교육이 제한되고 비용이 높은 국가에서도 고등교육에 대한 지원을 강화하여 국가발전의 토대를 마련하고자 하고 있다. 우리나라도 고등교육이 학부모의 지원에 의해서만 이루어지는 교육풍토를 개선하고 국가 차원에서 지원해 주는 제도를 만들기 위해서는 학생 지원에 대한 다각적인 방안을 강구해야 할 필요가 있음을 알 수 있다(교육부, 2004).

영국의 학교교육에 대한 주요 평가기구로는 교육표준청(Ofsted)이 있다. 교육표준청은 학교평가기관으로 1993년에 설립되어 1997년까지 초 · 중학교

---

14) 대출금 저당제도는 학생이 대출한 금액을 졸업 후에 소득수준에 관계없이 상환하는 제도이다.

에 대한 평가를 실시하였고, 2004년까지는 2차 평가를 실시하였다. 1997년까지 3,590개의 중등학교, 1998년까지는 18,680개의 초등학교, 1,300개의 특수학교에 대한 평가를 수행하였다. 평가의 주요 내용은 학교교육의 질, 학생의 교육성취도, 학교 재정 관리의 효율성, 학생의 정신적, 도덕적, 사회적, 문화적 발달 정도에 대한 평가를 하고 있다. 평가를 담당하는 평가자의 유형은 등록된 평가자와 팀 평가자, 일반평가자로 구성되어 있다. 등록된 평가자는 학교평가를 수행하고 보고서를 작성하고 있으며, 팀 평가자는 특정 영역의 교육과정 평가, 일반평가자는 전문성이 없는 일반인이 평가에 참여하여 학교의 경영과 재정 등의 영역을 평가하고 있다.

평가에서 매우 좋지 않은 성적을 받았을 경우 특별 평가기관으로 지정받아 2년 동안 개선 정도를 집중적으로 평가받고 있다. 좋은 평가를 받은 경우에는 단기 평가로 간단하게 평가를 받는 평가에 대한 인식이 확산되고 긍정적으로 여겨져 유아교육, 16세 이후의 교육, 교원교육, 독립학교, 지방교육청에까지 평가가 확대되고 있는 실정이다. 이 같은 평가의 효과로 인하여 학생들의 학력수준이 크게 향상되고 학교의 교육력을 증대시키기 위한 노력을 많이 하는 실정이다.

영국은 학교평가로 인하여 초기에는 교원의 입직 기피현상이 나타났으나, 현재는 그 필요성을 인정하고 수용하고 있는 상태이다. 이 같은 영국의 교육표준청 제도는 국가의 교육수준을 향상시키고 학교의 교육기능을 강화하기 위해서는 평가의 기능이 도입되어야 할 필요가 있음을 시사한다. 현재 한국교육개발원에서 학교평가의 기능을 수행하고 있으나, 이는 학교경영을 자문하는 수준에 그치고 있다. 영국의 사례를 통하여 평가가 학교의 교육력 향상을 위한 기제로 작용할 필요가 있음을 알 수 있다.

영국에는 국민의 고등교육 기회 제공을 위하여 산업대학(University for Industry-Ufi)을 설립하였다. 산업대학의 주요기능은 고등교육의 확산 정책으로 추진되었던 개방대학(open university)이 국민과 사회의 수요를 충족시키지 못하고 다양한 교육프로그램을 제공하지 못하게 됨에 따라 고등

교육에 대한 수요를 충족시키며 대학 수준의 교육을 제공하기 위해 1998년
에 도입된 제도이다. 산업대학은 네트워크를 통하여 모든 국민들에게 직접
교육을 제공하는 것을 목표로 하고 있으며 주요 대상은 직장에 근무하고 있는
근로자들로서 그들로 하여금 새롭게 요구되고 있는 지식과 기술을 제공하기
위해 노력하고 있다. 그래서 슬로건을 "learn direct-learning through
work"으로 내걸고 있다. 이를 통해 직장에서 요구되는 대학교육과 같은 높
은 수준의 새로운 지식을 언제 어디서나 배울 수 있도록 하고 있다. 이를 위해
기존의 대학과 유기적인 관계를 맺고 강의나 상담에 대한 지원을 받고 있다.

산업대학의 주요학습 과정은 1) 학습의 필요성을 파악하고, 2) 자신의
경험과 능력을 평가한 뒤, 3) 자신에게 맞는 개인적인 프로그램을 선정하여
온라인을 통해 대학이나 학습센터에 등록을 하고, 4) 학습을 진행하고, 5)
학습의 결과를 평가하고, 6) 이 결과를 대학이 인정해 준다. 수학하는 기간
은 프로그램에 따라 다양하고 수료한 후에 학위를 주는 것은 아니고 수료했
다는 인증서를 주는 정도이다. 우리의 학원과 같은 기능을 수행하고 있는
데 정부 차원에서 수요자의 요구와 대학의 기능을 연결해 주는 사회교육 기
관의 역할을 수행하고 있다(교육부, 2004).

영국 정부는 평생학습문화의 구축을 평생학습사회의 핵심전략으로 채택하
고 국가자문위원회에서 학습사회 구축을 위한 1차보고서 발표 후 학습세기
(Learning Age)를 통하여 학습국가 건설의 기본계획을 수립하였으며, 이
에 대한 후속 보고서로서 학습문화 창조를 위한 2차보고서를 발표하였다.
영국의 평생교육 정책을 담고 있는 주요 보고서로는 '21세기를 위한 학습
(Learning for the Twenty-first Century, 1997)', '학습의 세기
(The Learning Age: A Renaissance for a New Britain, 1998)', '학
습문화의 창조(Creating Learning Cultures: Next Steps in Achie-
ving the Learning Age, 1998)' 등이 있다. 또한 최근의 평생학습 정책을
담고 있는 보고서로는 '아동과 학습자를 위한 5년 전략(Five Year Stra-
tegy for Children and Learners, 2004)'이 있다. 여기서는 이 같은

주요 보고서를 통하여 영국의 평생교육 정책 동향을 개관한다(교육부, 2004).

프라이어(Fryer) 국가자문위원회의는 평생교육에 대한 요구와 개념 확대는 물론이거니와 근로에 대한 개념 변화뿐 아니라 인간 형성의 계속적인 과정에 변화를 가져옴에 따라 국민이 직장과 지역사회에서 적합한 사회적 역할을 가능하게 할 수 있게 하는 계속교육과 평생학습에 대한 1차 보고서인 "21세기에 대비한 학습(Learning for the Twenty-first Century)"을 발표하였다. 이 보고서는 영국의 교육개혁에 대한 가장 기초적인 보고서이다. 이 보고서에서 "영국은 당시 여기는 바와 것과는 달리 아직도 학습사회가 아니며, 평생학습문화나 평생직업교육 문화도 가지고 있지 않다"고 스스로 반성하고 있다. 이 같은 현황 파악을 토대로 21세기를 대비하기 위해 전 국민이 생애 전 시기를 통한 학습참여 문화를 발전시키는 것이 중요하며, 영국 사회에 여전히 존재하는 국민들 간 또는 한 국민의 삶 내에서의 '학습 격차'(learning divide)를 해소하기 위한 방안들과, 평생학습문화의 건설을 위해 중점적으로 해결되어야 할 10가지 기본 과제를 제시하였다.

아울러 프라이어 국가자문위원회의 1차 보고서에 근거하여 노동당 정부는 1998년에 철저하게 경제적 시각에서의 평생교육 청사진인 '신 영국 건설을 위한 교육 르네상스(The Learning Age: A Renaissance for a New Britain)'라는 백서를 발간하였다[15]. 이는 21세기 경제를 '지식주도경제'로 규정하고, 지식주도경제의 핵심 경쟁력이 지식(knowledge), 숙련(skill), 창조력(creativity)의 개발에 있다고 제시하고 있다.

이 백서는 블레어 총리의 "교육은 최선의 경제정책이다"라는 이념을 실현한 것으로서 지식기반경제에서 요구되는 인적자본을 형성하는 데 주안점을 두고 있다. 그리고 백서의 평생교육 정책에 따라 영국정부는 평생학습 활성화를 위한 1억 6천만 파운드의 기금을 조성하였으며 블룬켓(Blunkett)

---

15) DfEE, *The Learning Age: A Renaissance for a New Britain*; available from http://www.lifelonglearning.co.uk/greenpaper/index.htm; accessed 6 October 2000.

장관은 플린(Flynn) 고용·사회복지 분야 유럽연합위원과 함께 노동시장 요구의 변화에 부응하는 시민의 기술 향상을 위한 지원에 동의하고 유럽사회기금으로부터 최초의 지원을 받게 된다. 이어 1998년 12월에는 지식기반 경제 구축을 통한 경쟁력 강화 청사진이라고 할 수 있는 '우리의 경쟁적 미래(Our Competitive Future: Building the Knowledge Driven Economy)'를 발표하였다.

프라이어 국가자문위원회는 '학습세기(The Learning Age)'의 후속 보충자료로 3천 여 개인과 기관 제안에서 추출된 정부 자체 컨설팅을 반영한 2차 보고서인 '학습문화 창조: 학습시대 건설로의 도약(Creating Learning Cultures: Next Steps in Achieving the Learning Age)'이라는 보고서를 1998년에 발표하였다. 이 보고서에는 현행 교육제도에서 포함되지 못하는 성인의 학습기회 증진 방안, 소외집단의 학습요구 진단과 효과적인 지역평생학습 및 연계에 대한 우수사례 보급 등을 포함하고 있다.

영국 교육기술부의 최근 평생교육정책을 담고 있는 보고서로는 2004년에 발간된 '아동과 학습자를 위한 5년 전략(Five Year Strategy for Children and Learners)'이 있다. 이 보고서에는 고용향상과 근로 관련 계속교육에 대한 정책을 담고 있다. 보고서의 주요 내용은 사업자는 필요한 기술을 가진 노동자를 고용할 수 있고, 개인은 그들이 취업과 자기발전에 필요한 직업교육과 기술을 습득할 수 있도록 세부 목표를 설정하고 있다. 즉, 2001년부터 2008년까지 1,500만 성인의 기본기술 수준의 성취, 노동시장의 성인계속교육과 직업교육과정 운영, 최소 400개 이상의 직업교육센터 설립을 통한 네트워킹과 지역적 확산 등을 목표로 하고 있다.

장기적으로 2001년 이후 진행된 225만 성인의 기초능력 수준 개선과 국제 경쟁력 강화, 최고 수준의 교육경험 제공을 통한 평생교육영역 수립과 전문화를 통한 노동시장 교육 형성을 추구하고 있다. 이처럼 영국 정부는 1990년대 후반부터 정책보고서를 통하여 본격적인 평생교육 정책을 수립하여 국민의 평생학습 진흥을 추진하고 있다. 초기의 보고서에서는 다양한 학

습자의 평생학습기회 제공에 초점을 맞추고 있으며 최근에 와서는 노동시장
의 요구에 부합하는 직업교육기회의 제공에 보다 초점을 맞추고 있다.

　최근 교육기술부에서는 2006년까지의 추진전략(Delivering Results:
A Strategy to 2006)을 발표하였다. 여기에 포함된 향후 평생학습 종합
추진계획은 다음의 〈표 22〉과 같다.

〈표 22〉 영국의 평생학습종합추진계획

단 계	내 용
5세 이하	• 모든 3세와 4세 아동에게 유아교육을 무상으로 제공함 • 육아, 학교, 가정을 보완할 수 있는 육아시설을 제공함 • Sure Start programme을 통해 향상된 서비스를 제공함 • 지역 보육시설과 학교운영시간을 확대 및 연장함
초등학교/ 아동	• 11세 아동이 중학교 교육을 받을 수 있도록 문해력과 수리력을 갖추도록 함 • 국가교육과정을 개편하여 스포츠, 악기, 외국어 학습 기회를 제공함 • 소외계층 아동들을 위한 새로운 투자를 제공함
중학교/ 청소년	• 모든 사람들에게 질 높은 교육 제공 • 중학교 지원프로그램의 수월성 확대 • 열악한 학교에 외부 협력기관을 제공함으로써 지원강화 • 중학교 체제에서 전문화와 협조체제 증대 • 영재 아동을 위한 계속적인 기회 제공 • 능동적 시민의식과 지역사회 참여를 유도하도록 학교교육과정 개편 • 술, 마약 오용과 범죄에 대한 교육 강화
14~19세 대상	• 다양성에 기반을 둔 우수한 학교 • 14세부터 질 높은 직업교육 기회 확대 • 개인개발을 위한 질 높은 교육 제공과 학습 장애 제거 • 재정 지원과 유인가 제공 • 추가교육 지원 향상, Ofsted나 ALI를 통한 지속적인 감독 • 19세 이하를 위한 대학교육 지원 • 모든 아동들을 위한 교육, 훈련, 직업 기회 보장
대학교	• 학교, 대학, 사내교육을 고등교육으로 연계 • 더 많은 사람에게 고등교육 기회 제공 • 재정 분배 • 각기 다른 요구를 고려한 적절한 재정 배분 • 연구와 교수의 수월성 강조

단 계	내 용
성인 학습자	• 성인의 문해력과 수리력 향상을 위한 교육 • Sector Skills Council 설립 • Learn direct와 개인학습계좌(ILA)를 통한 학습기회 확대 • UK online center를 통한 IT 접근 폭 확대 • 2003-2004년까지 계속교육대학에 New Centers of Vocational Excellence 설립 • E-learning 확대 • 성인, 지역사회교육 분야 부흥 • 기술정책을 통해 성인의 능력이 향상되고, 이러한 능력을 기초로 영국의 생산성 증대 • ULF의 지원으로 노동조합의 참여 확대 • 죄수 대상 교육과 훈련 확대

영국은 1995년에 교육부와 고용부를 통합해 교육고용부를 설립하여 경제정책과 교육정책의 일관성을 강화하였으며, 이러한 부처 간 구조조정은 실용적 교육목적을 달성하기 위해 부처 통합을 단행한 예라고 할 수 있다. 또한 평생교육 예산을 강화하고 있는데, 국가의 교육예산 중 평생교육 예산 비중이 약 28%이상으로 높게 나타나고 있으며 평생학습 추진기구의 중추인 LSC의 경우 재정총괄위원회를 별도로 두어 기금조성, 재정관리 등에 대한 조언을 구하고 있다.

V. 호주의 평생교육

　호주의 교육 분야는 학교교육, 대학교육, 직업훈련, 성인 및 사회교육 등 크게 4부분으로 나뉘어져 있다. 이 중에서 평생교육 관련 업무는 교육과학훈련부 산하 학교 외 교육 및 훈련부(Vocational Education & Traning Group)에서 주로 담당하고 있다. 호주의 평생교육 전통은 개척 초기에 시작된 근로자들 중심의 계속기술교육에 뿌리를 두고 있다. 1990년대에 들어 사회경제적인 요구에 적극적으로 대처하기 위한 교육훈련 분야의 개혁을 단행하였다. 여기에서 평생교육의 국가적인 목표는 지식과 기술 및 정보 경제력을 키우는 데 중점을 두고 있으며 이와 같은 정책변화를 반영하여 '호주의 평생직업교육훈련을 위한 국가전략 1998~2003' 보고서가 발간되었다.

　호주의 평생교육은 직업훈련과 성인교육이 통합된 형태로 나타나며, 직업교육 훈련 시스템에 대한 국가적 목표를 달성하기 위해 직업교육, 훈련영역의 국가 전략계획을 개발하고, 국가 프로그램을 관리하고 자금을 공급하며, 직업교육·훈련시스템을 개발하고 있다. 정책의 주요 초점은 평생교육 기회 제공체제를 확대·구축하고, 학습자 중심의 개방학습 체제를 개발하며, 평생직업교육훈련을 국가자격으로 연계할 수 있는 평가·인정시스템을 개발하는 것이라고 할 수 있다. 1995년 호주정부는 연방자격체제(Australian Qualification Framework)을 구축하였다. 이것은 의무교육 연한인 중등학교 10

학년 이후부터 대학원 과정에 이르기까지 모든 교육 및 훈련을 12개의 국가자격으로 통일시켜 전국적으로 일원화한 호주의 국가자격시스템이다.

호주의 평생교육은 크게 두 가지로 구분할 수 있다. 첫째는 평생직업능력개발로서 그 중심은 TAFE(Technical and Further Education)라고 불리는 기술계속대학시스템이다. TAFE 전문대학을 중심으로 한 직업교육훈련 기관들 사이에는 프로그램의 내용 및 자격과의 관련 등이 통일적으로 명시되어 있기에 교육기관을 변경하는 데 따른 학습의 중복이나 프로그램의 불일치 등이 제기되지 않는다. 둘째, 지역성인교육과 인문교양교육은 주로 호주성인교육협회(Adult Learning Australia: ALA)를 중심으로 이루어지고 있다. ALA는 지역사회 내에서 이루어지는 교육으로 성인기초 교육 프로그램을 제공하고 있으며 지역평생교육 활성화를 도모한다.

호주는 특히 학위 취득에 있어서 유연성을 특징으로 하고 있는데, 호주 개방대학 시스템(Open Learning Agency: OLA)은 이전 교육기관의 학습을 인정하는 학점인정뿐만 아니라 학습자가 훈련이나 직업 및 생활경험을 통해 획득한 지식이나 기술도 학점으로 인정해 주는 이전학습인정 정책을 통해 매우 유연한 대학학위 취득을 가능하게 만들었다. 호주개방학습제도는 개방학습을 통해 학점인정을 받아 대학 학위나 전문대학 수준의 자격을 취득하는 제도로서 1992년에 'TV 개방학습'을 통해 시범적으로 실시된 후, 1993년부터 전국적으로 확대·실시되고 있는 호주의 독특한 평생학습제도라고 할 수 있다. 우리나라의 학점은행과 상응할 수 있는 제도라고 할 수 있다.

호주 평생교육정책의 근간은 교육과 직업훈련 진흥을 통하여 선진 국가를 건설하는 데 두고 있다. 호주는 평생교육을 국가의 계속교육에 대한 요구에 부응하는 "제 4부문"의 교육으로 재정립하기 위한 필요성을 강조하고 있다. 그리고 최근에는 학교교육과 학교 밖 교육 간의 통합·연계 시스템을 구축함으로써 평생학습기회 제공 시스템을 구축하고 있다. 호주의 평생교육정책을 담고 있는 보고서로는 '평생직업교육훈련을 위한 국가전략 1998~2003

보고서'이다(교육부, 2004).

호주의 평생교육은 1990년대에 이르러 급변하는 사회·경제적 요구에 대응하기 위하여 교육훈련 분야의 개혁을 단행하여 평생교육의 국가적인 목표를 지식과 숙련, 정보·경쟁력을 키우는 데 초점을 두고 있다. 호주의 평생교육은 직업훈련과 성인교육이 통합된 형태로 나타나며, 직업교육훈련의 국가적 목표달성을 위하여 직업교육, 훈련영역의 국가전략계획을 수립하고, 국가적 차원에서 프로그램을 관리하고 재정을 지원하며, 직업교육·훈련체제를 개발하고 있다.

호주의 평생교육정책의 주요 초점은 평생학습기회를 확대하고, 학습자 중심의 개방학습체제를 마련하며, 평생직업교육훈련을 국가자격으로 연계할 수 있는 평가·인정시스템을 개발하는 것이다. 평생직업교육과 국가자격과의 연계로서 지난 1995년에 호주정부는 연방자격체제(AQF: Australia Qualification Framework)를 구축하고 교육훈련과 자격과의 연계, 교육훈련 부문 간의 학점인정과 이를 통한 교육훈련 부문 간의 유연한 이동시스템을 구축하고 있다. 평생직업교육기관의 중심인 TAFE에서는 각 교육훈련과정에서 학습한 결과가 곧바로 국가자격취득으로 연결되는 체제를 구축하고 학습자가 원하는 시간에 원하는 방법으로 모든 학습한 결과를 통일된 국가자격으로 평가·인정하고 있다(교육부, 2004).

VI. 프랑스의 평생교육

프랑스의 평생교육은 직업 교육적 의미를 강하게 내포하고 있어서, 초기 교육 이후에 이루어지는 계속교육을 계속직업교육(formation professional continue)이라고 한다. 프랑스에서 계속직업교육이 제도적으로 정착하게 된 것은 1971년 법에 의해 기업체들에게 근로자들을 위한 계속교육을 의무화하면서부터이다. 그 후 점차 계속교육의 재원을 확대하여 평생교육 비용부담을 개인보다 국가, 지방자치단체, 기업체가 부담한다. 즉, 초기교육에서 16세까지 무상의무교육을 실시하고 그 비용을 국가와 지방자치단체가 부담하는 것과 같이, 계속교육 비용도 상당부분을 공적으로 혹은 기업체가 부담한다. 평생교육이 확대되면서 교육의 결과를 사회적으로 인정하는 제도가 필요하게 됨에 따라 경험을 통하여 얻은 것을 평가하는 제도가 도입되었다. 평생교육기관에서 얻은 교육경험은 이 제도를 통하여, 교육대상자의 자격수준이나 학위를 향상시키는 데 기여하게 된다.

교육부 수준에서 평생교육 업무는 그레따(GRETA)를 중심으로 이루어진다. 그레따는 학교시설과 교사를 공동으로 활용하여 성인들을 대상으로 계속교육을 실시하는 지역별 중·고등학교 연합이다. 그레따에 관한 업무를 담당하는 부서는 학교교육실의 성인계속 교육과이다. 이 부서는 그레따에서 이루어지는 성인계속 교육의 틀을 정의하고 교육활동을 진흥하는 임무를 가진다.

지방수준에서는 교육청의 계속교육과(DAFCO)에서 관련 업무를 담당한다. DAFCO의 역할은 다음과 같다.

첫째, 지역 내 여러 그레따들 간의 교육활동을 조정한다.

둘째, 기업체를 대상으로 그레따가 제공하는 각종 계속교육에 대한 상담서비스를 제공하고 지역 내 여러 협력체들의 조정과 국제협력을 담당한다.

셋째, 그레따 내부에서 교육자원의 공동 활용과 교육혁신에 관한 정보공유를 지원한다.

넷째, 계속교육센터를 운영한다.

그레따는 1973년부터 프랑스 전국에 걸쳐 조직되기 시작하였고 현재 약 290여개가 구성되어 있으며, 약 6,500개의 교육장소를 가지고 있다. 그레따는 농촌지역을 포함하여 프랑스 전국 어디에서나 찾아볼 수 있으며 일반적으로 널리 실시되는 교육과정의 경우에는 누구나 주거지나 직장에서 가까운 곳에서 교육을 받을 수 있다. 그레따가 제공하는 서비스는 일반교육, 직업교육, 언어교육, 직업계열 학위준비, 각종 시험 준비, 자격수준향상, 기술발전에 따른 재적응, 능력진단, 직업계획수립, 수준을 맞추기 위한 준비교육, 직종변경을 위한 재교육 등이다. 교육수준은 직업고등학교에서 2년간의 단기직업교육을 받고 시험에 합격한 사람들에게 수여되는 CAP와 BEF 단계에서부터 대학 이상의 학위준비를 위한 교육에 이르기까지 다양하다.

각급 학교를 제외한 평생교육기관은 공공기관 및 준공공기관과 사립기관으로 구분되며, 사립기관에는 비영리단체, 영리단체, 개인이 있다. 대표적인 공공기관 및 준공공기관으로는 청소년-교육-연구부 산하에 그레따, 고등교육기관, 국립원격 교육센터 등이 있고, 고용-연대부 산하에 성인교육 전국연합이 있으며, 그 밖에 상공농회의소, 직종단체도 평생교육 프로그램을 운영한다. 1998년 현재 이들 평생교육 기관수는 45,876개이며 그중 국가 및 공공기관이 3%, 영리단체 44%, 비영리단체 28%, 개인사업체 25%이다. 이들이 담당한 평생교육 시장규모는 42.4백만 프랑이었으며, 평생교육

기관 범주별 시장점유율은 국가 및 공공기관이 17%, 비영리단체 36%, 영리단체 42%, 개인사업체 5% 등이다.

평생교육에 참여하는 고등교육기관은 대학교, 대학부설 기술원(IUT, 2년제 고등교육기관), 엔지니어학교, 준고등교육기관(공과대학, 폴리테크닉연구소, 파리정책연구소 등), 국립예술직업학교(CNAM, 파리 및 전국지역센터)등이다. 각 학교가 독립적으로 운영하는 평생교육과 여러 학교가 공동으로 운영하는 평생교육이 있다. 지방 수준에서는 각 학교의 평생교육 프로그램 간의 조정을 담당하는 공동 서비스 창구를 두며, 전국 수준에서는 교육부의 고등교육실에서 대학 평생교육 정책을 조정한다.

평생교육의 재원은 주로 국가나 지방자치단체, 기업체 등이다. 교육의 지방분권화에 따라 학교교육 이후의 평생교육에 대한 일반적인 권한은 지방이 가지고 있으며, 16-25세의 청소년을 위한 계속직업교육도 지방이 책임진다. 국가는 지역 간, 직종 간, 기업체 간 교육기회의 불평등을 축소하는 조정자의 역할을 하며, 기업체는 의무적으로 계속교육에 참여하여야 한다. 2001년도에 국가의 평생교육 예산은 총 5,301.38억 유로이며, 이중에서 고용-연대부의 예산이 5,178.1억 유로이고 기타 부처(상공부, 교육부, 농림부, 여성부)예산이 23.28억 유로이다. 고용-연대부 예산 중 절반이 조금 넘는 2,922.45억 유로가 청소년 계층을 위한 예산이고 나머지 2,355.65억 유로가 전체국민을 위한 예산이다.

지방이 조달하는 재원은 크게 국가로부터 받는 잉여금, 자체 예산, 유럽사회기금으로 확보되며, 지방회의의 결정에 따라 16-25세 청소년을 위한 직업교육, 도제교육, 기업체 지원, 평생교육기관 지원, 교육대상자 지원 등에 사용한다. 2001년도에 지방회의가 지출한 평생교육 예산은 1,909백만 유로이며 이 예산으로 교육을 받은 인원은 456,182명이다. 그 중 26세 이하 청소년은 213,429명으로 전체의 55.3%이다. 모든 기업체는 교육활동과 능력진단에 소용되는 재원을 분담함으로써 평생직업 교육의 발전에 참여한다.

　10인 이상의 근로자를 고용하는 기업들은 전체 근로자들에게 지불하는 임금총액의 1.5%를 평생교육비용으로 사용하여야 하고(현실적으로는 그보다 많은 평균 3%를 사용), 반면에 10인 미만의 기업들은 임금총액의 0.15% 혹은 0.25%를 평생교육비용으로 지불하여야 한다. 이렇게 각출된 비용은 주로 기업체가 자체적으로 실시하는 교육, 청소년을 위한 순환취업계약 실시, 근로자의 교육-훈련 휴가 지원에 사용된다. 2001년도에 기업체가 평생교육에 사용한 예산은 7,202억 유로이다.

Ⅶ. 미국의 평생교육

   교육 활동의 대부분이 연방정부가 아닌 주정부에 의하여 계획되고 운영되는 시스템이 미국 교육제도의 특징이나 성인교육제도는 그 반대로 연방 정부법에 의해 일찍이 발달해 왔다. 1914년 스미스-휴법(Smith-Hughes Act)과 1920년의 스미스-뱅크헤드법(Smith-Bankhead Act)은 농촌발전을 위한 대학의 참여, 성인교육을 위한 공립학교의 이용, 성인의 직업훈련 등을 제도화하였다. 그러나 그 영향력은 매우 미약하였으며, 1930년대 대공황기를 거치면서 다수의 실업자 군이 나타나면서 그들에 대한 국가 차원에서의 직업교육에 관심을 가지게 되었지만, 본격적인 의미에서의 성인교육이나 평생교육을 논할 수 있는 단계는 아니었다.

   미국의 평생교육은 기존 교육법과 함께 1966년의 성인교육법(Adult Education Act)이 만들어지고 그 후 10년 후인 1976년의 평생학습에 관한 규정이 고등교육 법안(Title Ⅰ, Part B)에 자리를 잡음으로써 본격적으로 시작된다. 이 법에 의하면 "미국사회는 연령, 성, 사회경제적 조건이나 교육배경에 구애됨이 없이 모든 미국 시민들의 평생학습의 기회를 마련하는 목표를 세워야 한다."고 명시하였고, 동법 제132조에서 평생교육의 범위를 성인 기초교육, 계속교육, 독립적 자유학습, 농업교육, 기업교육, 노동교육, 직업훈련, 부모교육, 중등이후 교육, 노인교육, 교정교육, 특수교육 및 기타 성인교육으로 규정하고 있다.

   1990년대 이후 미국은 전 국민의 평생학습 기회보장과 관련된 체제를 국가적 차원에서 수립하여 각 주정부 및 대학, 기관들이 서로 연계하여 평생교육의 틀을 형성하고 있다. 관련된 법령으로는 (1) Vocational and Technical Education Act of 1998(2003년 개정), (2) Adult Education and Family Literacy Act, Title Ⅱ of the Workforce Investment Act of 1998(2003년 개정),(3) No Child Left Behind Act of 2001 등을 들 수 있다. 연방 정부의 평생교육부서는 직업성인교육실 하에 고등학교, 직업／기술교육, 성인／문해 교육, 커뮤니티 칼리지의 체제로 나누어서 전국 수준의 평생교육 전반에 대한 사업을 수행하고 있으며, 주정부 단위로 성인／문해 교육 추진 부서를 두고 단체 및 학교와 연합하여 컨소시엄을 구성하며, 개별 프로그램을 운영하고 있다.

미국 교육부는 2002년부터 2007년까지 실행할 전략적 계획(STRATEGIC PLAN 2002-2007)을 발표하였는데, 그 세부 목표 중 하나가 평생교육과 관련된 주요 정책으로 중등 이후 및 성인에의 접근 및 질 향상(Enhance the Quality of and Access to Postsecondary and Adult Education)을 목표로 하고 있다. 이 업무는 주로 직업성인 교육실에서 전담하고 있다.

미국 교육부에서 평생교육의 업무를 주로 담당하는 곳은 직업성인교육국(Office of Vocational and Adult Education: OVAE)이다. 직업성인교육국은 모든 미국인들이 중등교육 이후 단계의 교육과 노동, 그리고 삶에 있어서 성공하는 데 필요한 지식과 기술을 갖도록 하는 데 조직의 일차적 목표를 두고 있다. PAF(the Preparing America's Future initiative)의 포괄적인 정책과 프로그램, 그리고 적극적인 활동 등을 통하여 미국 고등학교의 개혁을 돕고, 커뮤니티 칼리지를 지원하며, 미국 성인교육 프로그램을 확장하는 일을 수행하고 있다. 직업성인교육국은 자신들의 노력들이 연방 정부의 교육에 대한 역할을 보다 적극적인 방식으로 변화시킬 것이며, 그것이 곧 주정부와 지방 개혁 노력을 촉발해 낼 것으로 기대하고 있다(최돈민 외, 2003).

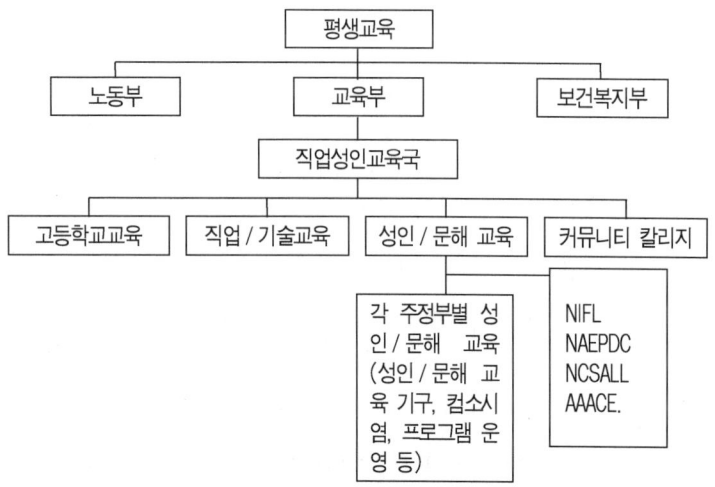

자료: 3최돈민 외(2003). 주요국의 평생교육체제 분석. 수탁연구 CR 2003-47, 한국
교육개발원.

[그림 4] 미국 교육부의 평생교육 조직 및 추진기구 체계

위의 〔그림 4〕에서 볼 수 있는 바와 같이, 직업성인교육국은 고등학교
교육, 직업 / 기술교육, 성인 / 문해 교육, 그리고 커뮤니티 칼리지의 네 가
지 하부 체제로 나누어 전국 수준의 평생교육 전반에 대한 사업을 지원, 수
행하고 있다.

미국 평생교육은 미국성인계속교육협회(American Association for
Adult and continuing Education: AAACE) 등의 민간 주도로 이루
어지고 있으며, 그 내용도 매우 다양하다. 이 중에서 국가가 주도하고 있는
프로그램들은 주로 성인 기초교육, 성인 중등교육, 영문해 프로그램 등에
집중되고 있다. 성인기초교육(Adult Basic Education: ABE)이란 읽
기, 쓰기, 말하기, 문제해결, 계산 등의 기초문해 관련 능력을 보충하기 위
한 것이며, 성인중등교육(Adult Secondary Education: ASE)프로그램
은 비정규 과정을 통하여 고등학교까지의 졸업장을 취득하도록 지원하는 프
로그램으로서 GED test, 외부 학위수여 프로그램(external diploma)

등이 여기에 해당된다.

또한 이민자 및 영어 구사능력이 떨어지는 미국 내 거주민을 대상으로 영문해 프로그램이 실시되고 있다. 미국 교육부(연방정부)의 전체 예산은 2002년도 예산을 기준으로 56억 2천만 달러이며, 이 중 평생직업교육국의 예산은 성인교육 및 문해에 지원되는 예산과 직업교육에 지원되는 예산으로 크게 나누어지는데, 성인교육 및 문해에 지원되는 예산은 5억 9천 110만 달러로 전체 교육부 예산의 10.51%를 차지하고 있으며, 직업교육에는 13억 1천 450만 달러가 지원되고 있다.

미국의 경우 평생교육관련 사업의 추진이 다양한 기관 및 학계, 주정부와 연계하여 수행되고 있으며, 정부 부처 내에서도 교육부뿐만 아니라 보건복지부, 노동부 등 타 부처와 연계하여 수행되는 프로젝트 및 다양한 사업이 연계되어 수행되고 있다. 특히 국가중심으로 수행되는 평생교육사업은 주로 성인기초교육 및 문해에 집중되고 있다. 성인교육 및 문해에 지원되고 있는 예산은 교육부 예산의 10.51%를 차지하고 있다. 이것은 우리나라의 경우 2002년 기준 교육부 전체 예산인 약 22조 원 대비 평생학습정책에 지원되는 예산이 약 18억 원 정도로 0.008%에 불과한 현실에 비추어 매우 비중이 큰 사업임을 알 수 있다.

Ⅷ. 핀란드의 평생교육

핀란드의 교육을 담당하고 있는 부서는 교육부(Ministry of Education) 이다. 핀란드 교육부는 교육, 연구(과학), 문화, 스포츠, 청소년 업무 등 전반적 평생교육 영역을 관장하고 있으며, '교육과학국(Department for Education and Science)'과 '문화국(Department of Cultural Policy)' 으로 조직되어 있다. 교육과학국은 일반교육부(General Education Division), 직업교육부(Vocational Education Division), 기술교육부(Polytechnic Division), 대학교육부(University Division), 성인교육훈련부(Division for adult education and training), 과학정책부(Science Policy division) 등 5개의 부서로 구성되어 있다. 문화국은 국가의 전반적 문화에 관련된 정책 수립과 추진을 담당하고 있다(교육부, 2004).

핀란드 교육부는 우리나라의 교육인적자원부, 과학기술부, 문화관광부가 담당하는 업무를 종합적으로 담당하고 있으며, 노동부는 고용정책의 추진에서 노동시장 훈련과 직업안정 서비스의 역할을 담당하고 있다. 핀란드 교육부의 예산은 사회보건부(Ministry of social Affairs and Health), 재경부(Ministry of Finance)에 이어 중앙정부 부처 중 세 번째로 많으며, 성인을 위한 교육 훈련에 연간 5억 5천만 유로(한화 7,700 억원)를 투입하고 있다. 이는 우리나라의 교육부 예산이 2004년 현재 26조이며, 이 중 평생교육 예산이 110억원으로 교육예산의 0.03%인 점을 감안하면 국가가 평생교육에 매우 적극적인 재정투자를 하고 있음을 알 수 있다. 또한 핀란드에는 전국적으로 215개의 성인직업훈련센터를 운영하고 있어 직업교육에 대한 사업을 매우 적극적으로 추진하고 있다(교육부, 2004).

핀란드 교육부 산하기구인 국가교육원(National Board of Education) 은 약 350명의 전문가가 근무하고 있으며 핀란드의 교육정책의 수립을 담 당하고 있는 연구기관이다. 여기에서는 연구 기능을 모두 내부에서 소화하 기보다는 외부의 전문가를 적극 활용하여 추진하고 있다. 국가교육원에서는 직업교육기관을 포함한 교육기관(대학 제외)의 교육과정을 개발하고 있으 며, 330개 이상의 직무에 대해 능력에 기초해서 자격을 부여하는 기능을 담 당하고 있다. 또한, 9개 언어에 대한 국가외국어자격증(National Foreign Language Certificates)을 부여하고 있으며, 특수교육의 개발, 한계화의 방지, 수학과 과학의 교수(teaching) 표준과 질제고, 수업에 데이터 커뮤 니케이션과 교육소프트웨어의 활용, 학교와 직업생활 간의 연계강화 기능을 수행하고 있다. 이 밖에도 양적·질적 지표를 개발하여 교육의 성과를 평가 하고 있으며, 컴프리핸시브 스쿨(comprehensive school)의 제2외국어 평가, 매년 교육의 실태와 직업교육에 대해 수학과 모국어를 정기적으로 평가하고 있으며, 국제비교평가(PISA, CIVICS, TIMMS-R, COST)를 실 시하고 있다. 또한, 국가 차원의 학생선발서비스, 교육 필요에 대한 예측, 외 국의 자격증에 대한 인정과 승인, 교원에 대한 연수, 교수기술(education technology)의 개발과 자료의 생산, 국제협력, 언어적 혹은 문화적 소수민 족에 대한 서비스를 실시하고 있다(교육부, 2004).

핀란드 정부는 평생학습을 국가경쟁력 증진과 급변하는 미래사회에 효과 적으로 대비하는 핵심전략으로 설정하고, 국민 개개인의 학습력 제고를 목 표로 '학습의 즐거움(Joy of Learning)'을 모토로 평생교육 활성화를 추 진하고 있다. 여기서는 핀란드 정부의 평생교육정책 보고서를 통하여 핀란 드의 평생교육정책 동향에 대하여 알아보고자 한다(교육부, 2004).

핀란드의 평생교육정책에 있어서 획기적 전기를 마련한 보고서는 1997년 에 발간된 '학습의 즐거움: 평생학습 국가전략(The Joy of Learning: A National Strategy for Lifelong Learning, 1997)'이라는 보고서이다.

동 보고서는 평생학습 활성화를 국가경쟁력 강화와 미래사회에 대비하는 주요 전략으로 제시하고 있다.

핀란드는 교육 분야의 경쟁력 세계 1위 국가임에도 미래사회에는 개개인의 평생학습 요구가 증가할 것이고 노동시장의 유연성 증대로 다양한 능력을 갖춘 인재가 필요하므로 이 같은 국민의 능력개발을 위하여 평생학습의 활성화가 절실히 요구되고 있음을 제시하고 있다. 이 보고서는 이 같은 평생학습의 수요를 충족하기 위해 국가 차원의 평생교육정책 수립방향에 대하여 제시하고 있다. 핀란드는 고등부 산하에 '평생학습위원회'를 조직하여 정부 각 부처와 평생교육 관련 분야의 단체, 기구 및 인사들과의 협력을 통하여 평생교육의 비전과 전략계획 수립 작업을 수행하고 있다. 핀란드 정부는 평생학습을 모든 연령과 학교교육체제와 학교 외 교육 모두를 포함하는 것으로 개념화하고 국가경쟁력과 사회적 평등을 달성의 주요전략으로 규정하고 있다. '학습의 즐거움'이라는 정책보고서에는 다음과 같은 세 가지 비전을 설정하고 있다.

첫째, 학습은 행복의 원천으로 보고 평생학습의 공동체를 통한 평생학습을 강조하고 있다. 학습은 삶의 활력과 지역을 증진하는 주요전략으로 보고 있는 것이다.

둘째, 기술개발을 국력 강화의 원천으로 본다. 미래의 국가 경쟁력 강화를 위하여 평생학습을 통한 기술력 향상을 추진하고 있다.

셋째, 교육과 문화정책은 미래의 사회에 대비하는 열쇠로 보고 있다. 교육을 통한 국가 지식 강화와 평생학습 활성화를 통한 사회적 자본에 대한 투자를 가장 중요한 국가사업으로 보고 있는 것이다.

이 같은 비전에 기초하여 핀란드의 평생학습은 국가의 철저한 지원 아래 개인의 능력을 사회가 충분히 활용하도록 하고 있으며, 평생학습은 국민 개개인의 의무임과 동시에 학습을 삶의 즐거움으로 승화하고자 하는 것이다. 학습의 즐거움을 통한 평생학습 활성화 전략은 국가나 개인 혹은 특정 집단 차원의 이득이나 목표를 추구하기 위한 것이라기보다는 삶의 질을 학습을 통하여 증진하고자 하는 수준 높은 전략이다.

핀란드 정부의 최근 평생학습정책 보고서는 '교육부 전략 2015(Ministry of Education Strategy 2015, 2003)'라는 보고서이다. 이 보고서는 교육, 문화, 여가증진을 통한 국가혁신과 교육과 문화의 동등한 기회 보장을 통하여 사회 구성원 개인에게 사회복지를 구현할 수 있도록 하기 위한 정책으로서 교육과학부와 문화부장관이 공동으로 서명한 향후 2015년까지의 국가종합 정책의 청사진이다. 보고서의 내용은 국민의 교육, 문화, 여가 활동에 대한 적극적 선택의 기회를 부여하고, 사회적으로 국민들이 교육과 문화를 향유할 수 있는 환경을 조성하고자 하며, 지식 · 창조 · 혁신을 핀란드 사회 발전의 초석으로 규정하고 있다. 이 같은 전략을 통하여 핀란드 전 지역 내의 서로 다른 집단에 속하는 국민들이 다양한 범위 안에서 교육과 문화 서비스에 대한 접근기회를 최대한 보장받을 수 있는 정책을 추진하고 있다.

국가의 교육과 문화 정책의 실행은 교육부가 주축이 되어 추진하되 시민참여와 복지, 평생학습과 창조성 개발을 위한 지식 생산과 확산이 가능한 우호적인 분위기를 조성할 수 있는 교육과 문화를 장려하고 있다. 핀란드에서는 이 같은 학습문화 조성과 더불어 대학과 직업세계를 연결하는 전략을 적극적으로 추진하고 있다. 이를 위하여 1990년부터 폴리테크닉(Politechnics)을 설치하여 운영하고 있다. 폴리테크닉은 대학 비진학자에게 고등교육 수준의 직업교육을 제공, 1990년대의 교육개혁과정에서 탄생한 것이다. 종래의 '후기중등교육수준직업교육(post-secondary vocational education)'의 수준을 높여 기존의 대학에 상응하는 고등교육 기회를 제공하기 위해 도입한 것이었는데, 특히 폴리테크닉은 지역 내 중소기업(SMEs)과의 협력을 통한 지역개발 촉진 및 직업세계의 변화에 부합하기 위해 다양한 분야의 교육을 실시하기 위해 도입하였다. 폴리테크닉에 입학하는 인원구성은 대학입학시험 합격자가 70%를 차지하고 있고, 고등학교 졸업 수준의 직무관련 자격(vocational qualification) 보유자가 30%로 구성되어 있다. 폴리테크닉에서 학위취득까지 3.5년에서 4년 정도 소요되며 29개의 폴리테크닉이 거의 전국에 설치되어 있다. 핀란드의 대학은 모두 국립이지만 폴리테크닉은 지자체 소유이거나 사립으로 '(학위별로 정해진 액수 × 학생 수) + 교육성과' 만큼 중앙정부가 예산을 지원하고 있다. 폴리테크닉의 행정조직에는 교직원, 학생은 물론 지역 내 산업계 인사도 참여, 박사학위까지도 수여하고 있다. 폴리테크닉에서 교원으로 근무하기 위해서는 3년간의 현장경험이 있어야 한다(교육부, 2004).

참고문헌

권이종 · 이상오(2001). 평생교육-이론편. 서울: 교육과학사.

교육부(2000). 평생교육백서. 한국교육개발원.

교육부(2001). 평생교육백서. 한국교육개발원.

교육부(2004). 평생교육 백서. 교육인적자원부.

교육인적자원부(2002). 평생교육백서. 한국교육개발원.

김경희(1999). 대학의 사회교육전문요원 양성 교육과정 분석. 평생교육학연구, 5(1), 77-102.

김경희(2005). 우리가 양성하고자 하는 평생교육사의 전문성은 무엇인가?. 2005학년도 한국 평생교육학회 추계학술대회.

김종서 외(1993). 평생교육원론. 서울: 교육과학사.

김종서 외(2000). 평생교육개론. 서울: 교육과학사.

김진화(2003). 평생교육사의 역할 분석과 위상 제고 방안. 평생교육학연구, 9(2), 219-248.

김영화(1999). 경험학습 결과의 평가인정: 동향과 쟁점. 평생교육학연구, 5(2), 113-140.

남정걸 외(2000). 평생교육행정 및 정책. 서울: 교육과학사.

변종임 외(2005). 평생학습추진체제 혁신에 관한 제언. KP2005-03. 한국교육개발원.

숭실대 평생교육자료(2002). 일본의 평생교육정책. 숭실대 평생교육학과.

양병찬(2000). 평생학습지원시스템 구축을 위한 행정의 과제. 평생교육학연구, 6(1), 39-63.

이정표(1999). 일본의 평생학습 평가인정제도의 구축 동향과 시사점. 사회교육학연구, 5(1), 1-30.

이정표(2003). 경험학습 인증체제의 구축 방향과 탐색. 평생교육학연구, 9(2), 79-98.

이희수 외(2000). 평생학습 지원체제 종합 발전방안 연구(Ⅰ). PR2000. 한국교육개발원.

차갑부(2004). 평생교육의 이해. 서울: 학지사.

최돈민 외(2003). 주요국의 평생교육체제 분석. 연구자료 RM2003-10. 한국교육개발원.

최돈민 외(2003). 주요국의 평생교육체제 분석. 수탁연구 CR2003-47. 한국교육개발원.

한숭희(2004). 평생교육론-평생학습사회의 교육학. 서울: 학지사.

한국교육개발원(2000). 평생학습 지원체제 종합 발전방안 연구(Ⅰ). 84.

Makino. A.(1997). *Recent development in japen's lifelong learning society.*

OECD http://www.oecd.org

Wain, K.(1993). Lifelong education: illiberal and regressive?. *Educational Philosophy and Theory*, 25(1), 58-70.

제 4 장

인적자원개발론

Ⅰ. 인적자원개발의 필요성과 의의

21세기의 도래와 함께 지식기반 사회로의 이행이 본격화되고 있다. 이는 지식과 정보가 부와 부가가치 창출의 가장 중요한 요소가 되는 지식기반사회로의 전환을 의미한다. 지식기반사회에서 경쟁력의 원천이 제한된 물적 자원과 육체노동에서 이제는 무한한 지식의 힘으로 변화되고 있다. 세계의 모든 국가가 이러한 변화의 물결에 적응하기 위해 전력을 다하고 있는 상황이며, 국가 차원의 전략적 대응 노력에 따라 국가 경쟁력 구도가 급속히 재편 중에 있다. 지역발전과 혁신에 있어서도 지역의 교육기관, 기업, 연구소 등을 활용한 인재 육성과 지식 창출 및 확산이 핵심 전략으로 현재 대두되고 있다.

이러한 패러다임의 전환은 정보통신기술의 급속한 발달, 세계화의 가속화, 정치적으로 민주화의 진전, 경제적으로는 지식근로자가 생성된 점 등이 그 원동력이라고 볼 수 있다. 이러한 변화는 국가발전 전략의 축을 물적 재화 중심에서 지적 재화 중심으로 옮길 것을 요구하고 있다. 이러한 지적 재화 중심 발전전략에서는 새로운 지식을 창출하고 활용할 역량을 갖춘 창의성 있는 인재의 육성이 국가발전과 미래를 좌우하게 됨에 따라 '인적자원'의 중요성이 강조되고 있다.

그동안 한국은 후발 산업화에 성공하여 OECD에 가입하는 등 팔목할 만한 성과를 거두었지만, 지식기반사회로의 변화에 대한 문제의식과 체계적 대응노력은 선진국에 비해 아직 뒤져 있는 실정이다. 과거 산업화 시대 우리나라의 발전을 이끌었던 양적 성장모형은 오늘날 유효성이 현저히 감소하고 있다. 물적인 자본과 노동의 축적을 통한 정부 주도의 발전모형도 한계에 봉착하고 있다. 앞으로는 양질의 인적자원이 지속적 성장과 발전의 원동력이며 국가의 미래를 좌우하게 될 것이다. 그래서 국민 개개인의 역량을 높이는 동시에 사회 저변의 후진적 제도와 관행을 선진화하는 것이 무엇보다 중요하다.

인적자원은 경제적 측면을 강조하는 인력이라는 개념보다도 넓은 개념이다. 단순한 노동력 수준의 생산요소가 아니라 지식과 기술은 물론 정보와 도덕성 등 가치관 측면까지를 포함하는 종합적인 자질을 의미한다. 결국 인적자원은 개개인들이 가진 이러한 여러 가지 능력과 품성을 총괄하는 개념으로 보아야 한다. 교육부는 인적자원의 개념을 "국가사회발전과 국민 개개인의 삶의 질 향상을 위하여 갖추어야 할 기술력, 정보력, 그리고 도덕적 성숙 등 가치 있는 인간의 제 능력과 품성"이라고 규정한 바 있다(교육부, 2000a).

인적자원개발(human resource development)은 인간을 하나의 자원으로 인식하고 인간이 가지고 있는 능력을 최대화시키기 위한 개발을 목적으로 하고 있다. '인적자원개발기본법 제2조에서는 인적자원개발을 국가 및 관련 국가기관 및 사회기관 등이 인적자원을 양성하여 배분 활용하고 이와 관련되는 사회적 규범과 네트워크를 형성하기 위한 제반활동으로 정의하고 있다. 인적자원개발은 사람 개개인 속에 체화된 가치 있는 지식과 정보, 기술과 기능, 도덕적 품성과 가치관, 경험과 지혜 등을 말하며, 구체적으로 이러한 지식·기술, 도덕적 품성 등을 갖춘 사람을 말하기도 한다.

더불어, 인적자원개발(HRD)은 인적자원의 형성(양성)이라는 좁은 의미로 사용하기도 하지만 형성된 자원을 적재적소에 배치하여 최대한 활용하는 넓은 의미의 총체적 개념으로 많이 사용하고 있다. 이러한 광의의 개념을 보다 분명히 하기 위해서 인적자원의 개발·관리라는 표현을 쓰기도 한다. 인적자원관리(human resource management)는 양성보다는 충원(채용)단계 부터 퇴직에 이르기까지의 인사관리 전반을 포괄하며, 배치는 물론 재교육 과 자기개발 등을 통한 지속적인 능력개발도 포함하는 종합적인 개념이다.

Pace 등은 인적자원개발을 광의로 해석하여 개인 및 단체나 조직의 활 동과 관련한 효과성을 증진하기 위한 제반 활동으로서 개인개발, 직업생애 개발, 조직발전을 통합적으로 적용하여 체제개선을 이룩하는 총체적인 접근 방법으로 규정한 바 있다(Pace, Smith & Millls, 1991).

인적자원 개발의 필요성은 지금까지 토지, 노동, 자본 등 전통적 생산요 소의 효과적 활용에만 의존하는 '개도국형 경쟁력 정책'은 오늘날 한계에 도 달했으나, 경제의 세계화와 정보통신 혁명 등으로 물적 자원의 부족은 충분 히 극복 가능하다. 향후 질 높은 근로자나 창의적 기업가, 고부가가치의 지 식과 기술력 등 양질의 인적자원에 바탕을 둔 '선진국형 경쟁력 정책'이 현 재 절실하게 요청된다. 국가 인적자원 정책은 인적자원을 경제·사회적 발 전을 위한 핵심역량으로 간주하고 이를 종합적으로 강화·발전시키기 위한 정부의 계획과 행동이라 하겠다. 인적자원 관련 정보는 다음의 네 가지 유 형으로 구분할 수 있다.

첫째, 인적자원의 양성으로 교육훈련과 관련되는 것으로 학교교육, 직업 훈련, 평생교육 등의 인적자원개발 활동.

둘째, 인적자원의 배분과 활용으로 노동시장과 관련되는 것으로 근로자 (또는 근로자단체), 기업체(또는 사업주 단체 등)의 인적자원개발 활동.

셋째, 인적자원개발 인프라로 통계, 법, 제도 등과 관련, 사회적 네트워 크 등

넷째, 지식자본의 축적 및 활용으로 연구개발, 국제간 인력교류 등으로 구분할 수 있다. 다음 〈표 23〉은 인적자원 정보의 분류 기준에 대한 예시자 료를 나타내고 있다.

<표 23> 인적자원 정보의 분류 기준(예시)

대분류	중분류 코드	
Ⅰ. 인적자원개발1 (국민기초교육)	11. 유아교육 13. 중학교	12. 초등학교 14. 일반계 고교(특목고 포함)
Ⅱ. 인적자원개발2 (인적자원양성)	21. 실업계 고교 23. 대학교	22. 전문대학 · 기능대학 24. 대학원
Ⅲ. 인적자원개발3 (직업능력개발)	31. 실업자 훈련 33. 취약계층 교육훈련	32. 재직자 교육훈련 34. 대학 평생 교육
Ⅳ. 연구개발(R&D) 지원	41. 국책연구개발사업 43. 대학 연구지원 45. 국제 연구 협력	42. 연구기관운영 지원 44. 연구기반조성 및 기술서비 스 46. 정책연구
Ⅴ. HRD 인프라 구축	51. 정책추진체제 구축 · 운영 53. 정보인프라 구축 · 운영 55. 청소년 문화 육성	52. 자격체제 구축 · 운영 54. HRD 기반 시설 운영 56. 사회적 신뢰 구축
Ⅵ. 인적자원배분 · 활용 등	61. 민간의 교육훈련 63. 인적자원 평가(정책, 기관) 65. 기타(고용, 산업 정책 등)	62. 고용보장 및 안정 64. 인적자원 국제교류 · 협력

자료: 김형만(2004). 인적자원 지식정보 공유체계. 제1차 정례토론회 자료: 인적자원
정책협력망, 한국직업능력개발원.

Ⅱ. 국가 및 지역 인적자원개발 정책

1. 국가 인적자원 정책의 성격(목표) 및 추진방향

국가인적자원개발의 개념은 국가적 관점에서 인적자원은 한 국가의 유지·발전을 위해 활용할 수 있는 인력의 총 규모와 전체적인 질적 수준이라고 할 수 있다. 국민 개개인의 삶의 질 향상과 국가·사회 발전을 위해 구성원들이 갖추어야 할 지식·기술·정보 및 도덕성 등 인간의 제 능력과 품성을 총체적으로 지칭한 개념인 것이다. 따라서 국가인적자원개발은 산업부문의 경제성장을 위한 인력개발뿐 아니라 국민의 기초학력과 직업적 능력을 배양하고 바람직한 인성 및 가치관을 함양하여 활용도를 높이기 위한 행·재정 활동과 관련구조 및 제도개선을 포함한 국가·사회적 제반노력을 의미한다. 즉 교육·훈련 등을 통해 전 국민의 자질과 능력을 향상시키고 국가차원에서 가용인력을 최대한 효율적으로 활용하는 노력을 총괄적으로 지칭하는 개념이라 하겠다(김신복, 2001).

국가 인적자원 개발 정책은 사람과 지식을 21세기 국가 발전의 핵심역량으로 규정하고, 이를 정부차원에서 종합적으로 개발, 활용하기 위한 최초의 국가전략이며, 교육·훈련, 연구개발, 산업분야 등을 포괄하는 종합계획이다. 국가 인적자원 정책의 주요성격은 다음과 같다.

첫째, 사람과 지식에 관한 종합정책이다. 인적자원의 양성·공급뿐만 아니라 배분·활용까지를 포함하는 포괄적인 접근이다. 교육과 훈련, 연구개발, 고용, 산업 등 관련 부문을 포괄하는 종합 정책이다.

둘째, 국민 개개인과 조직의 역량강화를 위한 혁신정책이다. 개인과 조직 차원의 지식 창출 및 확산을 촉발하고 지원하는 혁신 정책이다.

셋째, 미시적 혁신정책이며 구조조정 정책이다. 인적자원개발정책은 개별 주체, 즉 국민 개개인과 기업, 대학, 지방자치단체 등이 가진 지식과 정보의 질과 양을 고도화하고 선진화하는 데 일차적인 관심을 둔다. 아울러 인적자원 개발정책은 조직에 내재한 후진적 제도와 관행을 선진화함으로써 조직 구성원과 조직 전체의 생산성을 제고하기 위한 미시적 차원의 혁신정책이며, 진정한 의미의 구조조정 정책이라고 할 수 있다. 개인과 조직에 체화된 지식과 기술의 중량을 축적함과 함께 적재적소로 흐르게 하는 것이 바로 인적자원정책이다.

넷째, 사회적 신뢰의 구축과 사회적 자산(Social asset)의 형성을 위한 정책이다. 사회적인 신뢰를 바탕으로 사회 구성원 간의 결속을 유지하고 갈등을 완화하며, 성장과 균형의 조화를 통해 열린 민주주의 사회를 지향한다. 인적자원 개발 정책은 경제성장을 위한 인력개발 외에 사회적 신뢰(social trust)의 구축, 시민의식의 제고 등 고도의 사회적 자산을 축적하는 것을 또 하나의 중요한 목표로 하고 있다. 즉, 개인차원의 인적자원개발 뿐만 아니라 건전한 사회규범의 공유, 사회구성원 간의 결속유지를 위한 의식의 공유, 사회 안전망의 확충을 통한 사회통합의 실현 등이 중요한 과제이며, 문화발전을 통한 삶의 질 향상 역시 빠질 수 없는 정책영역의 하나가 되고 있다.

국가 인적자원개발정책의 목표에 대하여 살펴보면 다음과 같다.

첫째, 지식기반사회에 부응하는 국가 인적자원 개발체제를 구축하여 '국민의 삶의 질 향상'과 '국가 경쟁력 제고'의 토대를 마련함으로써 인적자원의 질적 수준 향상, 개발 기회의 확대 및 형평성을 제고한다.

둘째, 향후 5년 이내에 국가 인적 자원개발 및 활용 체제를 선진국 수준으로 높여 인적자원 강국으로 도약한다.

이러한 정책목표에 따른 추진방향으로는 다음과 같다.

첫째, 21세기 지식기반사회를 주도할 수 있는 창의적 능력을 갖춘 인적자원을 개발한다. 학교교육 단계에서 기초 능력을 비롯하여 창의적, 정보 활용 능력, 의사소통 능력, 협동심 등의 기초적인 소양과 전인적 품성을 배양하도록 한다. 그리고 교육제도 운영의 자율성과 재량권을 확대하고 이에 따른 책무성을 강화함으로써 효과성 제고를 위한 내재적 유인기제를 확립할 필요가 있다.

둘째, 전 생애에 걸친 평생학습을 통해 인적자원의 총체적 능력을 개발한다. 인적자원의 총체적 능력을 개발하기 위해서는 전 생애에 걸친 평생학습이 실현되어야 한다. 평생학습이 실현되기 위해서는 교육체제의 개방화와 함께 직장 내에서도 현직교육·연수 등이 허용되는 인사정책이 마련되어야 할 것이다. 시·공간을 초월한 다양한 학습형태를 제공하고 전 생애에 걸쳐 이에 접근할 수 있는 교육기회를 확대한다. 특히 장애인, 여성, 비진학 청소년, 노인 등 취약계층의 능력개발은 사회적 복지차원에서뿐만 아니라 그 사회의 잠재적 인적자원을 최대한 개발·활용한다는 측면에서 중요하다.

셋째, 교육·훈련체제의 사회적 적절성을 제고하여 교육과 훈련의 낭비적 요소를 지양한다. 학교교육의 현장 활용력을 향상시키고 개인이 받은 교육이 학교 밖에서 유용하게 활용될 수 있도록 교육과 훈련과 직업세계와의 연계성을 제고할 필요가 절실하다. 이를 위해 급변하는 노동시장의 요구에 부응하는 각종 직무분야별 능력개발 체제를 구축하고, 지식기반 사회에서의 개인 및 조직의 잠재적인 역량을 발견하여 증진시킬 수 있는 체제를 구축해야 한다. 또한 산업현장에서 교육훈련 결과의 활용성을 보장하기 위하여 학력과 자격인정의 기준을 개인의 현장수행 능력의 달성 여부로 평가하고 이들을 연계함으로써 교육내용의 질적 향상을 도모하고, 국내 자격 및 학력의 국제적 인정이나 통용성을 확보하여 대외 경쟁력을 강화해야 한다.

넷째, 인적자원의 효율적 활용과 관리체제를 구축하도록 사회 각 부문의 역할을 적절히 분담하고, 관련 제도를 정비하며 정보체제를 구축한다. 인적자원의 효율적 활용 및 관리를 도모하기 위해서는 인적자원의 수요, 공급 구조를 근거로 다차원에 걸친 인적자원 개발 관련 부문 간에 합리적 역할 분담을 통한 책무성을 강화하고 유기적 협력 체제를 구축할 필요가 있다. 그리고 지식기반 사회에서 국가 경쟁력을 높이기 위하여 각 개인 및 조직이 가지고 있는 지식을 공동의 지적 자산으로 변화시켜 공유하고 부가가치가 높은 지식을 창출하도록 유도할 필요가 있다. 즉, 국가 전략적 필요에 의해 인적자원개발 관련 각종 기관 및 기업, 개인, 단체들의 노하우를 체계적인 정보자료로 축적하여 활용하도록 한다.

경제성장의 견인차였고 선진국 못지않게 비교우위가 있다고 믿었던 우리의 인적자원 개발활동, 특히 교육은 국제경쟁력이 날로 저하되는 현상을 보이고 있다. 스위스 국제경영개발원(IMD)에 의하면 1999년 현재 우리나라의 국가경쟁력은 조사대상국 47개국 중 28위인데 인적자원부문은 26위이고 대학교육의 경쟁력은 43위로 평가되고 있다(교육부, 2000a).

국가 차원에서 인적자원의 개발체제가 중요시되는 이유는 오늘날 그것이 국가 발전의 핵심 전략으로 평가받고 있기 때문이다.16) 이제 국가 간 경쟁력 수준은 얼마나 질적으로나 양적으로 국민들에게 내재된 소질, 적성, 능력을 깊고 넓게 발굴해 내고 활용하는가에 따라 좌우된다. 따라서 국민 전체를 하나의 단위로 하는 인적자원의 개발노력은 국가 발전 전략의 핵심이다. 이에 부응하여 OECD 회원국들은 국가 경쟁력의 원천은 인적자원의 개발에 있다는 인식 아래 앞 다투어 교육개혁을 추진하면서 인적자원을 효율적으로 양성·활용하는 국가 전략 기능을 강화하고 있다(김신복, 2001).

2. 국가 인적자원 개발 정책의 추진현황

세계 각국이 인적자원의 개발과 활용에 국가차원의 전략적인 노력을 기울이고 있는 시대적 상황에서, 우리나라도 이러한 변화에 부응하여 2001년 2월

---

16) 국가 경쟁력 평가에서 인적 자원이 그 핵심이라는 것은 익히 알려진 사실이다. 예컨대 러시아는 자연자원 부문은 1위, 인적자원 부문은 21위인 반면 일본은 자연자원 부문은 51위로 최하위이지만 인적자원은 1위로서 뚜렷한 대조를 보여주고 있다(산업정책연구원, 1999).

교육부를 교육인적자원부로 확대 개편하고, 교육인적자원부 장관을 부총리로 격상시키는 정부조직 개편을 단행하였다. 이러한 법적 근거 아래 교육부는 유·초·중등교육, 고등교육, 평생학습 등 전통적으로 추진해 오던 업무에 더하여 직업훈련, 연구개발, 실업대책, 사회통합 정책 등 인적자원의 개발 및 활용과 관련된 타 부처의 정책을 국가 차원에서 총괄·조정할 수 있게 되었다.

국가인적자원개발은 모든 국민의 잠재능력을 최대한 개발하고 개발된 능력을 최대한 발휘할 수 있도록 지원하고 조성하는 일련의 정책적·행정적 노력들로 구성된다. 행정적 차원에서 인적자원의 개발·관리는 네 가지 단계로 구분할 수 있다(김신복, 2001). 첫째는 필요한 인적자원을 양성·배출하는 형성(formation)의 단계이며, 둘째는 그들을 적재적소에 배치하는 배분(distribution)의 단계이고, 셋째는 보상체계와 근무조건의 개선 등을 통해 자질과 능력을 최대한 발휘하게 하는 활용(utilization)의 단계이며, 넷째는 그들의 자질이 쇠퇴하지 않고 지속적으로 능력을 발휘하게 하는 보존(preservation)의 단계이다. 이러한 단계들은 꼭 일련의 순차적 일정에 따라 수행되지는 않으며 단계 간에 중복해서 이루어지기도 한다.

〈표 24〉 국가 인적자원 정책의 경과

교육·훈련, 문화·관광, 과학, 정보 등 인력개발 정책을 종합 관장하는 교육부 총리제 도입 천명(2000. 1. 3. 대통령 신년사)
인적자원개발회의의 도입(2000. 2. 28) -위원: 교육부총리(의장)외 10개 부처 장관(급), 청와대 교육 문화수석 -2000년도: 8회 개최, 23개 안건, 2001년도: 7회 개최, 17개 안건 심의·확정
'교육인적자원부' 출범(2001. 1. 29 정부조직법 개정) -인적자원정책 전담 차관보, 인적자원정책국(4과) 신설
'국가 전략분야 인력양성 종합계획' 수립(2001. 11. 15) -6대 전략분야(IT, BT, NT, ST, ET, CT)의 전문 인력 양성 및 지식개발 전략
'인적자원개발기본법' 제정 추진(2001. 11. 26 국회제출) -교육인적자원부의 정책 총괄·조정 기능을 법적으로 뒷받침
'국가인적자원개발기본계획' 수립(2001. 12. 17 대통령 보고)

각 부처에 산재되어 있는 인적자원개발 업무를 효율적으로 총괄·조정하기 위하여 설치된 인적자원개발회의는 2000년 3월 첫 회의를 개최한 이래 정부의 여러 정책현안과 중장기 정책과제를 협의하여 왔다. 인적자원 개발 회의를 통해 국가 인적자원 개발의 기본계획의 수립 방향을 설정하고 정부의 18개 부처와 7개 정부출연기관 등이 참여한 작업반에서 계획안을 수립하여 공청회를 거쳐 지난해 12월 정부계획으로 확정하였다.

2002년 교육부는 보다 효과적인 인적자원 개발을 위한 인프라를 형성하고 체계적인 인적자원 개발 구도를 확립할 목적으로 '인적자원개발기본법'을 제정하여 국가경쟁력을 확보하고자 하고 있다. 이 법에서는 인적자원 개발 기본계획 및 시행계획의 수립과 추진, 인적자원개발 회의의 구성 및 운영, 기본계획의 추진실적에 대한 평가, 인적자원정책 투자분석, 인적자원 개발 및 활용을 위한 종합 정보 관리 등이 규정되어 있다.

국가 인적자원 개발 기본계획은 "경쟁력 있는 국민, 서로 신뢰하는 사회"를 위해 인적자원분야 세계 10위권 진입을 목표로 국민 개개인의 역량을 증대시키고, 사회적 신뢰와 결속을 강화하며, 인적자원을 통해 새로운 성장 동력을 만들어 나가는 것을 목표로 하고 있다. 기본계획은 21세기 경제·사회 환경의 변화와 전망, 우리 인적자원 개발 체제의 문제점에 대한 분석을 바탕으로 4대 정책영역 16개 분야로 나누어 분야별 정책과제를 도출하고 정책추진 전략 및 향후 추진체제를 명시하고 있으며 정책과제별로 매년 세부 시행계획을 수립하고 있다. 그 동안의 경과와 성과를 살펴보면 〈그림 5〉과 같다.

국가 인적자원 개발 기본 계획의 중점 전략은 개방화·네트워크화, 정보화, 탈규제화·자율화, 여성 인력 활용의 극대화이며, 정책 구조는 4대 영역에 16개 분야에 걸쳐 있다. 각 영역별로 그 내용을 살펴보면 다음과 같다.

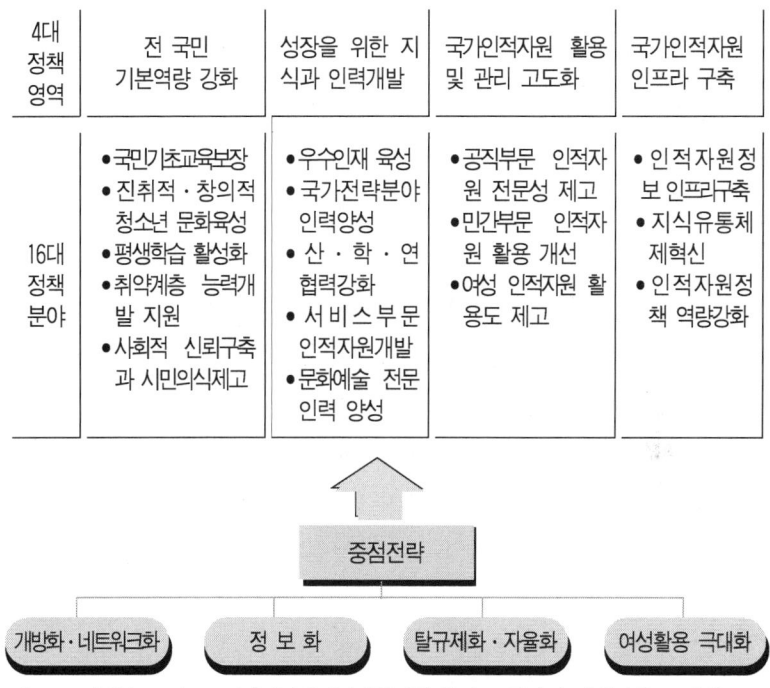

자료: 교육부(2004). 국가인적자원개발기본계획에 따른 분야별 시행계획. 교육부

[그림 5] 국가인적자원개발 기본 계획의 4대 정책영역과 분야

첫째, 전 국민의 기본역량 강화. 국민 기초교육에 대한 최소성취기준 마련, 학교의 책임을 강화하고 학교 밖 그리고 방과 후 청소년 문화 활동을 활성화한다. 성인대상 직업훈련, 지역주민의 평생학습에 대한 지원을 강화하고 노인, 장애인, 저소득층 등 취약계층의 직업능력 개발을 지원하여 사회적 신뢰의 회복을 위한 시민의식을 확립한다. 구체적으로 ① 국민 기초교육 보장과 초·중등교육체제 자율화. ② 진취적·창의적 청소년 육성. ③ 평생 직업능력개발체제 구축. ④ 사회적 취약계층의 능력개발 지원. ⑤ 사회적 신뢰구축과 민주 시민의식 정립 등이다.

둘째, 성장을 위한 지식과 인력개발. 창의적 역량, 특별한 재능을 갖춘 영재를 조기에 발굴하여 육성한다. 이를 위하여 6대 국가 전략분야의 고급 인력양성 체제를 구축하고 대학의 산·학·연 협력 및 연구경쟁력을 강화하고 고등교육의 기회를 확대한다. 서비스시장 개방 대비 서비스 분야의 인력 양성 및 지식을 고도화하고 문화산업 활성화를 위한 문화콘텐츠 분야의 전문 인력을 양성한다.

셋째, 국가 인적자원 활용 및 관리 선진화. 정부 경쟁력 강화를 위한 공무원 충원, 교육훈련, 인사관리를 개선하여 능력과 성과에 따라 인적자원을 관리·보상하는 기업문화를 조성한다. 여성 인적자원의 활용을 극대화하고 다양한 분야로의 진출을 유도한다.

넷째, 국가 인적자원 인프라 구축. 개개인의 가치와 능력을 공정하게 평가·관리하는 체제를 구축한다. 지적재산권, 저작권의 보호 등 지식관련 제도의 선진화를 추진한다. 이를 위하여 중앙정부와 지방자치단체의 인적자원 정책역량을 강화한다.

21세기를 지향하는 인적자원개발체제를 수립·운영함에 있어서는 다음 몇 가지 원칙적인 방향을 추구해야 할 것이다(김신복, 2001).

첫째, 체제운영의 효율성과 생산성을 높여야 한다. 인적자원개발에 있어서도 고비용·저효율을 탈피하여 최소의 비용으로 최대의 효과를 거둘 수 있어야 한다. 그리고 자유경쟁을 통한 시장경제의 원리가 적용되어야 하며 제한된 재원을 효율적으로 배분하기 위해서는 선택과 집중의 원칙을 적용할 필요가 있다.

둘째, 체제운영에 있어 자율화·분권화를 통해서 다양화·특성화를 조장해야 한다. 창의성과 높은 적응능력을 필요로 하는 21세기 지식정보화사회의 경우에 인적자원의 개발에 있어 통일된 교육내용과 방법에 의해 정형화된 인간상을 길러내는 것은 바람직하지 않다. 인적자원개발을 담당하는 일선 행정기관이나 민간기관들에게 기능을 분산시키고 자율성을 부여하여 상호 다양성을 살리면서 특성 있게 발전함과 아울러 다양하고 개성 있는 인적자원들이 개발·활용될 수 있도록 해야 할 것이다.

셋째, 모든 국민들이 잠재능력을 최대한 개발하여 그 능력을 적재적소에

서 발휘할 수 있도록 개개인에게 적합한 기회를 제공해 주어야 한다. 즉 인적
자원개발에 있어 실질적인 기회균등이 이루어져야 하며 불공정한 제도와 관행
이 시정되어야 한다. 특히 소외계층과 취약계층에 대한 인적자원개발기회가
확대되어야 하며 경제적, 지리적, 신체적 요인에 의한 기회불균등만이 아니라
정보를 취득하고 향유하는 데 따른 기회불균등을 해소하는 일이 중요하다.

넷째, 공공부문 인적자원개발활동의 책무성이 강화되어야 한다. 인적자원개
발은 대부분 공익적인 성격을 지니며 성과를 평가하기 어려우므로 책무성에
대한 인식이 희소했던 것이 사실이다. 그러나 인적자원개발체제의 경쟁력을
높이고 투자의 효율성을 제고하기 위해서는 각 교육·훈련기관과 그 담당자들
의 업무수행에 대한 체계적인 평가가 이루어져야 하며 평가결과에 따라 상
응하는 보상이 수반되어야 할 것이다. 이러한 인적자원개발의 책무성은 각
급 행정기관과 국가전체적인 차원에서도 정기적으로 점검할 필요가 있다.

3. 지역단위 인적자원개발

지역단위 인적자원개발(Regional Human Resources Development)은
'사람과 지식'의 개발과 활용을 통한 지역발전 전략이다. 지역사회에 기반을
둔 인재육성과 지식개발이 핵심으로 지금까지 지역발전 계획은 주로 '국토종
합계획' 중 시·도별 발전방향, 또는 '지역산업 발전방안' 등을 중심으로 논
의되어 왔으나, 최근에는 지식기반사회의 대두와 함께 인적자원개발 중심의
지역혁신 및 발전 전략이 부각되고 있다.

지역발전이란 인적자원 개발을 통한 사회발전·문화발전·산업발전 등을
포괄하는 종합적인 의미이다. 여기서는 지역주민의 지식과 능력개발을 위한
평생학습(life long learning)의 확대 전략이며, 교육기관이나 연구기관·
산업체 등 지식의 창출 및 확산과 관련된 기관 간의 유기적 협력을 통한 지
역혁신(regional innovation) 전략이다. 지역혁신은 산업혁신(industrial

innovation)과 교육혁신(educational innovation)체제가 상호작용 함으로써 달성될 수 있다. 그리하여 지역단위 인적자원 개발 정책은 교육과 훈련체제와 지역산업 및 문화발전을 연계하는 종합적인 발전전략이다.

국가적 차원에서 인적자원개발을 추진하는 데는 초국가적(super-natio-nal), 국가적(national), 하위 국가적(sub-national) 수준에서 이루어질 수 있다. 물론 이들은 서로 독립적으로 구현될 수 있는 성질은 아니지만, 정책을 추진하는 전략적 측면에서는 그 성격을 달리한다고 볼 수 있다. 국가적 수준에서 인적자원개발을 추진하는 것은 최근 영연방의 여러 나라들과 같이 국가수준의 자격체계(NQF: National Qualification Frame-work)나 평가체계를 마련한다든지 싱가포르의 Manpower 21과 같이 국가의 대표적인 몇 개의 산업을 선정하여 이를 원활히 지원할 수 있는 노동력을 양성, 공급하는 계획을 수립하고 실천하는 것이다. 한편 하위 국가적 수준에서의 인적자원 개발은 최근 영국이나 독일, 북유럽 및 미국에서 볼 수 있는 바와 같이 좀더 지방 혹은 지역사회 수준에서 인력양성 및 활용, 관리에 관한 노력을 경주하는 것이다. 이렇게 볼 때 지역단위 인적자원개발이란 하위 국가수준 즉, 지역의 경제, 사회, 문화 및 교육 활동 등을 인적자원개발이라는 프리즘을 통하여 분석하고 개발하여 이를 지역뿐만 아니라 국가 발전을 위한 하나의 전략으로 삼는 것이다(김태준 외, 2001).

산업사회에서 지식기반 경제 및 학습사회로 변화함에 따라 지식의 생산과 분배는 경제 발전과 국가 경쟁력을 결정하는 중요한 과정으로 인식되어왔다(OECD, 1996). 이는 경제성장, 고용변화 및 복지 수준에 영향을 주게 되며 그 구성요소인 조직(기업, 교육조직, R&D 기관 및 정부조직 등)과 개인에게 영향을 미친다. 따라서 조직과 개인이 성공적으로 학습을 수행하는 능력은 경제적 수행의 중요한 요인으로 간주된다(Lundvall and Johnson, 1994). 학습경제로 발달하는 것은 삶의 기준이나 생산성의 증진뿐만 아니라 개인과 조직이 새로운 환경에 도전하고 적응해야만 한다는 사실을 의미한다. 새로운 형태의 경제활동은 그 사회에서 요구하는 기술의 수준이나 유형

및 직업의 본질에 영향을 준다. 결국 이는 학습을 통해 새로운 요구를 충족
시키려는 목적에서 교육시스템의 역량이 강화될 것을 요구한다.

 이렇게 볼 때 지역단위 인적자원개발은 국가인적자원개발 계획을 구현하
기 위한 풀뿌리(grass roots)로서 급변하는 지식기반경제에서 개인과 조
직의 혁신을 효과적으로 추진할 수 있는 하나의 대안이다. 혁신체제는 일차
적으로 국가수준에서 정의될 수 있는 것으로 생산의 전문성, R&D 투자,
조직 및 제도개혁, 법제도, 규범 및 가치의 차이에서 국가들 간의 차이를
살펴볼 수 있다. 예컨대, 일본은 연구 기관이나 기업연구소가 R&D의 중요
한 기능을 담당하고 있지만, 미국이나 유럽은 대학이 그 역할을 대신하고
있다. 이들 국가 혁신체제(national systems)들 간의 차이가 있는 것처
럼 지역체제(regional systems)들 간의 차이가 있다(김태준 외, 2001).

 혁신의 근원이라고 볼 수 있는 지식은 지역의 독특한 문화에 내재되어 있
으며 이러한 지식을 소유한 인적자원 양성 및 정착은 지역발전의 핵심적 요인
이다. 그러나 지역의 인적자원 양성 및 활용에 관한 각종 사업이 정부 각 부
처(교육부, 노동부, 산자부, 과기부 등)의 주관 하에 추진되었으나 일관적·통
합적으로 운영되지 못하여 실효성을 거두지 못하고 있다. 현재 우리나라는
인적자원의 양성 및 활용에 관한 지역적 편차가 심한 것으로 나타나고 있다.

 더욱이 지역을 고려하지 않은 획일적인 인력양성 및 활용 정책은 불균등한
사회적 자본(social capital)을 재생산하며 지역격차, 편견, 갈등이 심한 우
리나라의 경우 지역 및 계층 간의 격차(교육기회, 정보, 경제)를 심화시키고
있다. 이는 우수인력의 도시집중을 유발하고 학벌위주의 태도를 강화하여 직
업세계와 학교와의 괴리를 가중시키고 있다. 따라서 미래 산업발전을 전망하
여 지역별 필요 인력을 전망하고 양성하며 국가차원에서는 지역과 밀착된 인적
자원양성·활용 및 개인차원에서는 지역을 기반으로 평생학습을 통한 잠재능
력을 배양할 수 있는 사회제도적 시스템을 구축할 필요가 있다(김태준, 2004).

〈표 25〉 지역 인적자원개발(RHRD) 시·도 지원 사업계획서

사업 목적	• 지역 내 고용 창출 및 사회 통합을 이룰 수 있는 우수 지역인적자원 개발 사업 모형 및 프로그램을 발굴하여 확산시킨다. • 지자체가 중심이 되어 지역인적자원개발 정책을 지속적으로 추진할 수 있는 토대를 마련한다.
추진 원칙	• 시·도별 차등 지원 및 성과 홍보 − 종전의 균등배분원칙에서 시·도간 경쟁을 위해 시·도 사업추진 계획서를 평가하여 우수 시·도 선정 차등 지원 − 지역인적자원개발 모범사례(Case Model) 개발 및 홍보 확산을 통한 시·도의 적극적 관심 및 참여 촉발 − 인적자원개발회의 보고, 시·도지사 인터뷰 및 사례기사 연재 • 지역별 주민이 체감할 수 있는 프로그램 우선 지원 − 주민의 고용 및 창업 역량을 확충할 수 있는 프로그램 위주 − 군인 및 공무원, 여성, 중·장년층을 주 대상으로 지역산업 발전에 필요한 능력개발 프로그램 운영을 통한 가시적 성과 도출 • 시·도에 구축된 지역인적자원개발 추진체제 운영 내실화 − RHRD 추진역량 확충을 위한 활성화 경비 지원 − 시·도 및 RHRD지원센터 전담부서 지정 및 인력 확충 권장
주요 내용	• RHRD 추진체제 운영 및 내실화 − 시·도 및 RHRD협의회 및 지원센터 운영 활성화 − 지역인적자원개발 D/B 구축 및 활용 계획 − 지역인적자원개발 정책 기획 조사 연구 − 공공기관 이전에 따른 중장기 지역인적자원개발 방안 등 • 지역혁신을 위한 RHRD 사업 및 프로그램 실행 지원 − 지역연고 및 지역 전략 산업분야 인력 양성 지원 − 지역 중소기업 인력 양성 지원 − 인적자원개발 정책 사각지대 대상 지원 − 지역혁신을 주도할 공공부문 인적자원개발

　　교육부가 2006년에 추진하고 있는 지역인적자원개발(RHRD) 시·도 지원 사업계획서를 살펴보면 〈표 25〉과 같다(교육부, 2006). 추진 배경으로 지역혁신 및 지역발전을 위해서는 각 지역별 우수 인적자원의 확보가 핵심 요소로 우리나라의 경우, 아직 이에 대한 인식이 낮아 국가 차원의 촉발계기를 마련하고 지역사회의 자발적인 추진 여건에 대한 분위기를 조성하는 등 추진체제의 구축이 급선무이다. 지역단위 인적자원개발은 지역 주도로

관련 기관 간 연계·협력체제 구축을 통해 지역발전 전략과의 유기적인 연계 추진이 바람직하다. 지역 인적자원개발 인프라의 구축 강화 방안을 살펴보면 다음과 같다.

첫째, 지역인적자원개발 정보에 대한 인프라를 구축한다. 지역인적자원의 양성, 배분, 활용, 유지 관리 등에 관한 자원과 정보를 갖춘 지역기반의 종합정보시스템을 구축, 운영한다.

둘째, 지역 인적자원개발을 추진할 수 있는 제도적인 기반을 구축한다. 협의체의 구성과 운영 및 지역 인적자원개발센터 등 관련 조례의 제정, 프로그램 개발 및 실행예산 확보, 전담 조직의 확충 등.

셋째, 지역 인적자원개발에 대한 인식의 제고 및 홍보를 강화한다. 지방자치단체장의 정책의지 및 리더십을 확보한다. 더불어 언론기관이나 각종 홍보매체를 활용한 지역주민을 대상으로 하여 홍보 활동을 강화한다.

넷째, HRD 업무담당자의 전문역량을 강화한다. 다양한 연수 프로그램 및 관련 기관 간에 지속적인 학습기회 제공을 통한 업무 담당자의 전문성을 확보하고 역량을 제고한다.

다섯째, 지역 인적자원개발을 위한 연구 협력 망을 구축한다. 지역 수준에서 지역 인적자원개발정책의 효율적인 추진과 정보 등의 원활한 유통을 위한 연구 협력망을 구축하여 운영한다.

앞으로의 인적자원 개발은 국가, 기업 등 모든 단위의 조직에서 생산성은 구성원 개개인이 가진 창의력, 응용력, 문제해결력이 크게 좌우한다. 따라서 사회구성원 개개인의 지적 잠재력을 최대로 키우고 사회변화에 탄력적으로 대처할 수 있는 효율적 교육체제의 구축이 필요하다. 즉 국가전체의 모든 사회 구성원을 인적자원으로 개발하는 총체적 교육개혁이 추진되어야 한다는 것이다. 이를 위해서는 다가오는 21세기 지식기반사회에 부합되도록 교육패러다임을 근본적으로 쇄신함으로써 교육을 통한 국가경쟁력을 확보하려는 범정부적인 노력이 요망된다(유현숙 외, 1999). 아울러 배분된 인적자원개발재원을 투입한 정책과 사업들이 얼마나 성과를 거두고 효율적으로 활용되었는지는 매년 종합적으로 평가하여 차기 목표설정 및 예산배정에 반영되어야 할 것이며 여기에 필요한 지표체계를 개발하는 일도 매우 중요한 과제이다(김태기 외, 2000).

Ⅲ. 인적자원개발의 전략 탐색

1. 비전과 방향

21세기 지식기반 사회에서 앞서가기 위한 필요충분조건, 양질의 인적자원이다. 인간이 곧 국력인 시대에 국가가 해야 할 일은 바로 이러한 인적자원의 개발에 있는 것이다. 그것은 국가의 주요 정책 수단으로서 다양하고 장기적인 측면에서 고찰, 추진될 필요가 있다. 이는 곧, 미래에 대한 투자 계획이라고도 할 수 있을 것이다.

21세기 우리나라가 선진국에 진입하여 초일류국가로 발돋움하기 위해서 반드시 해결해야 할 과제는 지식기반사회로의 성공적인 이행과 디지털 경제시대에 능동적으로 대응하는 것이다. 지식기반사회 그리고 디지털 경제시대는 정보와 지식이 가치 창출과 경쟁력의 핵심 원천인 동시에 경제 활동의 중심이 되며, 이러한 지식과 정보를 창출, 획득, 활용할 수 있도록 하기 위한 인적자원개발·관리가 국가 발전의 핵심 전략이다.

지난 세기 우리나라는 산업화에 뒤졌던 부분을 만회하기 위하여 양적 성장 위주의 산업 경제개발정책을 펼쳐왔으며, 이러한 국가적인 산업경제개발정책을 강력히 추진하기 위하여 경제정책 전반을 총괄 조정하는 경제부총리제를 도입 운영하였다. 20세기 산업사회에서 산업경제개발이 국가 발전의 핵심 전략이었다면, 21세기 지식기반 경제사회에서는 인적자원개발·관리가 국가 발전 전략의 핵심 정책이 되어야 한다.

국가 인적자원재발·관리가 국가 발전의 핵심적인 전략이 되어야 함에도 불구하고 앞에서 언급한 바와 같이 인적자원개발 관리가 개별 부처 수준, 지방자치단체 그리고 민간기업 등에서 산발적으로 이루어지고 있어 정책의 일관성이 결여되어 있을 뿐만 아니라 중복 투자되고 있다. 다른 한편으로는 인적자원개발·관리가 산발적 분산적으로 이루어지고 있어 정책의 사각지대가 생기고 이로 인하여 국가적인 차원에서 인적자원의 유수현상이 만연되고 있으며, 정책의 사각지대에 있는 국민들의 삶의 질을 향상시키기 위한 능력개발이 이루어지지 못하고 있다.

현 정부의 국정 이념인 생산적 복지는 모든 국민이 인간적 존엄성과 자긍심을 유지할 수 있도록 기초적인 생활을 보장함과 동시에 자립적이고 주체적으로 경제 사회생활에 참여할 수 있는 기회를 확대하고 분배의 형평성을 제고함으로써 삶의 질을 향상시키고 사회발전을 추구하는 것이라고 본다. 생산적 복지사회의 실현을 위해서도 국가적 차원에서 인적자원의 개발·관리는 핵심적인 과제가 아닐 수 없다. 특히 모든 국민들이 일할 수 있는 능력개발을 통하여 경제·사회활동에 참여함으로써 자아를 실현하고 질 높은 삶을 향유할 수 있도록 기회를 부여하기 위해서는 국가 차원의 일관성 있는 인적자원개발 관리 정책이 추진되어야 한다.

산업사회에서의 인적자원개발의 핵심은 학교교육과 직업훈련이 있으나 지식기반사회의 인적자원개발은 학교교육의 한계를 넘어 평생학습을 통해 실현되어야 한다. 따라서 모든 국민을 평생학습자로 포용하기 위하여 학교의 벽을 허물고, 학교체제의 새로운 패러다임이 모색되어야 할 것이다. 이러한 새로운 교육체제가 국가 인적자원개발의 핵심적인 메커니즘으로 작동하기 위해서 현행 교육부와 노동부를 중심으로 관련된 중앙부처 물론 지방자치단체 기업 및 민간단체 등이 총동원되어야 한다. 그리고 국가 인적자원개발 관리를 위하여 이러한 총동원체제를 가동시킬 수 있는 인프라가 구축되어야 한다(강무섭, 2000).

2. 인적자원개발의 필요성

21세기 우리 사회는 정보통신기술의 발달과 경쟁의 세계화 등으로 산업 구조의 지식집약화가 더욱 가속화되어 지식기반사회로 본격 이행하게 된다. 지식기반사회는 종래의 산업사회를 대체할 새로운 패러다임으로서 지식 및 정보가 개인 및 국가의 경쟁력을 좌우하는 핵심요소이자 가치 창출의 원천이 되는 사회이다.

경제 환경의 변화에 따라 불확실성이 증대하는 가운데 지식은 경쟁 우위, 취업 능력, 고용 안정의 핵심적인 토대가 된다. 이러한 변화에 국가와 개인이 어떻게 대응하느냐에 따라 경제의 새로운 도약을 할 것인가, 아니면 실업, 고용 불안, 소득 격차가 확대될 것인가가 좌우될 것이다. 지식기반사회를 우리 국민의 삶의 질 향상과 국가 경제 도약의 기회로 삼기 위해서 개인은 21세기 지식기반사회에서 요구되는 능력을 지속적으로 개발해야 하며, 국가는 모든 국민들이 치열한 경쟁 속에서 살아남고 더 나아가 보다 윤택한 삶을 누리기 위하여 필요한 기술들을 습득할 수 있도록 모든 노력을 기울여야 한다.

이제 국가 간 경쟁의 핵심은 어느 국가가 더 질적, 양적으로 국민들 속에 내재된 소질, 적성, 능력을 깊고 넓게 굴착해 내고 활용하는가에 좌우된다. 따라서 국민 전체를 한 단위로 하는 인적자원의 개발 · 관리는 국가발전의 핵심 전략인 것이다.

경제 환경 변화에서 가장 두드러지게 나타나는 것은(강무섭, 2000) 첫째로, 기술진보의 가속화이다. 특히 정보통신기술 등 과학기술의 발전이 종래에 비해 더욱 빠르게 진행되면서 모든 부문에서 혁명에 가까운 변화를 불러일으키게 될 것이다. 기술의 급속한 발달로 인해 기존 기술의 생명주기는 더욱 짧아지고 있으며, 근로자들의 기술습득에 대한 보다 자발적인 의욕과 보다 많은 재교육을 필요로 한다. 기술발전 그 자체는 신기술 관련 인력의 수요를 크게 증대시킬 것이며, 기술의 융합화와 복합화는 복합기술의 능력 소유자에 대한 수요 증가를 유발할 수 있으며, 기술 생명 주기의 단축은 창의적 능력의 소유자가 우대받는 등의 변화를 쉽게 예상할 수 있게 한다.

둘째는 서비스산업의 급속한 성장이다. 정보통신 관련 산업, 소프트웨어, 전문직종과 같은 지식 집약적 서비스의 비중이 점차 증대하고 기존 산업의 지식 집약화가 진행되는 것으로 예상된다. 시장의 변화, 기술 발전, 그리고 사회현상의 변화 등의 다양한 정보가 생산과정에서 그 중요성을 더해감에 따라 정보의 수집, 가공, 배분에 관련된 제품과 서비스, 그리고 관련 직업들이 창출되고 있다. 따라서 높은 교육 수준과 기능이 요구되는 서비스업체의 고용 인력은 증가하는 반면 저(低) 숙련 기능 인력에 대한 수요는 감소할 것으로 예상된다.

셋째는 노동력 구성의 유연화와 고도화의 진전이다. 지식기반사회에서는 새로운 지식의 생성 창출이 빈번해짐에 따라 직업의 생성과 소멸이 촉진되고, 노동력의 유동화가 증대할 전망이다. 지식정보화의 진전에 따른 전문 인력의 적기 확보, 인력관리의 유연성 확보 등에 의해 근로자들은 종전의 평생 직장의 개념과는 달리, 평생 동안 여러 차례 직장을 바꾸어야 하는 상황에 직면하게 된다. 지식기반사회에서의 고용형태는 '힘에서 지력(from brawn to brain)'으로 바뀌고, 노동절약적인 새로운 기술이 끊임없이 발달함에 따라 단순 노동에 대한 수요는 점차 축소되어 특정 노동 계층의 실업이 장기화되는 반면, 지식 집약적인 새로운 직업 영역이 확장되어 갈 것이다.

3. 국가 인적자원개발·관리의 실태와 문제점

국가의 한정된 인적자원이 적기에 필요한 만큼 양성되어 적재적소에 배치 활용되기 위해서는 국가 차원에서 통일된 시스템이 필요하다. 이러한 관점에서의 국가 인적자원개발·관리체제가 효율적으로 운영되기 위해서는 관련 하위체제가 합의·공유하는 공통의 목표와 일관되고 통일성 있는 조정체계가 갖추어져야 하다.

그간 우리나라의 인적자원개발 및 관리는 국가 차원에서의 종합적이고 일관성 있는 정책적 노력 없이 개별 관련 부처들에 의해 독자적·산발적으로 이루어져 왔다. 즉, 인적자원의 개발 및 관리와 관련된 교육정책, 노동정책, 복지정책 등이 정책 간의 협조, 조화, 일관성 등을 갖추지 못한 채 지금까지 계획되고 추진되어 왔던 것이다. 현재 인적자원과 관련된 업무가 교육부, 노동부, 재정경제부, 정보통신부, 과학기술부, 산업자원부, 보건복지부, 행정자치부, 법무부, 국가보훈처, 중소기업청 등 26개 부·처·청 등에 산재해 있다.

성인 근로자를 대상으로 하는 인력 양성 및 개발 재교육 등의 활동은 기업을 중심으로 이루어져야 하나, 실제 우리 기업의 인력정책은 필요한 지식과 기술을 갖춘 인력들을 선발 사용하는 단기적 수급에 무게가 두어졌다. 지식기반사회에서 근로자의 지식 정보 및 기술은 그가 속한 기업의 생산성 향상과 경쟁력강화의 필수 조건이며, 곧 국가경쟁력으로 이어진다는 것을 고려할 때, 기업 차원에서의 인적자원개발 및 관리 정책이 재정립될 필요가 있다. 이를 위해 정부는 기업교육에 대한 국가지원을 강화해야 할 것이다.

기업수준에서의 교육·훈련은 일부 대기업을 제외하고는 제대로 실시되지 않는 미개척분야라 할 수 있다. 이는 기업의 교육·훈련비용 부담 능력 미흡, 근로자 교육 훈련의 중요성 인식 부족, 근로자의 퇴직으로 인한 교육 훈련투자 회수의 불확실성 등에 기인하는 것으로 볼 수 있다. 최근 직업교육훈련촉진법, 근로자직업훈련촉진법, 고용보험법 등의 제정·운영으로 기업에서의 근로자 교육이 보다 적극적으로 실시될 수 있는 기반이 마련되었다. 그러나 아직도 근로자 재교육에 대한 기업의 인식 수준을 높이고, 실질적인 지원이 이루어질 수 있도록 정부의 정책적 노력이 가시화되지 않고 있다(강무섭, 2000).

4. 인적자원개발을 위한 학교교육

1) 교원의 전문성 향상

교원은 학교교육의 전 과정에서 전략적으로 가장 중요한 위치에 있다. 교원은 교육의 과정을 계획, 시행, 평가하고, 동시에 인적자원 개발의 역할 모델로서 학생들과 상호작용을 하기 때문이다. 인적자원 개발은 그것의 중요성을 인식하고, 이를 위해 헌신하고 몰두하는 주도 세력이 형성되어야 효과를 볼 수 있다. 이들은 곧 교원 집단이다. 교원들이 학생 개개인의 특성을 발견하고 이들로 하여금 자신들의 잠재적 능력을 계발하도록 격려하고 자극하고, 실지로 학생들의 특성(개성) 계발에 적극적으로 노력할 때, 이들이 배출하는 인적 자원의 질이 높아질 수 있다.

교원 집단은 학생들의 역할 모델이다. 교원들이 스스로 자신들의 직무를 사랑하고, 여기에 헌신하며, 지속적으로 전문성 향상을 위해 노력하는 모습을 보여줄 때, 훨씬 더 교육의 효과가 높아질 것이다. 형성기의 학생들에게 교원들은 직업세계에 대한 이해와 탐색을 도와주거나 직업 관련 특정 지식이나 기술을 가르쳐 주는 사람으로서 중요하다. 그러나 이에 못지않게 중요한 것이 직업에 관한 사고방식, 가치관, 태도 등을 가르쳐 주는 사람으로서의 역할이다.

교육의 과정을 통해 교원들은 학생들에게 교직에 관한 교원들의 사고방식, 가치관, 태도만을 가르치는 것이 아니라, 직업에 대한 성인들의 사고방식, 가치관, 태도를 가르치는 것이다. 이런 점을 감안할 때, 교육대학과 사범대학의 교사 양성 교육 그리고 현직 교원들의 전문성 향상을 위한 현직 교육에 대한 투자는 아무리 강조해도 지나치지 않는다. 학교에서의 직업 교육에 관한 한, 실업계 고등학교 교사와 직업 교육 담당 교원들의 전문성, 이들의 교직에 관한 태도, 그리고 실제 행동이 학생들에게 미치는 영향이 크다. 이런 점을 감안할 때, 실업계 학교 교원과 직업 기술 교육 담당 교원들의 임용, 처우, 복지 후생 문제는 질 높은 인적자원 개발 측면에서도 대단히 중요하다.

2) 평생학습체제로의 전환과 행·재정지원 강화

학교교육 위주의 인적자원개발 체제를 평생학습 위주의 인적자원개발 체제로 전환해야 한다. 이를 위하여 학교교육 체제를 개방하고, 학교교육과

학교 외 교육의 장벽을 제거하고 연계를 강화해야 한다. 특히 교육시기가 특정한 시점에 집중되지 않고 학교 졸업 후 직장을 다니다가 원하는 시기에 다시 진학하여 교육을 받을 수 있는 제도가 뒷받침되어야 한다.

둘째는 산업체 근로자 성인 학습자들이 계속 교육을 용이하게 이수할 수 있도록 학점은행제, 시간제등록제, 그리고 사내대학을 통한 현장학습 등을 활성화하고 사이버 대학 프로그램 등을 확대하고, 이러한 프로그램을 통한 학점이나 학력이 정규 학교교육 이수와 동등한 인정을 받을 수 있도록 해야 한다. 인적자원이란 국가·사회 발전과 국민 개개인의 삶의 질 향상을 위하여 갖추어야 할 제반 지식·기술·정보·도덕성 등 가치 있는 인간의 제 능력과 품성을 지칭한다. 인적자원개발은 이러한 인간의 제 능력과 품성을 개발하는 것이기 때문에 어느 국가 사회에서나 시대에 관계없이 중요한 과제이다.

셋째, 고등학교 졸업자에게는 전문대학이나 4년제 대학, 전문대학 졸업자에게는 4년제 대학이나 그 이상의 학위 과정 그리고 대학 졸업자에게는 상위학위과정을 계속 교육받을 수 있도록 교육 기회를 확대하고, 학생 선발과 정원제도 등을 탄력적으로 운영해야 한다.

3) 교육 여건의 획기적 개선

인재를 양성해 내는 데에는 최소한의 교육여건이 갖추어져야 한다. 여태까지 우리나라가 양성해 낸 인적 자원의 질은 학교의 교육여건을 생각하면 기적과 같은 수준이라고 할 수 있다. 학생 1인당 공교육비 지출 규모를 G7 국가와 비교해 보면, 우리나라의 수준을 잘 알 수 있다. 1995년을 기준으로 볼 때, GDP 대비 공교육비의 비율은 우리나라가 4.1%임에 비해, 미국 6.6%, 캐나다 6.9%, 프랑스 5.7%로 나타났다. 1996년의 경우, 우리나라 교원 당 학생 수는 초등학교, 중학교, 고등학교 각각 31.8명, 24.6명, 36.6명이다. 미국은 각각 17.1명, 16.2명, 14.2명이다.

같은 해, 우리나라 고등교육 교수 1인당 학생 수는 30명 수준인데, 일본은 18명, 미국은 15명 수준이었다. 과거에는 학생과 교원들의 헌신적인 노력만으로 믿기 어려울 정도의 교육적 성취를 이루었지만, 지식 기반 사회, 정보화 사회에서 요구하는 고도의 창의성과 문제 해결력을 갖춘 전문 인력을 양성하는 데에는 적합하지 않다. 선진국들은 새로운 시대에 대비해서 교육에 대한 투자를 더욱 확대할 것으로 예상되는데, 그렇다면 우리의 교육 여건과 이들과의 격차는 더 크게 늘어날 것이다. 이러한 최악의 상황을 타개하기 위해 국가는 특단의 조치를 강구해야 할 것이다.

4) 직업 교육의 내실화

학교교육 단계에서의 직업 교육은 주로 실업계 고등학교, 전문대학, 산업대학, 그리고 대학에서 이루어진다. 실업계 고등학교는 계열별로 재조정하고 정예화해야 한다. 특성화 실업계 고등학교를 중심으로 직업 교육을 활성화해서 수준 높은 기능 인력을 배출해야 할 것이다. 전문대학과 산업대학에서의 인적자원 개발은 산업체의 인력 수요와 밀접한 관계 속에서 이루어져야 한다. 산업체 위탁교육, 자격증 취득에 초점을 둔 교육, 그리고 학생들의 직업 계획에 맞게 재단된 교육 등이 강화되어야 한다. 대학 교육은 인문 교양 교육, 직업 교육, 고급 전문 교육 기초 프로그램, 고급 전문 교육 프로그램 등으로 특성화해서 실시하되, 각 프로그램이 단절적으로 존재하는 것이 아니라 유기적으로 연결되도록 해야 한다.

고등교육의 또 다른 과제는 산업체와의 협조체제 구축은 물론이고 외국 기관들과의 공조체제를 구축하는 것이다. 자급자족적 인적자원 개발 체제를 가지고 국제적으로 경쟁력 있는 인재를 양성할 수 없다. 따라서 고등교육의 인적자원 개발 체제는 개방적 체제로 변해야 할 것이다. 마지막으로 전문대학을 위시한 고등교육기관의 인적자원 개발에서 강조되어야 할 것은 고급 여성 전문 인력의 개발이다. 고등교육 인적자원 개발 체제는 산업체와 외국의 기관과 개방적 협조체제를 구축하기에 앞서 여성 인력에 대해 실질적으로 개방되어야 한다.

Ⅳ. 지식기반사회에서의 인력정책의 방향

지식기반사회로 이행하기 위한 인력정책의 기본 방향은 지식기반사회가 필요로 하는 인력을 체계적으로 양성해 낼 수 있는 체제(system)를 구축하는 데 있다. 과거 경제 및 사회에 대한 기여도에 있어 노동이라는 인적자본의 양이 질보다 상대적으로 중요했던 것과 대조적으로, 21세기의 지식기반사회에서는 인적자본 질의 상대적인 중요성이 더욱 크다. 즉, 지식기반사회에서의 인적자원 개발은 필요한 분야에 대한 적정한 수준의 지식을 가진 인력이 충분한 규모로 공급될 때 비로소 성공적이라고 평가받을 수 있다. 그러나 이러한 인력을 정책적으로 양성해 내는 데는 한계가 있다. 근본적으로 필요한 것은 지식을 창출, 축적 그리고 확산할 수 있는 능력을 지닌 우수한 인적자원이 자생적으로 필요한 부문에 공급되고, 또한 충분한 수요가 경제적으로 발생할 수 있는 탄력적이고 효율적인 인력수급 체계를 갖추는 것이다.

21세기는 '지식'과 '정보'가 부와 부가가치 창출의 가장 중요한 요소가 되는 지식기반사회로의 전환을 의미한다. 이러한 패러다임의 전환은 정보통신기술의 급속한 발달, 세계화의 가속화, 정치적으로 민주화의 진전, 경제적으로는 지식근로자가 생성된 점 등이 그 원동력이라고 볼 수 있다. 이러한 변화는 국가발전 전략의 축을 물적 재화 중심에서 지적 재화 중심으로 옮길 것을 요구하고 있다. 이러한 지적 재화 중심 발전전략에서는 새로운 지식을 창출하고 활용할 역량을 갖춘 창의성 있는 인재의 육성이 국가발전과 미래를 좌우하게 됨에 따라 '인적자원'의 중요성이 강조되고 있다.

현재 우리나라의 교육과 훈련은 과거의 전통적인 주입식에서 벗어나지 못하고 있다. 초·중·고 교육의 중심에는 대학입시라는 목적이 창의력 개발의 장애로서 작용하며, 대학 이상의 교육에 있어서는 직업교육과의 유리현상을 보임으로써 기업 또는 사업체가 원하는 지식(기술)을 갖춘 인력을 충분히 제공하는 데 실패하고 있다. 그러므로 우리나라의 경우 창의성과 적극성을 필수로 하는 지식기반사회가 필요로 하는 인적자원의 개발을 위해서 가장 먼저 바꾸어야 할 과제가 바로 교육과 훈련체제의 전반적인 개선이다. 한편, 이와 같이 효율적인 인력수급 체계의 구축은 지식기반사회가 필요로 하는 분야에 대한 인식과 그 인력수급의 규모 및 질적인 수준에 대한 분석을 기초로 수행되어야 한다. 이러한 분석은 효율적인 인력수급 체계의 구축 부분에 있어 어느 분야에 얼마나 인력이 필요할 것인가에 대한 정보를 제공할 수 있으며, 어떻게 무엇을 구축할 것인가는 효율적인 인력수급 체계의 과제를 성공적으로 달성하는 데 큰 도움을 준다.

더불어, 효율적인 인력수급 체계 구축을 위한 제도적인 장치의 추진은 교육과 노동시장의 인프라 개선과 함께 진행되어야 그 효력을 발휘할 수 있다. 이는 학부모, 교사, 노동 시장의 근로자 및 사업주들의 의식구조와 학교와 기업 등의 조직문화에 대한 변화에서부터 노동시장의 유연화까지를 모두 포함하는 개념으로 다른 OECD 국가들과 비교할 때 열악한 우리나라의 현재 교육과 노동시장의 환경을 보다 향상시켜 자발적인 노력이 발생하도록 유도해야만 앞에서 논의한 탄력적이고 효율적인 인력수급이 자생적으로 일어날 수 있다. 개인으로 보았을 때 개인적으로 새로운 지식을 습득하고 창출하며 그것을 활용하려는 노력이 학교 및 사회나 기업 등의 모든 조직에서 인정받고 제대로 평가받을 때, 각 개인들은 지식기반사회의 구성원이 되려는 최대한의 노력을 기울일 것이며 그러한 노력은 성숙된 지식기반사회로 이행하는 시간을 줄여줄 것이다. 개인의 성장과 우수인재의 육성은, 국민 기초교육의 강화를 통한 창의성·사회성·도덕성이 있는 인적자원의 육성 및 새로운 국부의 창출과 국가 사회의 발전을 선도하는 우수 두뇌집단의 양성을 의미한다.

효율성 못지않게 반드시 고려되어야 할 지식기반사회의 인력정책은 인적자원의 개발에 대한 형평성이다. 지식기반사회로 이행하는 과정에 있어서 발생하는 부작용에 대한 예방과 대책이 없는 효율성의 강조는 또 다른 사회적인 비용과 병폐를 발생시킬 것이다. 예를 들어 일반적으로 예상되는 직업구조의 양극화와 실업의 발생이 심화시킬 소득격차의 문제는 IMF 금융위기를 겪고 빈곤의 확대 문제가 정책결정의 중요 변수로 등장하고 있는 우리나라의 경우 장기적으로 국가의 경제적인 부담으로 작용할 뿐만 아니라 범죄와 반사회적 성향 등의 사회병리 현상으로 나타날 가능성이 있다. 이러한 문제에 대한 예방 내지는 완화 차원에서 사회안전망의 확충과 평생교육·훈련체계의 구축은 정책추진 비용 측면이나 사회에 충격으로 작용할 수 있는 문제를 미리 차단한다는 입장에서 바람직하다. 그리고 이러한 정책들은 종합적으로 추진되어야 한다는 것이다.

이미 살펴본 것처럼 제시되어 있는 과제들은 서로 연관 내지는 중복되어 있기 때문에 한 과제의 달성을 위한 정책의 추진이 기타 과제의 달성에 영향을 미치게 된다. 따라서 각각의 과제를 달성하기 위한 정책들이 종합적으로 추진될 때에만 최종 목적의 달성이 가능하다. 요컨대, 정부, 기업, 근로자 등 모든 사회의 주체가 지식기반사회로 이행하고자 하는 동기를 가지게 되고, 그러한 변화를 허용하는 분위기가 사회에 팽배할 수 있도록 근로자와 기업의 의식과 문화가 변화하고, 인력수급의 효율화와 부작용의 최소화를 위한 노력이 동반되어 나타나야 하는 것이다(김승택, 2000).

1. 효율적인 인력수급 체계의 구축

교육·훈련체제에 대한 개선은 지식기반사회로의 이행이 아니더라도 국가

경쟁력의 강화 차원에서 오랫동안 제시되어 왔던 과제다. 세부 정책과제는 크게 세 가지로 나눌 수 있다(김승택, 2000).

1) 창의성과 학습능력을 키우는 기초 교육의 강화

(1) 교육과정의 개선

우리나라 교육의 가장 큰 문제로 지적되는 것으로 우수한 기성품(ready-made)으로서의 인력은 양성하지만 창의성 있고 학습을 통해 새로운 아이디어를 창출할 수 있는 능력을 갖춘 인력은 양성하지 못한다는 의견이 있다. 이러한 창의력의 문제는 지식기반사회에서 더욱 증폭되어 나타날 것이다. 지식기반사회에서는 필요한 지식이 계속해서 변화한다. 따라서 한 부분에서 전문지식을 가지고 있다고 해도, 일정 시간 후(때로는 단시간 내에) 새로운 지식을 습득해야 하고 그것을 다시 활용하여 새로운 것을 창출해 내는 능력이 필요하다. 따라서 현재 우리의 교육처럼 주어진 것을 주입식으로 암기하는 방식의 교육은 학생들을 지식기반사회에 필요한 인적자원으로 양성하는 방법이 될 수 없다.

정규 교육기관에서 제공하는 기초 교육은 지식을 습득, 활용 내지는 창출할 수 있는 방법을 가르치고 문제를 자발적으로 해결할 수 있는 능력을 배양해야 한다. 이러한 학습능력을 기르는 방향으로 기초 교육의 교과과정이 변하는 것이 가장 중요하다. 그러나 대학 입시에 맞춰 모든 교육내용이 변화하는 현실에서 기초 교육이 근본적으로 변화하려면 교육내용이나 제도의 변화 외에도 먼저 기업이나 정부 등 고용을 제공하는 주체들의 학벌 중심주의가 타파되어야 한다. 또한 학교의 순위가 정해 있는 대로 학생들의 수준이 결정되는 대학입학 방식과 함께 이러한 사고방식에 젖어 있는 국민의식이 바뀌어야 한다.

(2) 정보화 교육의 강화

정보통신기술(ICT)이 경제 환경에 미치는 변화는 이미 엄청난 영향력을 발휘하고 있다. 이것은 ICT 한 분야의 문제가 아닌 여타 모든 분야의 수준에 영향을 주기 때문에 정보화 교육은 이제 전 세계적으로 가장 중요한 교육과제 중 하나가 되었다. 우리나라도 이러한 정보통신에 관련된 기본 지식을 키우기 위해 초등학교부터 정보화 교육이 이루어져야 하고, 정보화 사업의 일환으로 각 학교에 PC 설치, Internet 연결 사업 등이 시급히 추진되어야 한다.

(3) 우수교사 및 교수의 확보와 연수 및 재교육을 통한 지도능력의 향상

우수교사의 확보와 기존 교사의 자질 향상 즉, 교수방법과 내용개발을 위한 방안 마련은 매우 중요한 문제다. 우수한 신규 교사를 임용하기 위해 교대와 사대에서의 교육에 있어 이론 위주에서 벗어나 현장교육을 강화하고, 각 부문의 전문가를 교사로 초빙할 수 있는 체제를 구축해야 한다. 사범계 전문대학원을 설치하여 대학에서 다양한 전공을 가진 학생들로 하여금 교원이 될 수 있는 기회를 제공하고, 산업체의 전문 인력들도 일정한 연수를 거쳐 교원으로 임용될 수 있는 열린 교원임용 제도를 도입할 필요가 있으며, 교수능력과 연구실적에 대한 평가기준을 작성하여 이론 위주의 교육에서 벗어나 현장교육을 강화하고, 각 부문의 전문가를 교사로 초빙할 수 있는 체제를 구축해야 한다.

2) 직무능력을 향상시키는 직업교육 · 훈련체제의 강화

인력수요자의 요구를 반영하는 직업교육 · 훈련 프로그램을 구축하기 위해서는 직업교육 · 훈련기관이 산업현장과 유기적인 관련을 맺고 산업체의 요구를 반영하여 교육내용을 구성해야 하고, 산 · 학 간의 유기적인 협력을 위해 일종의 협의회를 통해 산업체는 산업계의 최근 동향과 장 · 단기 인력수요에 대한 정보를 직업교육 · 훈련기관에 제공하고 직업교육 · 훈련기관은 교육과정의 결정이나 학과 개편 등에 관하여 산업체의 자문을 구하는 대화의 통로가 필요하다. 산업체 인사와 교사 및 교수들 간의 교환 근무를 제도적으로 가능하게 하여 교사와 교수들의 현장 경험을 높이고, 현장실습의 내실화를 위해 현장실습 대상 업체에 대한 정부 차원의 인센티브 제공을 강화해야 한다.

3) 교육·훈련기관의 다양화와 복선형 학제를 통한 직업과 경력에 접근하는 다양한 경로의 구축

(1) 교육·훈련기관의 다양화

교육·훈련기관의 다양화는 첫째, 자신의 적성과 능력에 맞는 교육을 받을 수 있고, 도중이라도 선택을 바꿀 수 있는 기회의 확대와, 둘째, 급변하는 수요의 패턴을 따라가기 위해서는 새로운 지식과 기술을 배우고 전파할 수 있는 기관의 필요성에서 매우 중요하다.

실질적으로는 산업수요에 부응하는 인력양성을 추진할 수 있는 산업대학원, 직업중심 전문대학(vocational college) 등의 특수대학(원)을 확대 내지는 신설하는 방안과 특성화 고교를 활성화하는 방안 등 정규 교육을 통한 교육기관의 다양화를 시도해 볼 수 있으며, 교육기관의 개방화를 단계적으로 추진하고, 외국 교육기관의 설립에 대한 규제를 완화하여 교육기관의 다양화를 추진하는 동시에 경쟁을 통한 교육의 질적인 향상을 도모할 수 있다.

한편, 비정규 교육·훈련기관의 다양화를 위해 난립되어 있는 기술훈련학원을 정비하고, 설립기준은 완화하는 한편, 설립 후의 감독기능과 경쟁체제를 강화하여 기능 인력의 확대를 도모하고, 광의의 교육·훈련기관으로 구분할 수 있는 컨설팅사, 각종 연구기관 등에 대한 수요 창출을 통해 그들의 전문지식과 기술이 기존 근로자들에게 전파될 수 있도록 공공 부문에서 선도적으로 이들 기관들을 이용하여 현장교육 및 재교육 등에 사용할 수 있다. 또한, 사이버공간을 이용한 가상공간에서의 학습 등이 가능해지므로 학습장소 및 방법의 다양화를 추구할 수 있으며 정규교육·훈련기관 외의 비정규 교육기관이 활성화될 필요가 있다.

(2) 복선형 학제 구축으로 학제 간의 이동성(mobility) 증가

우리나라의 학제는 초·중·고등학교를 거쳐 일류대학에 입학하여야 성공했다고 인식되는 단선형 학제로 구성되어 있다. 이를 복선형의 학제로 개편하여 교과내용, 학기제도, 교육기관을 다분화함으로써 새 진로의 방향에 따라 여러 가지 경로를 이용할 수 있는 교육 선택의 폭을 확대할 필요가 있다.

2. 평생교육·훈련체계의 구축

　지식기반사회의 지식은 계속해서 변화하며, 구체적인 문제의 해결을 위하여 다양한 분야의 지식 간 상호 연계가 필요하게 되며, 이러한 학습의 필요성은 정규 교육 과정을 마친 후에도 계속해서 발생한다. 또한, 정보통신기술의 급격한 발전은 기술, 경영 방식, 마케팅 등 직업과 직무에 관련된 행동 방식을 급변시켰고, 많은 직업과 직무에 대해 소멸, 분화, 융합 등의 변화를 일으켰으며, 전문성과 동시에 광범위한 일반 지식에 대해 학습해야 할 필요를 확대시켰다. 이러한 급속한 변화에 대해 근로자들은 어떤 직종을 막론하고 계속해서 교육과 훈련을 받아야 할 필요성을 느끼게 되었고, 국가적으로는 노동시장의 내부 유연성을 증대시키고 새로운 산업구조 속에서 반드시 필요한 전문성과 다양성을 동시에 충족시켜 주며 개인적인 직업능력을 증가시킬 수 있는 평생교육 체제를 구축하여 국민에게 제공해야 할 필요가 증대되었다(김승택, 2000).

　기업은 민간부문의 국가 인적자원개발 참여 및 역할 확대에 중요한 위치를 차지할 뿐만 아니라, 기업 HRD 관련 노하우·커리큘럼, 강사, 교수기법, 시설 및 장비 등 인적자원개발과 관리에 대한 하드웨어와 소프트웨어를 국가 인적자원개발체제와 공유함으로써 국가 전체적으로 인적자원의 질 향상과 경쟁력 강화에 기여할 수 있다. 또한 협력적인 조직문화 풍토 조성, 시간제 휴가 및 근무시간, 장소의 유연성 등 창의적 고용계약, 가상적 근무시설, 성과 및 결과의 중시 등 탄력적이고 유연한 직무여건 조성을 통해 조직 내 인적자원의 개발과 활용 노력을 강화해 나가야 할 것이다.

　평생교육·훈련기관을 활성화하기 위해서는 기관의 설립자격 조건을 재정비하여 일정 조건을 갖춘 경우 신고만 하면 자유롭게 교육을 시작할 수 있도록 허용하고, 특히, 노령인구의 증가와 더불어 노인계층에 대한 다양한 평생교육 기관이 설립될 필요가 있으며 자치단체의 동참이 절실하다. 민간 교육·훈련기관의 설립과 운영에 대한 법 규제를 대부분 철폐하여 다원화된 교육·훈련기관이 자생적으로 생성될 수 있도록 유도하는 한편, 교육·훈련 인증 지표를 개발하고 그 프로그램에 대해 객관적인 평가를 할 수 있는 사후적인 평가와 제재가 적합하게 이루어질 수 있어야 한다. 그리고 이러한 교육·훈련기관들이 운영하는 프로그램은 산·학 협동을 이용하는 것이 바람직하다. 기존의 사업체들이 원하는 재교육 및 훈련은 산업별, 기업체 규모별, 기술수준별로 모두 다르기 때문에, 이들의 수요를 충족시키기 위해서는 재교육 및 훈련의 내용이 먼저 수집되어야 하며, 그 정보에 따른 주문식 교육을 통해 교육·훈련 프로그램을 만들 필요가 있다(김승택, 2000). 더불어 직무분석을 토대로 산업계의 기술수요가 교육·훈련에 반영되도록 하고, 취업 및 이에 필요한 교육·훈련 프로그램에 관한 정보를 원스톱으로 제공할 수 있는 종합정보서비스 체제를 구축할 필요가 현재 시급하다.

총체적인 인적자원 개발 전략을 수립하기 위해서는 조직이 직면하는 환경적 요인들, 조직이 나아가야 할 방향과 운영에 대한 통찰, 업무 프로세스에 관한 고찰, 조직 구성원에 대한 이해, 그리고 기존의 인적자원개발 시스템에 대한 이해를 바탕으로 인적자원 개발전략을 수립하고 이 전략을 수행하기 위한 활동들을 전개해 나가야 한다.

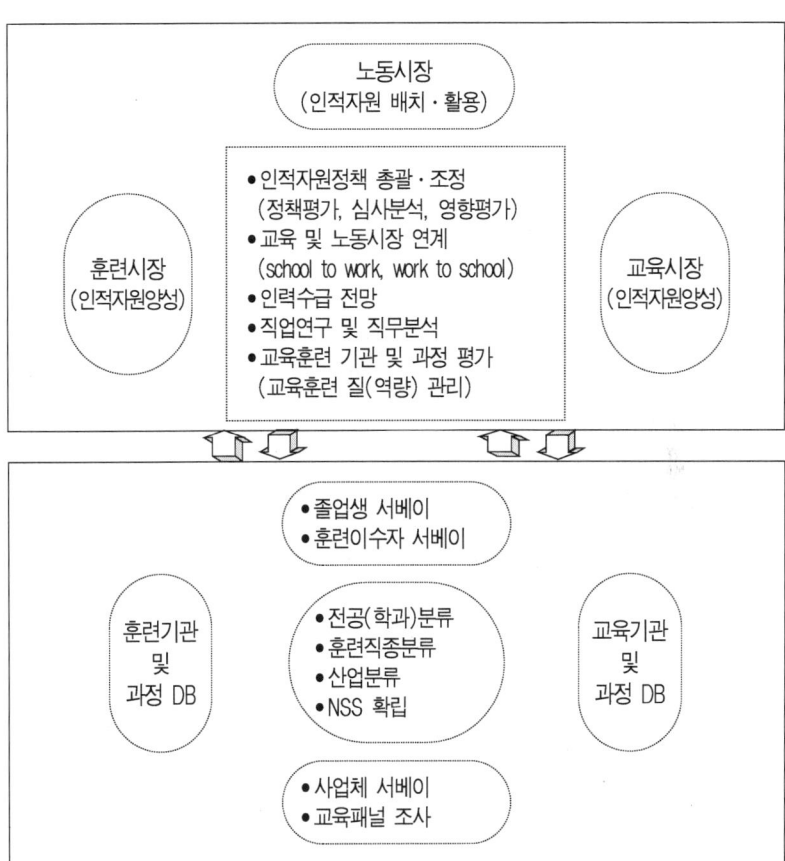

자료: 이남철 외(2003). 인적자원정책 협력망 운영을 통한 인적자원 정책과제 개발연구. 정책연구 2003-지정-21. 교육부.

[그림 6] 인적자료의 연계 기반 확립 모형

　철저한 분석과 성찰을 바탕으로 장기적인 안목에서 통합적인 인적자원 개발전략을 수립하고 실행하기 위해서 감내하고 꾸준히 정진하는 자세가 필요하다. 남들이 모방할 수 없는 조직 특유의 인적자원 개발전략을 수립하고 실행하는 것은 조직의 생존과 직결되는 문제라는 것을 인식하는 것이 시급하다.

청년패널(Youth Panel)의 구축을 통하여 청년층의 교육·훈련을 통한 인적자원 축적과정과 직업선택 및 노동시장으로의 이동을 분석하여 청년층의 노동시장 진입과정(School to Work) 및 노동시장 경로(Career Path)를 매년 추적 조사할 필요도 있다. 인적자원의 효율적인 양성과 활용은 국가경쟁력을 강화하는 데 중요하며, 인적자원의 움직임을 확인할 수 있는 교육과 노동시장을 함께 고려할 수 있는 인적자원정보를 생성하는 것이 중요하다(그림 6참조).

원활한 인적자원 개발과 질 제고를 위해서는 교육·훈련시장과 노동시장에 참여하는 경제주체들 간의 원활한 정보 유통을 통한 시장의 효율성 제고가 중요하다. 인적자원 관련 기존 정보들을 재구조화하고 새로운 자료를 생성하여 종합적이고 체계적인 인적자원 정보를 제공하는 것은 개별 경제주체들의 후생뿐 아니라 사회의 후생 향상을 가져오게 된다.

교육·훈련시장 및 노동시장 참가 주체들에게 제공할 수 있는 정보들의 원천은 크게 두 가지로 구분하여 살펴볼 수 있다.

첫째, 여러 정부기관들과 단체 및 연구소들에서 생산되는 조사통계들로 즉, 교육부, 통계청, 노동부, 정부출연 연구기관 등에서 설문조사를 통해 생산되는 자료들이 그것이다. 이들 자료들은 서로 다른 기관들에서 생산되고 있으므로 이들 자료들을 활용하여 유용한 인적자원 정보들을 발굴하기 위해서는 조사기관들 간의 협조가 필수적이다.

둘째, 행정DB를 통해 수집되는 통계들이 그것이다. 고용보험을 비롯한 4대 사회보험들의 정보가 연계되고 인적자원개발종합정보망(HRD-NET)이 실시됨에 따라 많은 새로운 정보들을 얻을 수 있게 되었다. 문제는 이러한 행정DB들에 입력되는 정보들의 대표성과 신뢰성이므로 개별 DB들의 성공적인 정착을 위한 노력들이 절실하다. 자료 입력주체들의 성실한 입력을 가져올 수 있는 유인체계를 구축하는 등의 노력들이 지속되어야 한다.

3. 고급인적자원의 활용방안 모색

자유무역체제에서 무역장벽이 완화된 시점에서 완성된 제품보다 기술과 아이디어가 국제 경쟁력을 좌우한다. 다른 부존자원이 부족한 우리 현실에서 새로운 기술과 참신한 아이디어를 가진 인적자원의 양성과 활용문제는 국가의 존립에 지대한 영향을 미친다. 글로벌 사회에서 더 이상 국경이나 국적의 의미가 약해지고 있다.

고급인적자원이란 지식과 기술, 경험을 포함하는 능력 면에서 일정수준 이상에 도달하여 국제 경쟁력이 있는 인재를 말한다. 이러한 인적자원의 국제적 활용은 반드시 국내로의 유입이나 한국관련 일에 직접적으로 종사하는 것만을 의미하는 것이 아니라, 거주지와 소속을 불문하고 그들을 국제사회에서 한국의 위상을 높이거나 경쟁력을 강화하기 위한 협력의 거점으로 삼아 협조적 관계를 유지·발전시키는 것까지를 포함한다. 인적자원의 활용에 있어서의 국제화 전략은 단지 국가 경쟁력 제고라는 차원뿐만 아니라, 개인의 삶의 질 향상 측면에서도 의미가 있다(김남희, 2003).

해외 인재의 유치 측면에서 살펴보면, 분야별로 우수인재에 대한 데이터베이스를 구축하고, 해외 고급 인적자원에 대한 패널 자료를 생산하여 그들과의 네트워크 구축 방안이 절실한 실정이다. 더불어 재외 국민에 대한 교육을 강화(한국어 교육 지원증대)할 필요성이 제기된다. 교육부내 국제교육 협력 및 진흥 기능을 국제적 인적자원개발의 관점에서 강화할 필요성이 있다. 즉, 인적자원개발, 활용에 관한 국제 업무를 총괄하는 조직이나 기구를 설치하고, 국제교육에 대한 전문 인력을 배치하는 방안을 고려해볼 수 있다(그림7참조).

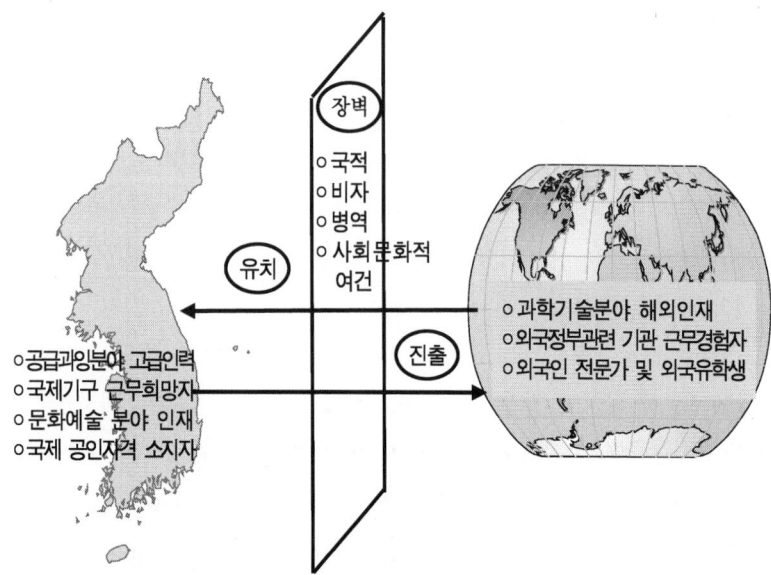

자료: 김남희(2003). 고급인적자원의 국제적 활용 제고 방안. 정책연구 2003-지
정-21, 교육부.

[그림 7] 고급인적자원의 국제적 활용 모형

인적자본정책의 네 가지 주요 측면을 다음과 같이 강조하고자 한다(이주
호, 2003).

첫째, 인적자본형성에 있어서 조기개입(early intervention)의 중요성이
다. Heckman(2003)등은 저소득층 자녀와 고소득층 자녀 간의 지적 능력
혹은 바람직한 인성의 격차는 학교에 입학하기 이전에 이미 크게 벌어져서 학
교 입학 이후에 이를 되돌리기는 매우 어렵다는 점을 강조한다. 예를 들어 만
약 저소득층을 위하여 대학 장학금 혜택을 크게 늘린다 하더라도 저소득층의
자녀가 일류대학에 진학할 수 있는 길은 이미 초등학교 입학 이전에 지능 혹
은 인성의 격차로 인하여 거의 막혀버리기 때문에 실질적으로 저소득층 자녀
의 일류대학 진학에 큰 도움을 주지 못한다는 것이다. 따라서 저소득층 자녀
가 일류대학에 진학할 수 있도록 하려면 학교 이전 단계에서 저소득층을 위한

유아교육 혹은 보육 프로그램을 통한 조기개입(early intervention)이 매우 중요하다는 것이다.

이러한 주장에 비추어 우리나라의 저소득층 인적자본 형성을 위한 조기개입 제도는 매우 취약하다. 우리는 아직도 이러한 관점에 입각하여 저소득층을 대상으로 한, 질 높은 조기개입 프로그램들을 고안하고 실행하지 못하고 있다.

둘째, 우리는 인적자본정책에 있어서 반드시 기술, 인지력(cognitive capability), 학력 등을 주요한 인적자본으로 간주하고 비인지력(non-cognitive capability) 혹은 인성은 경시하여온 경향이 있었다. 그러나 노동시장에서는 근면성, 성실성, 끈기, 등과 같은 비인지 능력도 매우 중요하다는 사실에 주목하여야 한다. 최근 우리나라에서도 청년층 실업 문제가 주요한 사회문제가 되고 있다. 그런데 상당수의 우리 청년들이 좋은 직장을 가지지 못하고 방황하는 데는 이들이 노동시장에서 요구하는 근면성, 성실성, 끈기, 등을 갖추지 못하고 있기 때문인 경우도 많다. 우리나라에서도 최근 고등학교 중도 탈락자들이 늘어나고 있다. 따라서 우리의 청소년들에게 높은 학력과 기술을 요구하기 이전에 이들에게 올바른 인성을 심어 주는 것도 매우 중요한 인적자본정책의 과제라고 할 수 있다.

미국에서는 Big Brother / Big Sister, Sponsor-A-Scholoar, Quantum Opportunity Program, 등과 같은 mentoring program을 통하여 소외계층의 자녀들을 올바른 길로 인도하려는 노력들이 이루어지고 있다. 우리나라에서도 저소득층의 인적자본형성에 있어서 이러한 다양한 청소년개발 프로그램들의 중요성에 대하여 보다 주목할 필요가 있다고 생각된다. 또한 청소년 범죄 등을 근본적으로 예방하기 위하여 어떠한 정책들이 필요한지도 고민하여야 한다.

셋째, 우리나라에서 인적자본정책의 주체는 과거에는 거의 중앙정부인 경우가 많았다. 선진국의 예에서 보는 바와 같이 인적자본정책에 있어서 지방정부 혹은 교육기관이 주체가 되는 경우도 있고 더 나아가 지역사회, 시민사회, 비영리법인, 노동조합, 기업, 기업단체, 등 다양한 주체들이 다양한 형태로 인적자본 프로그램들에 참여하고 있다. 우리나라의 경우 아직 과거 개발연대의 유산으로 모든 것을 중앙정부에 의존하는 관성이 남아 있으나, 최근 지방정부 혹은 시민사회 등의 역할이 증대되고 있는 것도 사실이다. 따라서 다양한 인적자본 프로그램들이 다양한 주체 혹은 이들 간의 다양한 형태의 협력을 통하여 추진될 수 있는 환경을 조성하고 이를 촉진하는 정책이 매우 중요하다.

마지막으로, 우리는 다양한 인적자본 정책과 프로그램들을 크게 하나의 분석 틀 아래서 비교하고 평가할 수 있는 체제를 갖추어야 할 것이다. 과거 인적자본정책에서는 실업계고교, 전문대학, 직업훈련기관, 등에 초점이 맞추어져 있었다. 물론 이들 기관들이 인적자본정책의 근간이 되는 주요 기관들이다. 그러나 더욱 중요한 것은 이제는 인적자본정책의 지평을 크게 넓혀야 한다는 것이다. 유아기부터 고령에 이르기까지 생애에 걸친 인적자본 형성에 주목하여야 하는 동시에, 기술 혹은 학력 등에만 국한할 것이 아니라 다양한 비인지능력의 형성도 강조하여야 한다는 것이다. 또한 인적자본정책의 주체가 더 이상 중앙정부에 국한되지 않고, 지방정부, 교육기관, 기업, 지역사회, 비영리법인, 시민사회, 등으로 다양화되어야 한다.

이렇게 인적자본정책의 지평을 넓히는 것은 국가가 제약된 재원을 가지고 어떠한 인적자본 프로그램에 얼마나 지원할 것인가를 결정하는 데 새로운 틀을 제공하게 될 것이다. 예를 들어서 우리가 실업계 고교에 투입하는 국가 재원의 효과성을 따질 때 청소년개발 프로그램들의 효과성을 비교분석하는 것이 중요하게 되는 것이다. 더 나아가 인적자본정책의 새로운 지평 아래서 지금까지 인적자본 형성에 있어서 어떠한 분야가 간과되어왔는지를 파악하고 필요한 다양한 인적자본 프로그램들의 개발에 집중할 수 있게 될 것이다.

우리 인적자본정책의 지평을 넓히기 위해서는 인적자본정책에 대한 연구가 넓혀지는 지평에 걸맞게 다양한 주제들을 포괄하는 동시에 이들 정책들을 함께 아우를 수 있는 분석틀을 갖추어야 한다. 최근 미국에서는 Heckman

(2003), Gruber(2001), Blau(2001), Fuchs(1996), 등의 연구를 통해서 경제학자들이 인적자본이론을 다양한 인적자본 정책과 프로그램의 분석에 응용하고 있다. 그러나 우리나라에서는 아직도 주요한 인적자본정책 분야에서도 기본적인 데이터가 미비한 경우도 많이 있다. 따라서 우리의 인적자본정책이 새로운 지평을 열 수 있도록 이를 준비하는 기초연구들이 앞으로 활성화되어야 할 것이다(이주호, 2003).

참고문헌

교육부(2000a), 지식기반사회에 대응한 인적자원 개발전략. 교육부.

교육부(2006). 지역인적자원개발 시 · 도 지원 사업 2006년 추진계획. 교육부.

강무섭(2000). 인적자원개발을 위한 비전과 방향. 교육개발, 한국교육개발원.

권대봉(2003), 인적자원개발의 개념변천과 이론에 대한 종합적 고찰, 서울: 원미사.

김남희(2003). 고급인적자원의 국제적 활용 제고 방안. 정책연구 2003 - 지정 - 21, 교육부.

김신복(2001). 국가인적자원개발과 교육체제 개혁. 서울대 행정대학원.

김영철(2000). 평생학습차원에서의 인적자원개발 전략. 한국행정연구원, 9(3).

김태기 외(2000). 국가인적자원개발비전과 추진전략. 2000년도 교육부 정책연구과제.

김태준 외(2001). 지역인적자원개발(RHRD: Regional Human Resources Development)의 개념 모형 및 선진국 정책 동향. 한국교육개발원 정책토론회.

김태준(2004). 지역인적자원개발 및 지방대학 혁신 사업(안). 제2차 정례토론회 자료. 인적자원정책협력망, 한국직업능력개발원.

김승택(2000). 지식기반사회를 향한 인력정책의 방향. KIET 산업경제.

김형만(2004). 인적자원 지식정보 공유체계. 제1차 정례토론회 자료: 인적자원정책협력망, 한국직업능력개발원.

산업정책연구원국가경쟁력연구센터(1999). IPS National Competitiveness Report. 2, 4-7.

오승현(2002). 지식기반사회와 인적자원개발 정책. 미니포럼.

유현숙 외(1999). 지식기반사회의 한국교육정책방향과 과제. KEDI 연구보고서 RP99-10.

이남철 외(2003). 인적자원정책 협력망 운영을 통한 인적자원 정책과제 개발연구. 정책연구 2003 - 지정 -21, 교육부.

이주호(2003). 저소득층을 위한 인적자본정책. 정책연구 2003 - 지정 -21, 교육부.

진동섭(2000). 인적자원개발을 위한 학교교육의 과제. 한국행정연구원, 9(3).

최창섭(2002). 인적자원개발기본법을 통한 효과적인 인적자원개발 전략. 교육법학연구, 14(2).

홍영란(2000). 국가 인적자원개발정책과 기업교육의 방향. 한국인력개발학회 주제발
　　표 자료.

황안숙(1999). 무한경쟁시대의 인적자원개발. 서울: 양서원.

David Blau(2001). *The child care problem: an economic analysis*. Russell Sage
　　Foundation.

Jonathan Gruber(2001). *Risky behavior among youths*. NBER.

Pedro Carneiro and James Heckman(2003). *Human capital policy*. NBER Working
　　Paper 9495.

Victor Fuchs(1996). *Individual and social responsibility: child care, education,
　　medical care, and long-term care in america*. University of Chicago Press,
　　1996

제 5 장

평생학습도시 탐색

I. 들어가면서

21세기 사회는 지식과 정보가 개인의 자산이면서 더불어 국가 경쟁력의 원천이 되는 사회이다. 이러한 지식과 정보는 그 변화 속도가 매우 빨라 학교의 형식교육만으로는 그 변화의 흐름을 따라갈 수 없으며, 평생을 통해 끊임없이 배워야 하는 평생학습사회를 요구하고 있다. OECD의 "모든 이를 위한 평생학습(Lifelong Learning for All)"이 주장하는 바처럼 이제 주어진 교육기회에 만족하는 '최소한의 학습'으로는 충분하지 않다(한숭희, 2003). 인간의 수명이 연장되면서 여가시간을 활용하여 삶의 질을 높이고자 하는 욕구의 증가와 함께 다양해지는 평생학습 수요에 대응할 제도 마련이 현재 시급한 실정이라 하겠다.

2001년 파리에서 개최된 OECD 교육장관 각료회담에서도 지속적인 성장과 사회적인 통합을 위해 모든 국민의 능력 개발이 결정적인 요인임을 확인한 바 있다. 이러한 사실은 국가의 경쟁력 제고는 각 개인의 생애적인 학습능력 향상과 이를 지원하는 국가와 지역차원의 노력이 필요함을 암시하고 있다. 이러한 시대적인 흐름에 발맞추어 평생학습도시 만들기는 지역을 기반으로 다양하게 분포한 인적 자원을 효율적으로 관리, 통합하여 새로운 가치를 창출하고, 인적 자본을 사회적 자본으로 활용하기 위한 하나의 구체적 방안으로서 최근에 관심이 고조되고 있다(김영식, 2002).

평생학습도시는 개인의 자아실현과 사회적 통합 증진, 경제적 경쟁력을 제고하여 궁극적으로 개인 삶의 질 제고와 도시 전체의 경쟁력 향상을 추구하면서 언제, 어디서나, 누구나 원하는 학습[17]을 즐길 수 있는 학습공동체 건설을 도모하는 총체적인 도시 재구조화(Restructuring) 운동으로 지역사회의 모든 평생교육 자원을 연계시킴으로써 네트워킹 학습공동체를 형성하려는 지역시민에 의한, 시민을 위한, 시민의 지역사회 평생교육운동이다(교육부, 2004).

Longworth(2000)는 평생학습도시를 기본적 번영, 사회안정, 개인의 행복에 있어서 학습이 열쇠의 역할을 한다는 것을 인정하고 이해하는 도시로서 모든 시민의 완전한 인간적 잠재력을 계발하는 데 인적자원, 물적자원, 금융자원을 동원하는 도시로서 정의한다. 평생학습은 지역사회에 뿌리를 두고 있으며, 지역사회 자체가 평생학습자원(김승한, 1981)으로 평생학습도시는 궁극적으로 학습 공동체로서 지역사회의 모든 교육자원을 기관 간 연계, 지역사회 간 연계, 국가 간 연계로 확대해 나가는 것을 의미한다(Longworth & Davies, 1997). 그리하여, 평생학습도시는 개인에 대한 학습의 기회와 학습에 대한 참여 증진을 위하여 지역에 산재한 모든 가용 가능한 학습자원을 서로 이어주고 묶어주는 학습 네트워킹의 모습이라고 할 수 있을 것이다. 1992년부터 OECD에서 권고하는 평생학습도시 조성사업은 학습공동체 형성을 통해 지역의 인적자원개발과 지역 재생을 도모하는 지역혁신사업으로 교육부는 2001~2003년도에 11개 평생학습도시[18]를 선정하고, 2004년에는 평생학습도시로 서울 관악구, 경기 이천시, 충북 청주시 등 8개 도시를 2005년에는 서울 양천구, 대구 동구, 서울 성북구 등 14개의 지자체를 선정

---

17) 한승희(2003)는 평생학습과 평생교육을 다음과 같이 구분하여 제시한다. 평생학습은 전 생애에 걸쳐 자신의 경험을 구성해 가는 자기주도적인 학습과정이고, 평생교육은 평생학습의 과정이 학습자의 내면적 성장과 통합에 충실하도록 우선적으로 지원하고 돕는 비교적 장기간의 일반교육과정이다.

18) 교육부는 2001년도에 세 개 도시(대전 유성구, 경기 광명시, 전북 진안군)를 평생학습도시로 선정하고 2002년도에는 세 개 도시(부산 해운대구, 경기 부천시, 제주 제주시)를 2003년도는 5개 도시(전남 순천시, 경북 안동시, 경남 거창군, 제주 서귀포시, 인천 연수구)를 선정한 바 있다.

하여 현재 33개의 지자체가 평생학습도시로 선정되어 운영되고 있다.

90년대 후반부터 평생학습의 진흥을 위하여 정부는 체제 정비를 시작하였으나, 부처별로 정책이 중복되고 동일 대상에 대한 관련법령들이 서로 혼재되어, 예산이 비효율적으로 진행되는 문제들을 노정하고 있다. 더불어, 평생학습 진흥을 위한 주도적인 기관이나 내용의 부재, 부처 간의 중복 투자, 지역 간의 격차 등의 문제점이 현재 부각되고 있다. 계층과 지역, 배경에 관계없이 누구에게나 평생학습기회가 보장되기보다는, 개인의 역량과 능력의 문제로 귀결됨으로써 개인, 지역 간의 학습격차가 더욱더 확대 심화되고 있는 실정이다.

그 동안 평생학습도시 건설을 위한 교육부의 사업은 중앙단위에서 출발한 중앙 집중형(top-down) 형태의 사업으로 지역인적자원 개발을 위한 종합정보 인프라 구축에 필요한 연계가 미흡하고, 주민의 학습·진로·고용정보의 요구 충족을 위한 연계 시스템 구축이 미흡하였다. 그리고 신청자격으로 매칭펀드가(재정투자계획) 가능한 기초 자치단체·지역교육청을 선별하여 지원함으로써 실질적인 정책추진 의지에 의문을 제기하게 하는 등 많은 문제점들이 현재 드러나고 있다.

이제 막 걸음마 단계에 있는 평생학습도시 사업의 성과를 분석하고, 추진 과정상에서 도출된 문제점과 원인을 진단하여 본 사업이 성공적으로 연착륙하기 위한 발전적인 추진 전략을 탐색하고자 한다.

Ⅱ. 평생학습도시의 이론 탐색

1. 평생학습도시의 등장배경

학습혁명은 학습에 대한 최종 결정권을 교육자 혹은 국가로부터 학습자 개인으로 이양하는 시스템적이고 이념적 변화를 의미하는 것으로(김신일, 1995), 지식기반경제의 활성화는 평생교육체제로의 전환을 요구하고 있다 하겠다. 이것은 인적 자원이 사회적 자본으로서 활용이 되고, 세계화와 지방화의 공존이 지역을 살리고 나아가 국가 발전과 세계 발전이라는 등식이 성립되는 교육환경에 우리는 직면해 있다. 한계에 도달한 학교교육 체제에서 평생학습사회로 전환하여 지방자치 시대에서 특색 있는 지방자치단체 건설과 지역적인 요구와 도전에 대한 지역적인 해법으로서 평생학습도시 건설이 요구된다.

평생학습도시에 대한 개념을 Longworth(2000)는 기본적인 번영, 사회 안정, 개인의 행복에 있어서 학습이 열쇠의 역할을 한다는 것을 인정하고 이해하는 도시로서 모든 시민의 완전한 인간적 잠재력을 계발하는 데 인적자원, 물적자원, 금융자원을 동원하는 도시로서 정의한다. 유럽평생학습추진위원회(ELLI)에서는 "평생학습도시란 개인의 성장을 촉진하고, 사회 통합을 유지하며, 번영하기 위해 시민 모두의 잠재력을 풍부히 개발하기 위하여 자체의 모든 자원들을 동원하는 도시, 마을, 지역이다"라고 정의를 내리고 있다(Longworth, 2000: 109). 그래서 평생학습은 지역사회에 뿌리를 두고 있으며, 지역사회 자체가 평생학습자원(김승한, 1981)으로, 평생학습도시는 궁극적으로 학습 공동체로서 지역사회의 모든 교육자원을 기관 간 연계, 지역사회 간 연계, 국가 간 연계로 확대해 나가는 것을 의미한다(Longworth & Davies, 1997).

지역단위로 학습공동체를 조성함으로써 지역 사회공동체가 형성되고 궁극적으로는 국가경쟁력 향상에 기여한다는 인식이 하나의 추세를 이루고 있다. 1970년대에 OECD는 캐나다의 Edmonton, 유럽의 Gothenburg, Vienna, Edinburg, 일본의 Kakegawa, 호주의 Adelaide, 미국의 Pittsburg 등 7개 도시로 이루어진 '교육도시'(Educating Cities)를 만드는 프로젝트를 재정 지원한 이래 학습도시, 학습지역 만들기 운동을 계속 확대해 오고 있으며, 국가 수준에서는 1992년 Gothenburg 시에서 개최된 OECD회의에서[19] 새로운 도화선이 되어 평생학습도시 만들기 운동이 영국, 스페인, 호주, 캐나다, 미국, 남미, 아프리카, 일본 등 전 세계적으로 급속하게 확대되고 있다(이희수, 2002). 평생학습도시에서 지역은 학습의 장일뿐만 아니라, 학습의 원천으로 새로운 가치를 부여받게 된 것이다(김영식, 2002).

평생학습도시의 등장 배경은 다음과 같이 두 가지 측면에서 생각해 볼 수 있겠다.

첫째, 학습사회를 구체적으로 실현하기 위하여 등장하였다. 이러한 학습 사회는 모든 시민에게 배움과 학습의 기회를 제공하고, 자신의 학습에 대하여 책임을 질 수 있는 시민을 양성하고자 한다. 미래 사회의 번영과 안정,

19) 2000년 OECD 보고서에 따르면 26개국 175개 도시가 The International Association of Educating Cities를 결성하여 평생학습도시 연합을 만들어 활동하고 있다고 한다. 일본의 경우, 1979년 가케가와 시가 세계 최초로 평생학습도시를 선언하였으며, 이에 중앙 정부 차원에서 평생학습도시 시범시를 지정하여 조성 사업을 벌인 지 30여 년 만에 140여 개의 도시가 평생학습도시를 선언하여 이 사업이 급속도로 확산되고 있다.

복리 증진을 위한 주된 힘의 원천은 학습에서 파생하며, 이러한 학습이 개인의 생애를 통해 원만하게 진행이 되도록 하기 위하여 지역사회에 산재한 무한한 교육 자원을 최대한 발굴하고, 공유하여 활용할 수 있도록 도시의 모든 부문들이 협력하여 지원하는 도시가 바로 평생학습도시인 것이다.

둘째, 학습경제를 실현하기 위하여 등장하였다. 토지나 노동, 자본에 기초한 자원기반경제에서 지식과 정보가 경제적 가치로 인정되고 나아가 생산요소가 되는 지식기반경제로의 전환은 지식과 인적자원의 중요성을 부각시켰다. 학습경제의 토대는 지식이며, 이러한 지식은 도시의 광범위한 인문적인 문화 환경에 의하여 성장, 발전한다. 학습경제에서 경쟁력의 제고는 지역 주민의 사회적 자본(social capital)인 상호간의 관계 신뢰와 경제, 인적 자본을 형성할 수 있는 생산적인 학습 시스템인 평생학습도시 만들기에 달려 있다. 개인이 생산한 지식이 모여 단체의 힘이 축적되고, 개인의 지식은 조직이나 단체의 연결망(network)에 의하여 보다 견고하게 구축되고 발전한다. 연결망을 통해 이루어지는 조직학습(organizational learning)은 보다 개인의 학습을 조장하고 지식을 한층 세련되게 한다. 평생학습도시는 이러한 개인학습과 조직학습을 가능하게 하는 지식의 창출과 공유의 터전을 마련해 준다.

2. 평생학습도시의 운영현황

평생학습도시는 교육부가(2000) 국가인적 자원 개발을 위하여 분야별, 부처별 국가인적 자원 개발 정책의 연계, 조정 시스템 구축과 학교교육의 시야에서 벗어나 산업정책, 고용·훈련 정책 등 타 정책분야와의 연관성을 확대 도모한다는 추진 방안이 제시되면서 시작되었다. 1999년 3월 9일 광명시가 평생학습도시를 선언한 이래, 교육부에서는 2001년 광명시, 진안군, 유성구를, 2002년에는 9개의 지자체가 신청하여 제주시, 부천시, 부산 해

운대구가 각각 평생학습도시로 지정되었고, 2003년에는 14개의 지자체 중
에서 5개의 지역이 평생학습도시로 선정되었다. 2004년에는 서울 관악구,
경기 이천시, 충북 청주시 등 8개의 도시를 2005년에는 서울 양천구, 대구
동구, 서울 성북구 등 14개의 지자체를 선정하여 현재 33개의 지자체가 평
생학습도시로 선정되어 운영되고 있다(표 26참조).

〈표 26〉 평생학습도시 조성 현황

년 도	지 역(33개)
2001	경기도 광명시, 전북 진안군, 대전시 유성구(3)
2002	제주도 제주시, 경기도 부천시, 부산시 해운대구(3)
2003	제주도 서귀포시, 전남 순천시, 경북 안동시, 인천 연수구, 경남 거창군(5)
2004	서울 관악구, 경기 이천시, 충북 청주시, 충남 금산군, 전북 전주시, 전남 목포시, 경북 칠곡군, 경남 창원시(8)
2005	서울 양천구, 대구 동구, 서울 성북구, 대구 달서구, 인천시 부평구, 광주 남구, 경기 수원, 경기 구리시, 충남 부여군, 전북 익산시, 경남 남해군, 경남 김해시, 충북 제천시, 충북 단양군(14)

이 사업의 기본 방향은 첫째, 평생학습의 주인공이 당해 마을에 거주하는
주민과 도시의 시민이라는 기본 전제에서 출발하며, 평생학습도시는 다양한
분야에서 스스로 배우며 자신의 삶의 질을 높일 수 있는 자기 주도적인 학
습을 해 나가는 데 지원할 수 있는 환경을 조성하는 방향으로 진행된다.

둘째, 지역의 자연환경과 역사, 문화 등의 학습 자원을 지역의 여러 과제
와 연계하여 그 고장만의 특색 있는 마을이나 도시를 만드는 방향으로 추진
된다.

셋째, 평생학습의 환경 조성을 위한 종합적인 행정으로, 평생학습을 지원
하기 위해 평생학습 거점 시설을 확충하고 관련 시설의 구축·정비·활용과
기존의 학교를 개방하여 평생교육 시설로 이용하고, 공공시설 설비 등을 평
생학습과 자치 활동을 위해 활용하는 방향으로 나아가고 있다. 더불어 지자

체와 지역교육청 등이 서로 연계 네트워크를 형성하여 평생학습사회를 지향
하는 종합 행정 추구라는 방향으로 현재 진행이 되고 있다.

  평생학습도시 사업은 시간이 지나면서 보다 체계화되고 그 지향점도 약간
씩 변화되었다. 2002년의 평생학습도시 사업은 지역인적자원개발의 촉진을
통한 국가인적자원개발의 기반확립과 국가경쟁력 강화에 초점을 두었다면,
2003년에는 개인의 삶과 질 제고와 도시 전체의 경쟁력 향상 및 학습공동체
건설을 도모하는 총체적 도시 재구조화로 사업의 지향점이 다소 미시적이고
보다 구체적인 방향으로 이동하였고, 2004년에는 지역학습공동체 구축과 평
생학습기회의 확대를 위한 평생학습인프라 구축으로 제시되었고, 2005년에는
지방자치단체 및 지역교육청의 인적·물적 평생학습자원을 공동으로 활용하
는 지역학습공동체(learning community) 구축과 지역사회의 평생교육시
설 및 단체 간의 협력을 도모하여 지역주민의 평생학습 기회를 확대하고 교육
서비스 질 향상을 위한 평생학습인프라 구축 및 붐 조성으로 제시되었다[20].

---

20) 교육부는 인천 남구, 충남 서산시, 광주 광산구, 전북 정읍시, 전남 곡성군을 예비
   학습도시로 지정하는 등 2010년까지 100개를 조성할 예정이다. 그리고 2005년의
   조성 계획에는 이미 운영을 시작한 19개의 평생학습도시를 활성화하기 위해서 "우
   수 평생학습 프로그램"을 지원하는 사업과, "학습도시 컨설팅 서비스"도 제공될 예
   정이라 한다. '학습도시 컨설팅 서비스'는 학습도시가 지역의 특성과 수요에 적합한
   추진전략을 수립할 수 있도록 전문적 도움을 제공하기 위한 것으로 금년에 세 개
   지역을 선정하여 처음 실시할 예정이다.

〈표 27〉 평생학습도시 만들기 사업 추진 현황

도 시	평생학습마을·도시 관련 사업 추진 내용
광명시	• 전국 최초 평생학습도시 선언(1999. 3. 9) • 교육인적자원부 평생학습도시조성사업 제1차 지원도시(2001. 10) • 독립기관으로서 평생학습원 운영(2002. 3) • 경기도 평생학습축제 개최(2002. 10)
진안군	• 교육인적자원부 평생학습도시조성사업 제1차 지원도시(2001. 10) • 평생학습고을 선포(2001. 11. 15) • 군민 문해조사 및 교육실시, 독서교육, 관광생태교육 실시 • 진안군민의 날 행사와 함께 평생학습축제 실시(2002.10)
유성구	• 교육인적자원부 평생학습도시조성사업 제1차 지원도시(2001. 10) • 주민자치센터를 활용한 주민교육 활성화 • 학습동아리 중심의 조직화
부천시	• 관민 협력 평생학습지원 계획 수립(2002. 3) • 사이버 평생학습 종합 정보망 구축 및 운영 • 평생학습축제 개최: 프로그램 제작 및 발표회 지원 • 교육인적자원부 평생학습도시조성사업 제2차 지원도시(2002. 9)
제주시	• 평생학습도시추진조례 제정(2002. 9.) • 교육인적자원부 평생학습도시조성사업 제2차 지원도시(2002. 9) • 외국어 상설 교육장 운영 및 외국문화 체험활동 지원 • 평생교육기관을 중심으로 한 권역별 학습벨트 구축 • 평생교육센터 설치(2002. 10)
해운대구	• 교육인적자원부 평생학습도시조성사업 제2차 지원도시(2002. 9) • 생태환경교육 중심의 평생학습도시 만들기 사업 추진 • 환경교육, 주민자치, 보건교육 등 평생교육 프로그램 개발 • 주민자치센터 프로그램지원 • 지역평생교육 네트워크 구축 운영
군포시	• 전국 최초 평생학습추진위원회조례 제정(1997. 10.) • 평생학습도시 건설 계획 수립(2001. 2)
김포시	• 지역교육발전회의에서 평생학습도시 사업 추진 결의 • 김포평생학습도시 계획 수립 예정
기 타	• 평택시, 김해시, 인천시, 서울시 등의 시민대학 운영

자료: 양병찬(2002). 평생학습마을 / 도시 만들기의 실천 전략. 제1차 평생학습도시 연찬회: 패러다임의 대전환 학습도시로 가는 길, 한국교육개발원. 재구성.

교육부의 평생학습도시 사업에 대한 구상이 초기에는 국가단위라는 거시적인 안목에서 출발하였다면, 현재는 지역에 산재한 학습조직 간의 연대와 협력 및 학습을 지원한다는 미시적인 방향으로 그 패러다임이 변화해 왔다. 이러한 사실은 평생학습이 15년 전부터 국가주도(state-directed), 중앙중심(centralized)에서 개인주도(self-help), 개인 책임(self-confidence)으로 옮겨지고 있으며, 지역사회에 책임을 강화(empowering communities)하는 방식으로 행정권한이 이양되고 있다(Béliale et al., 1997; 181)는 사실과도 무관하지 않음을 알 수 있다.

2001년부터 교육부의 지원을 받은 평생학습도시는 대전 유성구, 경기 광명시, 전북 진안군을 필두로 하여 〈표 27〉에서 알 수 있듯이 조례 제정, 평생교육센터 설치, 사이버 평생학습망 구축, 추진위원회의 조직, 학습도시 선언, 시민대학 운영, 평생학습축제 개최 등 다양한 방식으로 추진되고 있다.

3. 평생학습도시 추진과정에서 드러난 문제점

평생학습도시와 관련하여 그동안 여러 편의 논문들이 생산되었다(김남선, 2004; 최돈민, 2004; 이병준, 2003; 양병찬, 2002; 이희수, 2002; 김동성, 2002; 김영식, 2002; 이희수, 2001). 발표된 이들의 논문들을 살펴보면 대체적으로 평생학습도시에 대한 의미와 필요성, 추진모형, 외국의 사례 등 평생학습도시의 추진과 관련한 기본 모형이나 정책 방향에 그 논의가 집중되어 있음을 발견한다. 이러한 현상은 어쩌면 당연한 현상일지도 모른다. 평생학습도시에 대한 용어 도입이 우리에게는 아직도 낯설고, 추진 시기가 아직까지는 일천해서 그럴 것이다. 그래서 평생학습도시의 추진 과정에서 드러난 문제점과 실태를 보고하는 논문은 현재 찾아보기 어렵다.

평생학습도시 추진과정에서 나타나는 문제점을 평생교육에 대한 정체성 확보와 인력부족, 평생교육 추진 기관 간의 연계, 조례 제정과 재정, 평생

교육의 중요성에 대한 인식 부족과 운영방식 등 네 가지 측면에서 살펴보면
다음과 같다.

1) 평생교육에 대한 정체성 확보와 인력부족

평생교육 정책은 평생교육법에 의해 추진되고 있으나 이를 시행하는 지자
체나 교육청에서 진행 중인 평생교육 프로그램은 그 구분과 경계가 모호한
것이 많다. 교육부가 추진하고 있는 것을 제외하고 노동부의 성인 직업훈
련, 행정자치부의 주민자치센터를 통한 각종 민주 시민교육, 보건복지부의
장애인 재활교육 및 노인교육 등 이러한 정책들은 모두 평생교육 정책들이
나 현장에서는 평생교육으로 생각하지 않으며 심지어 국가 예산 분석에 있
어서도 평생교육 예산으로 계상 하지 않는(윤용식, 2003) 경우가 많다.

주민학습지원시스템의 구축은 전적으로 지자체에 의하여 추진되는 경우가
많으며, 교육청에 의하여 사업을 주도적으로 시행하는 지자체는 많지 않은
실정이다. 그리고 사업을 관리하는 부서들도 다양하여 전문가(평생교육사
등)들보다는 일반직 공무원이 많으며 이들은 평생교육관련 업무와 더불어
다른 업무까지 겸하고 있어 평생교육 사업의 추진을 잡무로 생각하는 경우
가 많다. 이러한 현상은 인적자원개발 기본계획 시행계획의 한 분야인 "평
생직업능력 개발체제 구축" 방안을 교육인적자원부, 행정자치부, 노동부, 국
방부가 공동으로 마련하여 추진하고 있지만, 정부가 추진하고 있는 평생교
육이 일목요연하게 어느 부처에서 어떤 것이 있는지 명확히 정리되어 있지
않은 사실과도 무관하지 않다.

평생학습도시 조성사업을 위한 추진모형은 지역교육청과 기초 지자체가
공동으로 협력하여 사업해 나갈 것을 강조하고 있지만, 현실은 그렇지 않
다. 어느 한쪽이 사업을 추진하면, 나머지 한 쪽은 대부분 주변부로 한 발
물러나 있는 것으로 나타난다(김신일, 2004).

2) 평생교육 추진 기관 간의 연계

평생학습도시 사업의 원만한 추진과 성공은 지역 교육청의 교육행정과 지자체의 일반 행정 간에 긴밀한 협조체제와 네트워크 구축이 관건이라 하겠다. 지자체가 보유한 문화나 교육시설, 청소년수련시설, 스포츠시설, 복지시설 등의 하드웨어와 지역 교육청이 보유한 교육력 즉, 평생학습지원과 관련한 다양한 프로그램과 인적자원 간에 유기적인 협력과 협조, 지원이 무엇보다 필요하다. 기초 지자체나 지역 교육청 외에도 지역의 민간 기업이나 대학, 시민사회단체 등 지역의 다양한 주체들의 참여도 사업 성공의 열쇠가 된다. 이러한 사실은 김신일(2004)의 연구에서 확연하게 나타난다.

시민단체가 참여하는 경우 사업추진이 보다 활발하고 특히, 시민단체들에 접근이 용이한 평생교육 전문가가 참여하는 경우 시청과 교육청 양쪽의 활동을 모두 이끌어낼 가능성이 높다고 보고하고 있다. 마지막으로, 지역의 구성원인 주민과의 광범위한 협력이 필요하다. 아무리 훌륭한 프로그램이나 제도가 마련되어도 이를 활용하거나, 이용하는 주민들의 참여나 협력이 없다면 성공적인 평생학습도시 만들기는 요원한 이상에 불과할 것이다.

3) 조례의 제정과 재정

단위 지자체가 평생학습도시 사업의 원만한 운영을 하기 위해서는 자체적으로 행정적, 재정적인 근거 규정을 마련하여야 한다. 조례의 제정으로 담당 부서나 인력의 확보 및 배치, 예산배정, 업무분장 등을 통하여 원활한 추진을 보장받을 수 있다. 조례의 내용으로는 단순히 사업에 대한 지원, 운영, 관리하는 기구만 명시할 것이 아니라, 평생학습도시 사업에 대한 각종 위원회나 협의체의 설치목적이나 기능, 구성, 권한 등을 아주 세밀하게 제시하여 이를 추진하는 주체에게 힘을 실어 주는 방향으로 제정되어야 할 것이다.

평생학습을 위한 재정 지원은 주관 부처마다 다르고, 지원액에서 엄청난 차이를 보이고 있다. 특히 교육부의 평생교육 예산은 학교 형태의 평생교육기관 지원에 치중되어 있으며, 세제 혜택도 정규 교육기관에 한정되어 있다. 지자체의 경우 예산을 집계하는 방식이 순수하게 평생학습도시 사업에 소요된 비용만을 예산으로 계상 하는 경우와 사업에 관련된 다양한 비용 즉, 운영비, 관리비, 유지비, 인건비, 건축비 등 부대 지원 경비까지 예산으로 계상하는 등 다양한 사례들이 현재 드러나고 있는 실정이다. 이로 인해 사업의 재정규모가 지자체 별로 최소 4억 2천만 원에서 최대 64억 9천만 원까지 편차가 드러났다(김신일, 2004).

정부의 평생학습도시 조성과 관련한 지자체에 대한 예산 지원이 직접 지원이든 세제지원이든 일단 계상된 예산이 정확하게 바른 곳에 사용되는지, 그리고 예산에 대한 사후관리가 바르게 이루어지는가에 대한 감시 장치가 필요하다. 이러한 제도적인 장치에는 지자체 별로 제정할 조례에 대한 표준적인 안내(standard guide-line) 제시가 필요하다고 본다.

4) 평생교육의 중요성에 대한 인식 부족과 운영방식

헌법 제31조 5항에 국가는 평생교육을 진흥하여야 한다고 규정하고 있다. 그리하여 1999년부터는 평생교육법이 제정되어 현재까지 시행되고 있다. 2001년부터 진행 중인 평생학습도시 만들기 사업이 지자체뿐만 아니라 주민, 교육청 관계자에게도 생소한 것이므로 이 사업에 대한 이해도와 인식도를 높이는 데 주안점을 두어야 한다. 더불어, 평생학습도시 만들기 사업의 성패는 일차적으로 단체장의 정치적 의지와 지역 교육청의 전문성과 협조에 달려 있으므로 지자체 선정 시 단체장의 비전과 의지 및 동기를 확인하고, 그 의지가 시들지 않도록 지원, 격려하고 모니터링 하는 것이 무엇보다도 중요하다. 이희수(2002)는 평생학습도시 만들기 사업에 대한 이해도가 낮아서 평생학습도시 조성에 대한 설계도 평생학습도시 건설기반을 조성하기보다는 2억 원을 주로 기존의 프로그램에 재투입하여 제공되는 프로그램의 수를 확대하려는 경향이 있어, 평생학습도시 조성 종합계획의 수립 및 확정 위에서 기본적인 플랫폼을 구축하도록 유도할 필요가 있음을 역설하고 있다.

　지식기반사회에서 지역의 발전이란 지역 주민의 지식, 기술, 기본예절 등을 업그레이드하는 것을 의미하며 따라서 평생교육이 중요한 역할을 수행하여야 한다. 거의 모든 대학, 전문대학에 평생교육원이 부설되어 있고 지역 평생교육센터 및 학습관, 지역 주민센터 등이 설치되어 있지만 이에 대한 인식은 아주 미약하다. 일반시민을 대상으로 평생학습도시(마을) 조성에 대한 시민 의식조사 결과(이희수, 2002), 평생학습도시 지정에 대한 인지도를 물어본 결과 61.2%가 안다고 답한 반면에, 모른다고 응답한 비율도 38.5%를 차지하고 있다는 점에서 인지도를 높여야 할 과제가 문제점으로 남아 있다. 따라서 조속히 이에 대한 인식 제고는 물론 평생교육의 역할을 강화하기 위한 대책이 필요하다.

　평생학습도시 조성을 위한 운영방식의 문제점을 지적할 수 있다. 운영방식에는 독자운영, 위탁운영, 네트워크 운영 방식이 있는바, 독자운영 방식은 한정된 프로그램 제공과 지역에 산재한 다양한 인적, 물적 인프라의 지원을 간과할 수 있다는 단점이 있다. 위탁운영 방식은 수탁기관이 영리목적이나 자신의 이념을 실현하는 방향으로 진행할 수 있다는 단점이 있다. 네트워크 운영방식은 각 주체 간에 의견 충돌 시 합의된 중재나 조정 기구가 부재할 경우 사업 추진에 혼선과 장애를 초래할 수 있는 반면에, 지역의 학습자원을 충분히 연대, 협력을 통하여 활용할 수 있고, 지역 실정에 풍부한 평생교육 프로그램을 제공해 줄 수 있는 강점을 지닌 운영방식이다. 지자체는 지역 실정이나 여건과 상황 등을 고려하여 자신의 지자체에 적합한 운영방식을 선택하여 운영하는 지혜가 필요하리라 본다.

Ⅲ. 평생학습도시 발전전략 탐색

 평생학습도시의 성공적인 추진을 위한 발전전략 탐색으로 3차원(개인, 지역, 행정적 차원)과 3영역(기회제공, 학습활동 지원, 추진체제 구축)으로 구분된 개념적 틀을 설정하여 다음과 같이 살펴보고자 한다(그림 8참조).

 평생학습도시의 성공적인 추진을 위해 설정한 발전전략 모형은 3차원(개인, 지역, 행정적 차원)과 3영역(기회제공, 학습활동 지원, 추진체제 구축)으로 구분이 된다. 여기서 평생학습도시의 운영은 평생학습에 대한 기회제공과 학습활동 지원, 추진체제 구축이라는 하부적인 인프라 구축을 통하여 이를 개인, 지역, 행정적인 차원에 유기적으로 적합하게 녹아들어서 운영함으로써 평생학습도시 사업을 성공적으로 추진할 수 있다는 것이다.

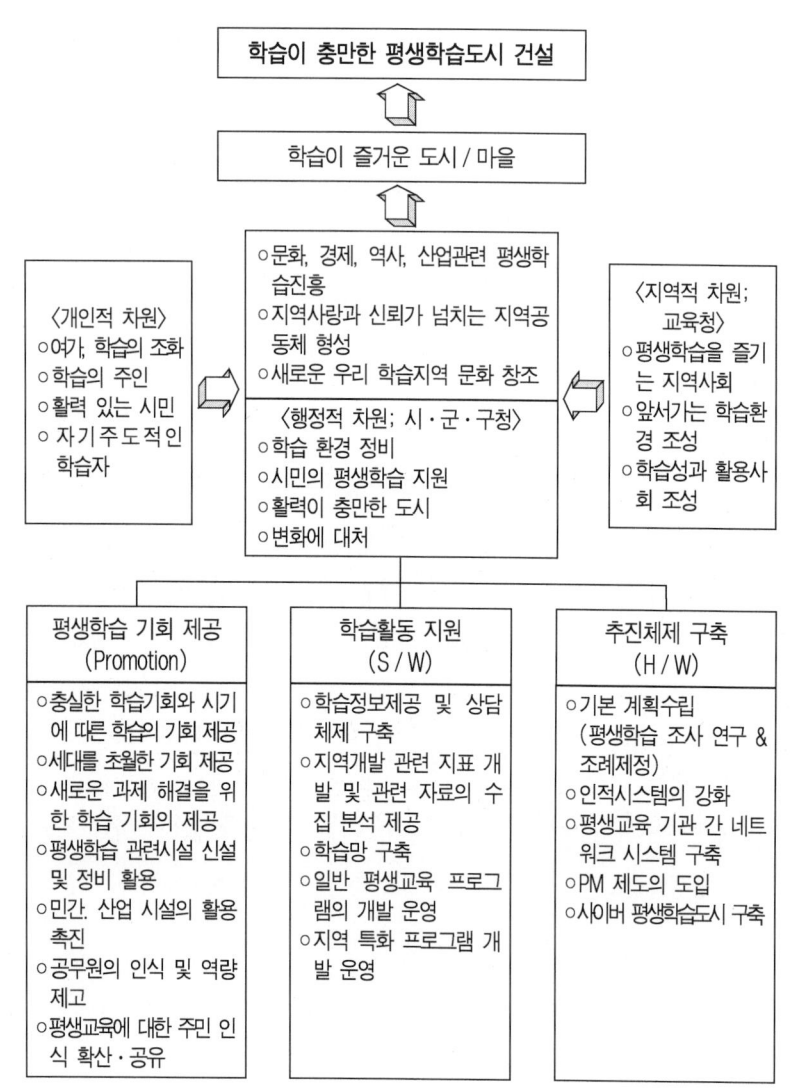

[그림 8] 평생학습도시의 발전전략 모형

1. 세 영역(기회제공, 학습활동 지원, 추진체제 구축) 고찰

1) 평생학습 기회의 제공(Promotion)

평생학습의 목표는 모든 이에게 적합한 학습 기회의 평등한 분배에 우선 순위와 가치를 부여하는 것이어야 한다. 교육에 대한 기회의 확대가 사회 경제적 배경이(SES) 상이한 집단들 간에 나타나는 교육에 대한 참여율의 차이를 자동적으로 감소시키지는 않는다. 디지털 격차(digital divide)로 인한 문제를 차치하더라도 기본적인 교육을 수혜한 개인은 차후에도 더 많은 학습 기회를 부여받는 경향에 따른 교육기회 격차는 계속해서 악순환이 발생할 개연성이 농후하다. 이러한 구조적인 불평등 문제는 평생학습도시 사업에서 충분히 배려하여야 한다. 다양한 교육 기회의 제공을 통해서 평생 학습의 주요 고려 대상인 젊은이들의 학습 의욕을 강화하는 데 도움을 줄 수 있는 방향으로 사업이 진행되어야 할 것이다.

학습 여건이 좋은 일터나 평생학습관련 시설을 신설하거나 정비하여 지역의 모든 세대나 계층에게 학습의 기회를 광범위하게 노출하여 경험의 세계를 확장하게 하고 학습을 생활의 일부분으로 인식하게 하여야 한다. 평생 학습 전략은 학습에 대한 모든 진입 장벽을 제거함으로써 형평성을 제고하여야 하며, 이를 통하여 일정 수준의 교육을 받은 사람들에게 유리하게 되어 있는 교육의 기회를, 모든 사람이 이용 가능하고 제공받을 수 있도록 재편해야 한다. 그리하여, 평생에 걸친 학습은 연령, 남녀평등, 장애, 언어, 문화와 경제적 불균형과 같은 요인으로 나타나는 차이를 재고하는 것이다(UNESCO, 1997: 21)

지역 평생교육 개발에 관련한 공무원의 인식 및 역량을 제고하는 데 집중해야 한다. 여기에는 첫째, 평생학습도시 사업에 대한 자신감과 정책 수행에 대한 역량을 제고해야 한다. 둘째, 지역 개발과 지역 평생학습 간의 연대가 필요하다는 인식이 필요하다. 셋째, 지역평생교육훈련을 담당하는 관계 공무원들 간에 서로 정서적인 공유를 통하여 협력을 할 수 있는 토대 조성 마련이 무엇보다도 시급한 실정이다. 지역 평생교육에 대한 공무원의 인식도 중요하지만 주민들의 평생교육에 대한 인식과 이를 서로 공유하는 마인드 조성도 시급하게 이루어져야 한다. 이를 위하여 평생학습축제를 개최하거나, 평생학습주간 설정 등의 캠페인을 통하여 지역 사회에 전반에 평생학습 문화를 확산시켜야 한다.

2) 학습활동 지원: S / W 측면

평생학습도시 만들기의 주체는 주민이다. 주민들이 자기가 살고 있는 지역에 대한 이해와 관심, 주체적인 참여와 동참이 평생학습도시 만들기의 핵심적인 과제라 하겠다. 이러한 주민의 적극적인 참여를 보장하기 위해서는 학습에 대한 정보 제공과 더불어 학습에 대한 상담도 원활하게 병행하여 이루어져야 한다. Nelson과 Vermer(1960: 416-417)는 "지역사회의 발전에 있어서는 주민들의 상호의존성의 인식과 시민으로서의 책임 완수가 본질적인 요소이며 이를 성취할 수 있는 단 하나의 길은 교육의 과정"이라고 강조하고 지역사회 개발에 있어서의 강조는 물적인 변화 자체보다는 시민들의 교육에 두어야 한다고 주장한다. 그래서 지역 주민의 주체적인 시민의식을 위해 교육이 요구된다는 논리이다(양병찬, 2002).

지역 평생교육에 대한 지역개발 관련 지표 개발과 관련 자료의 수집과 분석이 이루어져야 한다. 이를 위하여 첫째, 지역평생교육·훈련 기관 및 프로그램의 특성별 분포를 파악해야 한다. 둘째, 강사에 대한 교육훈련을 위하여 인력뱅크를 구축 운영한다. 셋째, 지역의 산업구조 및 노동 수요 공급의 현황과 트렌드를 분석한다. 넷째, 새로운 직종과 관련한 자격증을 취득하기 위하여 관련된 교육프로그램에 대한 정보를 제공해 주어야 한다.

평생학습 지원체제의 재구조화는 자생적으로 탄생한 각종 사회단체나 조직체의 교육활동을 지원·조장하도록 이루어져야 하며, 평생학습에 대한 지원은 교육 기능을 가진 모든 조직에 대해 총체적으로 접근할 필요가 있다. 그래서 평생학습에 대한 지원은 학습에의 참여(participation), 역할 분담과 협력 체제(partnership), 학습을 지속하기 위한 지속성(sustainabi-

lity), 학습 결과의 투명성(transferability) 등의 원리에 입각해야 한다
(Béliale et al., 1997). 교육취약 계층에 대한 평생학습은 지역사회의 형
평을 고려한 학습 목표를 설정할 수 있도록 도와주고, 이를 실현할 수 있는
방법을 수립할 수 있도록 도와주어야 한다. 또한 학습결과가 인증되어 또
다른 학습으로 이어지도록 연계체제를 갖추어 계속적인 학습이 이루어질 수
있도록 학습망이 구축되어야 한다. 학습은 직업으로 연계될 수 있는 내용과
기초 능력과 민주시민으로서의 자질을 구비할 수 있는 내용이 조화를 이루
어 편성될 필요가 있다(최돈민, 2002).

　일반 평생교육 프로그램의 개발 운영은 세 가지 측면에서 진행이 되어야
한다. 첫째, 지역에 거주하는 아동이나 청소년, 여성과 노인 등 대상에 적
합한 프로그램을 개발하여 운영해야 한다. 둘째, 지역과 관련한 산업에 필
요한 인력을 양성하는 프로그램을 개발해야 한다. 셋째, 지역 주민의 여가
나 취미활동에 필요한 프로그램을 개발하여 제시해 주어야 한다.

　지역에 적합하고 특화된 프로그램의 개발과 운영은 평생학습도시 추진에
있어서 아주 중요하다. 지역의 문화자본과 사회적 자본을 중심으로 한 프로
그램은 지역을 이해하고 나아가 상호 유기적인 관계망을 이룬 연대 형성을
통하여 지역의 단결과 단합을 가져와 하나의 지역이 하나의 가정과도 같은
평화로운 지역사회를 만들어 줄 것이다.

3) 추진체제 구축: H / W측면

　평생학습도시 사업의 추진을 위한 기본적인 인프라 구축의 첫 단추는 기
본 계획이 중요하다. 지역의 평생학습에 대한 제반적인 여건 조사를 시작으
로 지역의 인구, 교육, 산업, 환경, 문화적인 특성 등을 담은 도시의 장기
계획을 반영하는 평생학습도시 계획을 수립하고, 법적인 근거를 마련하기
위해 평생학습 관련 조례를 제정한다. 인적인 시스템의 강화를 위하여 평생
교육과 관련된 사업을 원활하게 추진할 수 있는 전문 인력을 확보해야 한
다. 평생교육사의 선발과 배치, 순회 평생교육사 체제의 도입과 지자체나

교육청에 근무하는 공무원을 대상으로 하여 평생교육에 대한 마인드 조성을 위한 연수를 가진다.

시·군·구청과 지역교육청 간의 긴밀한 파트너십 형성을 통한 평생교육시설 및 단체 간의 협력을 도모하고, 지역 주민의 평생학습 기회를 보다 확대해야 한다. 평생학습도시 운영을 위해 교육부가 만든 추진모형의 보완을 위해서는 자치단체와 교육청의 관계조정, 관련 기관과 단체들의 네트워크 구축, 모니터링과 피드백 방안 제시가 시급한 것으로 나타난다(김신일, 2004). 평생학습 촉진을 위한 행정지원 체제는 평생학습의 성격과 기능을 결정하고 평생학습기관의 프로그램에도 영향을 준다. 따라서 평생학습 행정지원 체제는 국가관과 밀접히 관련되어 있다. 시·군·구청에 민간전문가가 평생학습도시 사업에 테스크 포스로 참여하는 PM(project management) 제도도 한번 생각해볼 만하다(이병준, 2003).

오프라인(Off-line)에서의 평생학습도시를 구축하는 것뿐만 아니라, 온라인(On-line)상에서도 지역 및 빈부 간 학습격차를 해소하고 평생학습 기회를 제공한다는 점에서 "사이버 평생학습도시"의 구축도 생각해 볼만하다. 특히 시간과 공간적 제약이 없는 E-learning과 원격교육은 도서 벽지나 해안 지역에 위치한 지자체에서는 아주 유용한 방식이 될 것이다.

2. 세 차원(개인, 지역, 행정적 차원) 고찰

1) 개인적 차원

평생학습에서 주인은 시민이라 할 수 있다. 평생학습의 목표는 자신의 삶을 주체적으로 개척하면서, 자기의 실현과 삶의 보람을 창조하는 것에 있다. 주 5일제의 실시로 여가 시간이 증대하고 있다. 이에 따라 일상생활 속에서 여가 시간의 활용은 개인적으로나 사회적으로 중요한 문제가 된다. 일상생활 속에서 여가와 학습활동이 조화롭게 진행이 되도록 사업운영에 있어서 세심한 배려를 하여야 할 것이다.

평생학습도시에 둥지를 틀고 생활하는 사람에게는 무엇보다도 문제해결을 스스로 지혜롭게 해결할 수 있는 능력이 필요하다. 이를 달리 표현하면, 자기주도적인 학습력(self-directed learning) 함양과 능력이 필요하다. 자기주도적인 학습자는 문제 해결을 위한 목표를 설정하고 문제 해결에 필요한 자료를 수집하여 이를 기술, 분석, 해석하는 등의 문제해결을 위한 사고과정(thinking process)을 거쳐서 문제를 해결하고, 이를 스스로 되돌아보아(feed-back) 자신의 사고과정에서 발생하는 문제점을 점검하고 나아가 이를 바탕으로 미래학습전략(feed-forward)을 수립할 수 있는 능력을 갖춘 자를 의미한다.

자기주도적인 학습자를 육성하기 위해서 아동과 학생이 스스로 생각하고, 주체적으로 판단하여 행동할 수 있도록 학습 환경을 조성하기 위해 가정, 학교, 지역사회는 연계·협력을 촉진해야 하며 지역의 학습 문화를 고양하기 위해 다양한 프로그램 마련이 필요하다(양병찬, 2002).

2) 지역적 차원

지역사회는 주민들의 삶의 터전이면서 학습과 실천이 동시에 이루어지는 터전이다. 지역의 공공부문 평생학습시설은 가정이라는 사적 공간과 인간관계에 국한되어 있던 주민들에게 공적 공간과 사회생활로 진입하는 통로가 되기도 한다. 무엇을 배운다는 목적 외에 가정에서 벗어나 공적인 공간에서 학습을 통하여 사회생활과 인간관계를 형성하면서 정체성을 회복하거나, 스스로 만족감을 느끼게 해 주는 것이 바로 지역사회이다.

개인적 차원에서 스스로 행하는 평생학습은 다양한 학습 활동으로 이어지며 이것이 지역 주민들과 교류를 증진하면서 지역사회 사회적 자본[21]의 생

---

21) 사회적 자본은 지역사회와의 동일시, 시민참여, 지역사회 연대, 정치적 안정과 경제적 경쟁력에 긍정적 영향을 미치고, 이러한 것들은 궁극적으로 지역사회 발전에 긍정적으로 작용하기 때문이다(Pauline McClenaghan, 2000).

성과 축적을 가져오고, 종국에는 지역사회의 발전에 바탕이 된다. 평생교육 사업이 이루어지는 장소는 대개가 지역사회 중심으로 이루어지는 교육복지 사업 형태를 취하고 있다. 평생교육 사업은 지역평생교육체제구축[22] 및 활성화 운동이라 할 수 있다. 지역평생교육은 특정인을 대상으로 특정 기관에서 이루어지는 한정된 활동이 아니라 요람에서 무덤까지 각종 삶의 장에서 이루어지는 계속적, 종합적 활동이어야 한다(이희수 외, 2001).

평생학습 정책은 지역사회에 기반을 두고 추진되어야 하며, 지역에서 언제나 계속적인 학습 프로세스가 일어날 수 있도록 학습 환경과 조건을 정비하여야 한다. 지역을 하나의 학습공동체로 만들기 위해서는 평생학습에 대한 지역화가 중요하다. 지역사회는 지역사회 내에 거주하는 주민과 집단으로 하여금 스스로 그들의 지식과 기능, 태도를 끊임없이 개발하도록 자극하고 그 기회를 제공하는 체제로 여건이 마련되어야 하고 그러한 지원이 원활하게 이루어지도록 운용이 되는 사회이어야 한다. 지역사회의 평생학습체제의 필요성에 대하여 야마모토(山本)는 다음과 같이 지적한다(山本慶裕, 1995).

지역 전체의 협력이 중요하다. 평생학습 프로그램은 단순한 프로그램이 아니라 여러 가지 관점을 요구하는데, 예를 들면 복지, 노동, 주택 등의 다양한 관점에서의 학습을 가능하게 하기 위해서는 도시 행정의 광범위한 협력이 중요하다. 이는 에드몬트의 도시공원관리 부서가 시민강좌를 개설한다든가, 피츠버그 시의 복지부문이 공공주택부문과 소득원조사업과 협력하여 노동훈련을 행하는

---

22) 그 동안 지역평생교육체제 구축을 위한 연구 노력이 미진하지만 적지 않은 시도들이 있어 왔다. 지역평생교육 활성화를 위한 지역평생학습 체제 구축을 위한 대학의 역할과 네트워크 전략, 지역평생교육행정지원 시스템 구축 연구(양병찬, 1998; 2000; 이희수 외, 2000), 지방자치단체를 통한 지역평생교육 활성화 방안 연구(신원득·이희수, 2000; 신경희, 2001), 지역사회교육 활성화 방안 연구(남정걸 외, 1998), 지역인적자원개발 추진체제 구축 방안 연구(이희수 외, 2001; 임규진 외, 2000) 등이 이루어져 왔었다. 하지만, 지금까지 지역단위 평생교육체제 구축 운영 방안에 대한 종합적인 연구는 일천한 실정이라고 말할 수 있다.

등의 예에서 찾아볼 수 있다. 아마카사키(尼崎) 시는 평생학습의 관점에서 시의 행정을 추진하기 위한 계획을 수립하여 지역 경영에 평생학습 개념을 핵심원리로 사용하기도 하였다(尼崎市生涯學習基本計劃策定委員會, 1990).

최근 OECD 국가들은 지역개발의 모델로서 "학습하는 지역(learning region)"이라는 개념을 사용한다. 학습지역 개념은 개인의 성장과 삶의 질 향상은 물론이고 경제적 성장과 사회통합에 이르는 종합적인 지역 재생에 그 초점을 맞추어 논의하고 있다(OECD, 2001). 일상생활의 거점인 지역사회에서 언제든 자기에게 가장 적합한 방법을 활용하여 필요한 학습활동에 용이하게 참여할 수 있기 위해서는 "지역사회" 전체가 하나의 종합적인 학습지원 시스템으로 구축되어야 할 것이다(양병찬, 1998: 182).

3) 행정적 차원

평생학습에 대한 행정지원 체제는 장애인이나 빈곤층과 저임금노동자 등 낮은 사회경제적 집단, 여성, 중고령자, 비진학·미취업 청소년, 장애인, 기초기능 미소지자 등을 포함하여 가급적 많은 사람이 교육훈련의 기회 및 혜택을 받도록 하는 데 있다. 여기서 행정의 역할은 시민의 평생학습을 지원하기 위하여 사회의 변화와 주민의 요구에 적절하게 대응하여, "언제나, 어디서나, 누구나" 학습할 수 있는 환경을 충실하게 제공하며 이를 위한 시설을 정비해 나가야 한다. 이를 위하여 첫째, 담당공무원이나 시설 종사자, 마을 단위 이장에 대한 집중적인 연수 등을 통하여 평생교육에 대한 이해와 기초역량을 증진해야 한다. 둘째, 조례제정과 장기투자계획의 수립 등을 통하여 장기투자에 대한 기반을 마련하여야 한다. 셋째, 평생학습도시 조성을 위하여 평생학습에 대한 투자를 점차적으로 확대시켜 나가야 한다.

사람들의 다양한 욕구와 학습스타일을 지원하기 위하여 지자체와 지역 교육청이 서로 연계된 네트워크를 형성하여 평생학습 추진을 종합 행정으로 인식하면서 추진하려는 의지를 가져야 한다. 우리나라에서 평생학습도시를 처음으로 선언한 광명시는 시민이 함께 참여하는 범시민 네트워크를 통해서 평생학습 도시를 실현하고자 하였다. 광명시는 평생학습체제를 구축하기 위하여 지역의 모든 기관과 단체, 기업, 시민모두가 참여하는 네트워크를 구성하고, 학습과 관련된 정보를 공유하고 전달하는 체계를 확보하고자 시도한 사례는 여타 지자체들이 참고해 볼 가치가 충분히 있다 할 것이다.

행정적인 차원에서 평생학습도시 만들기 활성화 방안으로 다음과 같은 것을 생각해 볼 수 있다.

첫째, 지역평생학습기관 간 연계체제를 구축하여 운영한다. 지역평생학습기관 간 연계체제 구축을 위해서는 먼저 지역의 평생학습 활성화를 위한 네트워크 사업을 효율적으로 추진해 나가야 한다. 이를 위하여 우선, 평생교육기관 네트워킹을 통한 평생학습시스템 구축이 선행되어야 한다.

둘째, 평생학습 프로그램 지원 사업을 통해 평생교육 프로그램 간 연계체제를 구축해 나가야 한다. 지역 주민에게 다양한 평생학습 기회를 제공함으로써, 학습을 통한 지역 사회에 대한 관심과 자아발전을 도모하고 지역평생학습 공동체 사회의 가능성을 높여 모든 교육관련 단체와 학습동아리까지 참여하는 학습의 장을 마련함으로써 평생교육 관련 네트워크를 활성화시켜야 한다.

위와 같이 평생교육을 활발히 전개하기 위한 체계를 마련하는 데 있어서 재정 지원은 필수적인 문제가 된다. 현재 지역평생교육정보센터와 평생학습관에 지원되는 재정은 미약한 수준에 그치고 있는 실정으로, 전문적인 인력의 배치가 어려운 조직적인 상황 속에서 지역의 평생교육을 이끌어 나가야 하는 등 많은 한계점을 지니고 있다.

교육청과 시·군·구청이 공동으로 평생학습도시를 조성할 수 있으려면, 교육청의 기능에 주민 평생학습 지원업무를 명시함과 동시에 교육청 예산 가운데 평생교육 관련 예산을 증액하는 것이 급선무이다. 지자체는 전체 예산의 3.7%를 평생교육에 배분한 반면, 교육청은 전체 예산의 0.2%를 평생 교육에 배분하고 있어서, 평생교육에 대한 교육청의 관심도가 얼마나 낮은지 알 수 있다(김신일·김재웅, 2002: 92-95).

<표 28> 주요국의 평생교육 예산

구분	교육부 예산	평생학습 예산	비율	내 용
일본	6조 5,798억 엔	4,023억엔	6.1%	평생학습, 스포츠, 문화관련 예산
미국	56억 2천만 달러	5억9천110만 달러	10.5%	성인교육 및 문해 지원
영국	23,146백만 파운드	6,565백만 파운드	29%	평생교육예산
한국	24,404억 원	92억8천 만원	0.038%	평생교육예산

자료: 최돈민(2003). 학습권 보장을 위한 평생교육 인프라 구축. KEDI교육정책포럼 자료.

평생학습재원은 지방자치단체를 포함한 국가 예산과 개인으로 대별해 볼 수 있다. 일반적으로 외국의 경우 평생학습에 필요한 재원의 민간부문의 충당 비중이 크게 증대하고 있는 것이 현실이다(OECD, 2001a). <표 28>을 살펴보면, 한국은 평생학습에 대한 예산이 다른 국가에 비하여 턱없이 부족한 예산을 마련하여 집행하고 있음을 알 수 있다. 이제 막 5년차로 접어드는 평생학습도시 조성 사업의 중요성을 감안한다면, 지금보다 훨씬 많은 예산을 확보해야 안정적인 재원 속에서 본 사업이 성공적으로 추진되리라 본다.

Ⅳ. 결 론

그동안 평생학습도시 건설을 위한 교육부의 사업은 중앙단위에서 출발한 중앙 집중형(top-down) 형태의 사업으로 지역인적자원 개발을 위한 종합정보 인프라 구축에 필요한 연계가 미흡하고, 주민의 학습·진로·고용정보의 요구 충족을 위한 연계 시스템 구축이 미흡하였다. 평생학습도시 신청자격으로 매칭펀드가 가능한 기초자치단체·지역교육청을 선별하여 지원함으로써 실질적인 정책추진 의지에 의문을 제기하게 하는 등 많은 문제점을 노정하였다. 이제 막 5년차로 접어드는 평생학습도시 사업의 성과를 분석하고, 추진 과정상에서 도출된 문제점과 원인을 살펴보고, 사업이 성공적으로 연착륙하기 위한 발전적인 추진 전략을 제시하였다.

평생학습도시 추진과정에서 나타나는 문제점을 네 가지 측면 즉, 평생교육에 대한 정체성 확보와 인력부족, 평생교육 추진 기관 간의 연계, 조례제정과 재정, 평생교육의 중요성에 대한 인식 부족과 운영방식 등으로 구분하여 살펴본 후, 평생학습도시의 성공적인 추진을 위한 발전전략으로 3차원 (개인, 지역, 행정적 차원)과 3영역(기회제공, 학습활동 지원, 추진체제 구축)으로 구분된 모형(개념적 틀)을 제시하였다. 발전전략 모형에서 평생학습도시의 운영은 3영역 즉, 평생학습에 대한 기회제공, 학습활동 지원, 추진체제 구축이라는 하부적인 인프라 구축을 통하여 이를 3차원인 개인, 지

역, 행정적인 차원에 유기적으로 적합하게 운영함으로써 평생학습도시 사업
을 성공적으로 추진할 수 있음을 제안하였다. 이를 토대로 하여 다음과 같
이 몇 가지 제언을 하면 다음과 같다.

첫째, 발전전략 모형이 보다 성공적으로 운용이 되기 위해서는 평생교육
과 관련한 모든 주체들이 평생교육을 수단으로만 생각하는 수단주의적인 사
고에서 벗어나 내재주의적인 사고로 변환되어야 하며, 중앙에서 관리, 통제
하는 학습도시 개념에서 지역사회가 주체가 되어 학습도시를 스스로 구축,
운영한다는 철학이 무엇보다도 긴요하다.

둘째, 지자체와 교육청과의 유기적이고, 긴밀한 협력은 아주 중요하다.
두 단체 간에 평생학습도시의 정책 방향을 어떤 구조에서 어떠한 방식으로
추진할 것인가 등의 대타협과 대 토론을 통한 합일점을 도출하여 사업을 진
행하여야 한다.

셋째, 지역의 고유 과제를 해결할 수 있는 지역프로그램을 개발하여 추진
하여야 한다. 지역의 문화재, 특산물 등의 자랑거리를 평생학습도시 만들기
의 소재로 개발하여 여타의 지자체와 차별화되고 구분되는 프로그램을 개발
하여 운영하는 것도 생산적이고 발전적인 도시로 가는 지름길이 될 것이다.

넷째, 본 연구는 이제 막 5년째 접어들고 있는 평생학습도시의 성공적인
추진을 위하여 발전전략 모형을 제시하였다. 평생학습도시 사업에 대한 보
다 구체적이고 세밀한 실증연구가 이루어지지 않은 점은 본 연구의 한계점
이다. 그래서 평생학습도시의 조성사업에 영향을 주는 다양한 변인에 대한
인과분석 연구, 조성된 지자체에 거주하는 시민들을 대상으로 한 실태파악
(인식의 변화, 생활과 문화의 변화, 성과, 사업의 지속성, 지역평생교육의
변화모습 등)을 위한 종단연구, 시계열 분석 연구 등이 필요하리라 본다.

참고문헌

고병헌(2002). 광명시 사례(광명시 / 광명교육청 / 광명시평생학습원). 제1차 평생학습
    도시 연찬회: 패러다임의 대전환 학습도시로 가는 길, 한국교육개발원.

교육부(2000). 국가인적자원개발 정책 추진 현황. 교육부내 직무교육자료.

교육부(2004). 04년도 평생학습도시 조성사업 기본계획 공고. 교육인적자원부.

김남선(2004). 농촌형 평생학습도시 사업의 전개방향. 한국평생교육총연합회 2004년도
    춘계연차대회: 학습공동체 형성을 위한 지역사회의 기능 활성화, 63-96.

김동성(2002). 지역평생학습관으로서의 주민자치센터의 리모델링과 과제에 대한 토
    론. 제1차 평생학습도시 연찬회: 패러다임의 대전환 학습도시로 가는 길, 한
    국교육개발원.

김승한(1981). 평생교육입문. 서울: 정민사, 92.

김신일(1995). 학습권 개념내용과 교육학의 새 연구과제. 평생교육연구, 1(1): 19-32.

김신일 · 김재웅(2002). 평생교육경영학. 한국방송통신대학 출판부.

김신일(2004). 평생학습도시 조성을 위한 추진모형 연구. 평생교육학연구, 10(3),
    1-30.

김영식(2002). 평생학습사회로 가는 길, 평생학습도시 만들기로부터. 제1차 평생학습
    도시 연찬회: 패러다임의 대전환 학습도시로 가는 길, 연구자료 RM 2002-33,
    한국교육개발원.

양병찬(1998). 지역평생학습체제 구축을 위한 대학의 역할. 사회교육학연구, 4(2).

양병찬(2002). 평생학습마을 / 도시 만들기의 실천 전략. 제1차 평생학습도시 연찬회:
    패러다임의 대전환 학습도시로 가는 길, 한국교육개발원.

윤용식(2003). 평생교육 정책의 당면 과제. KEDI교육정책포럼 자료

이병준(2003). 네트워킹과 커뮤니케이션 – 평생학습도시 구축을 위한 전략. 전북평생
    교육정보센터, 평생학습도시 건설과 구축전략, 전북지역 평생교육담당자 직무
    연수자료.

이혜영(2003). 학습사회 실현을 위한 영국의 교육 전략과 정책. 평생교육학연구,
    9(2).

이희수 외(2001). 평생학습체제 종합 발전 방안(Ⅱ). 한국교육개발원. 연구보고서 RR2001-15.

이희수 외(2001). 지역단위 평생교육체제 구축 방안 연구. 한국교육개발원, 수탁연구 CR 2001-45.

이희수(2002). 평생학습도시/마을 조성 정책 동향과 과제. 제1차 평생학습도시 연찬회: 패러다임의 대전환 학습도시로 가는 길, 한국교육개발원.

최돈민(2003). 학습권 보장을 위한 평생교육 인프라 구축. KEDI교육정책포럼 자료.

최돈민(2004). 평생학습도시와 총체적 학습사회. 한국직업능력개발원, 직업과 인력개발, 7(1).

한승희(2003). 소외집단을 위한 평생학습기회 확충. KEDI교육정책포럼 자료.

岡木包治・池田秀男編(1989). 生涯學習まちづくり. 東京: 第一法規.

山本慶裕(1995). 生涯學習のための都市戰略-OECD報告の槪要. 社會敎育 1995. 2.

尼崎市生涯學習基本計劃策定委員會(1990). "生涯學習の視點から行政を推進するために".

Béliale, R., et al.,(1997). Participation and partnership sustainability and transferability. In Mauch, W. & U. Papen(Eds.). *Making a difference: Innovations in adult education*. Frankfurt: Peter Lang.

Dave, R. H.(1973). *Lifelong learning and school curriculum*. Hamburg: Unesco Institute for Education, 11.

Longworth, N and Davies, W. K.(1997). *Lifelong learning-new visions, new implications, new roles for people, organization, nations and communities in the 21st century*. London: Kogan Page, 126.

Longworth, N.(2000). *Making lifelong learning work: learning cities for a learning century*. Kogan Page, 205-206.

Föster, M. F.(2000). *Trends and driving factors in income distribution and poverty in OECD area. Labour market and social policy occasional papers*. No.42. Paris: OECD.

OECD(2001). Cities and regions in the new learning economy. Paris: OECD. OECD(2001a). *Education policy analysis 2001*. Paris: Author.

The Carnegie Commission on Higher Education(1973). *Toward a learning society-alternative channels to life, work and service*. New York: McGraw-Hill Book

Company.

UNESCO(1997). *Fifth international conference on adult education.* Final report. Hambrug: Author.

◉ 저 자 ◉

● 안우환(安佑煥)

약력
· 대구교육대학교 졸업
· 경북대학교 대학원 교육사회학 석사
· 경북대학교 대학원 교육사회 및 행정 박사
· 경북대, 대구교대 외래교수
· 교육사회 지식포럼(www.alledu4u.com) 공동의장 및 교육칼럼리스트
· KEDI 교육현안문제 모니터 위원
· 한국교육학술정보원 교육학 IP 위원
· (현) 대구산격초등학교 교사

주요 논저
〈저서〉
· 창의성 개발 길잡이: 생각을 넓히자
· 논문작성을 위한 교육통계
· 신간교육사회학
· 한국교육의 이슈와 쟁점
〈연구논문〉
· 한국교육사회학의 연구동향 분석
· 가정의 사회적 자본이 아동의 학업성취에 미치는 효과분석 외 다수

○ 평생교육의 쟁점 이해

· 초판 인쇄	2006년 9월 30일
· 초판 발행	2006년 9월 30일
· 지 은 이	안우환
· 펴 낸 이	채종준
· 펴 낸 곳	한국학술정보㈜
	경기도 파주시 교하읍 문발리 526-2
	파주출판문화정보산업단지
	전화 031) 908-3181(대표) · 팩스 031) 908-3189
	홈페이지 http://www.kstudy.com
	e-mail(e-Book사업부) ebook@kstudy.com
· 등 록	제일산-115호(2000. 6. 19)
· 가 격	28,000원

ISBN   89-534-5714-9 93370 (Paper Book)
          89-534-5715-7 98370 (e-Book)